父となる旅路

聖書の失敗例に学ぶ子育て

豊田信行［著］

いのちのことば社

序　章　父の生涯と死

ラジオから語る父

一九七三年一月二十三日、父、豊田龍彦がラジオから神の愛を語りかけていた。

　毎日寒い日が続きますが、お元気ですか。冬になると、いつも悲しい一つの事件を思い出します。五、六年前、初冬を迎えた岩手県のある寒村で、二人の幼児が両親に捨てられ、飢えと寒さのために死んでしまいました。僕の心を締めつけたのは、三歳の男の子が板の間にうつ伏せになって死んでいたのですが、その手は何かに祈るように組み合わされていたことです。両親に捨てられたこの子の魂は、きっと神に向かって叫んでいたに違いありません。

　今、あなたの魂も神を求めているのです。僕にはそれがよくわかります。あなたがこの放送を聞いてくれていることが、何よりも確かなことです。自分以外のもっと強い、確かな存在である何かを求めているのです。そのあなたに、神は聖書を通して呼びかけておられます。「女がその乳のみ子を忘れて、その腹の子を、あわれまないようなことがあろうか。たとい彼らが忘れるようなことがあっても、わたしは、あなたを忘れることはない」（イザヤ49・15口語訳）。

すべての人々が、あなたの存在を無視してしまっても、神は決してあなたを忘れない、と言っておられます。その言葉の真実を証明してくださったのがイエス・キリストの十字架です。あなたを忘れない。その約束の裏には、キリストがあなたのために命を捨てるという大きな犠牲が秘められているのです。あなたは、この犠牲をどうしますか。

「神は決してあなたを忘れない」とラジオから語りかけた日から七か月余りが過ぎた一九七三年八月十九日未明、大阪府柏原市にある高尾山の山頂で父は祈りの最中に天に凱旋した。弱冠三十三歳の若さで召された。それは、あまりにも突然の死であった。

父の祈り

父は、前日の夜から一人で山に入り、日本の救霊のために夜を徹して祈りをささげていた。父が山で徹夜の祈りをささげるようになった経緯を聞いたことがある。関西聖書神学校在学中、級友からあることを密かに祈ってほしいと頼まれた。しかし、父の祈りの声があまりにも大きかったので、秘密であるはずの祈りの内容は、ほかの神学生たちに知られることになった。ある時は、近隣住民に神学校内で怒鳴り合いのケンカが始まったと思われ、警察に通報された。警察官が到着してみると、ケンカの怒鳴り声と思われたのは父の祈りの声であった。祈り始めると熱が入り、自分の声の大きさもわからなくなってしまう。そのようなことが度重なって、父は神学校の裏手にあったジェームス山で祈るようになった。山中では大声で祈っても誰の迷惑にもならない。台風の接近による大荒れの天候の中で、父は雨風に打たれながらも、日本の救霊のために熱く燃え上がった心で神に向かって叫び続けた。

神学校卒業後は、祈りの場所をジェームス山から高尾山に移し、暗闇の中、父は夜を徹して日本の霊的な夜明けが訪れることを信じ、神に向かって叫び続けた。

父の死

一九七三年八月十九日、日曜日の朝、日本イエス・キリスト教団柏原教会の礼拝には父の姿がなかった。巡回伝道者の父が連絡もなしに礼拝を休むようなことは、それまで一度もなかった。心配した教会の皆さんが、心当たりのあるところにはすべて連絡してくださった。しかし、夕方になっても父の所在は確認できなかったため、警察に捜索願いが出された。警察と教会の皆さんが父を捜してくださった。

教会員のお一人が、以前、父が遠くに見える高尾山を指差して「あの山で祈っている」と話していたことを思い出された。警察と教会の有志の方々が高尾山に向かった。高尾山の登山口付近に父のバイクが停まっていた。皆、父の無事を祈りつつ、声をからして父の名を呼び、懸命に捜索してくださった。すでに日が暮れ、山道は暗闇に包まれていた。山頂付近を懐中電灯の光で照らしながら、「豊田先生、豊田先生」と呼びかけても返事はない。

頂上付近に大阪の町を眼下に見渡せる岩場がある。その岩場の上でうつ伏せになっている父の姿が懐中電灯の光で浮かび上がった。祈りの姿勢でうつ伏せになっている父の姿は、時間の経つのも忘れて無我夢中に祈り続けているようにも見えた。「豊田先生、もう山を降りる時間ですよ」と声をかけたが返事はない。うつ伏せになっている父を起こそうとその身体に触れると、すでに死後硬直していて冷たくなっていた。うつ伏せになった父の身体の下には、聖書が開かれていた。

終焉の地となった高尾山頂で、彼は神に何を訴え祈られたのか。遺体の下に聖書が開かれ、エレミヤ記十章二十一節より十一章五節までに、赤鉛筆で太い線が塗られていました。「牧者は愚かであって、主に問うことをしないからである」彼はその頃、特に自分の属する教団のために心を痛めつつ祈っていました。真横には祈禱名簿があり、その上に伏せたまま、天に召されて行ったのです。（井戸清一『朝潮橋のキリスト』、一二八頁）

誰も予期せぬ最悪の結末を迎えた。三十三歳、人生半ばのあまりにも早過ぎる死であった。家族から離れ、神学校での四年間の寮生活を終え、日本の救霊への情熱を胸に抱き、伝道者として歩み出して一年四か月しか経っていなかった。なぜ、神は若い伝道者であった父を天に召したのだろうか。なぜ、神は父を守ってくれなかったのか。悪事を働く者が生き長らえて、なぜ、神の栄光のために献身した父が三十三歳の若さで生涯を終えなければならなかったのか。なぜ、神は父を、そして私たち家族を見捨てたのか。九歳の私の心に浮かんだ悲痛な疑問だった。しかし、それが父なる神の愛への探求の旅の一歩となった。

救霊への思い

一九七二年三月十日、天に召される一年五か月前、父は関西聖書神学校の卒業式で卒業生代表として答辞を読み上げた。

「この朝、私たちは信じています。やがていつの日か、この国のすべての町々、すべての村落、人々に忘れ去れた山間の僻地より、

主はわたしの力また歌、わたしの救となられた、

彼こそわたしの神、わたしは彼をたたえる、

彼はわたしの父の神、わたしは彼をあがめる。〔出エジプト15・2口語訳〕

との讃美の声が神に向かってささげられる日の来ることを。その日を望んで、私たちは今朝、神の召したまう地に、信仰と感謝を持って出かけてまいります。」

「神の召したまう地に、信仰と感謝を持って出かけてまいります」との答辞の言葉どおり、父は日本の救霊を熱心に求め、伝道者として日本各地へと出かけた。彼は日本全土、町々、村々、山間

の僻地で、神への賛美の声がささげられる日、リバイバルの到来を信じて疑わなかった。

父の救霊への情熱は、時として大胆な行動となって表れた。大阪難波の繁華街の真ん中で父は拡声器を手に、道行く人々に自分の赤裸々な過去、罪から救われた恵みを、イエス・キリストの救いの素晴らしさを、声をからしながら叫び続けた。都会という荒野で叫ぶ者の声となることを願っていたのだろう。

子どものころ、父の産みの母である祖母・木下美代子が当時の様子を振り返りながら嬉しそうに話してくれたことを覚えている。父が拡声器を手に自分の生い立ち、過去の罪を赤裸々に語り始めると、道行く人々が足を止め、人だかりとなった。警察官が出動し、交通の妨げになると解散させたことが一度や二度ではなかった。当時は祖母の話が大げさに思え、話半分で聞いていた。ずいぶん後になって、父の神学校時代の親友、平岡修治先生の著書『友よ明日輝こう』の中で祖母の話を裏づける父の路傍伝道のエピソードを読み、祖母には悪いことをしたと反省した。

父の伝道目標

ある暴力団の組長が病気で入院したことを聞きつけた父は、入院先の病院を訪問し、面会を願い求めた。当然、許されるわけはない。しかし、父は諦めずに何度も面会を求めて頭を下げ続けた。ようやく組長夫人との面談が許され、イエス・キリストの救いを証しし、別室で休んでいる組長に聞こえるような大きな声で魂の救いを祈ったそうだ。

静岡で起こった人質立てこもり事件の時も、犯人を説得するために出かけて行った。しかし、事件現場は警察隊が包囲していて近づけなかった。裏山からの接近を試みたが、冬の山道で迷い、自分の身が危うくなり、ようやく下山した時には事件は解決していた。嘘のような本当の話である。

『朝汐橋のキリスト』に父の伝道目標が記されている。

一か月の求道者十名、受洗者一名、その実践的な働きの二、三を記します。万国博記念本田クルセードの時でした。中之島公会堂に、リウマチで足の立たない老婆をその自宅まで迎えに行き、背負って運び伝道会に参加させたり、見知らぬ通行人が給与袋を落として困っているのを一緒になって探し、手続きの世話をして最後にクルセードの集会に案内、正によきサマリヤ人の現代版です。給料を落とした人は、その夜キリストの救いにあずかりました。彼の愛の実行が実を結んだのです。（一三二頁）

父の目には、道行くすべての人が永遠の滅びに向かっているように見えたのだろう。滅びゆく魂をイエスの十字架の救いへ導きたい、その情熱が父を繁華街の路傍に立たせ、拡声器を手に自分の過去の罪を赤裸々に語らせた。救霊への情熱が、病に倒れた組長のもとへ、人質を盾に籠城する犯人のもとへ、そして暗闇が支配する山へと駆り立てた。父の情熱は、神が自分のような無きに等しい者を熱心に探し出して救ってくださらなかったら、救いに至ることは絶対になかったとの砕かれた心から、感謝の思いとともに湧き立った。父の救霊への情熱の源泉を知るには、彼の生い立ちまでさかのぼらなければならない。父を暗闇が支配する山での徹夜の祈りへと向かわせた情熱の源泉を探りたい。

父が関西聖書神学校の四年生の時に書いた証しを引用しつつ、その三十三年の生涯を振り返ってみることにする。

父の生い立ち

私が生まれました時、事情あって、母の兄夫婦に引きとられて成長しましたので、生みの母に対して、幼少より、「おばちゃん」と呼んでいました。我が子より、「おばちゃん」と呼ばれて母はどんなに寂しかったことか、幼い私には知るよしもありませんでした。母はそれに耐えて、側面から、私の成長を見守っていてくれました。

父は少年の時、自分の生い立ちを知らされ、「おばちゃん」と呼んできた人が実の母であったことに強い衝撃を受けた。そして、母が妻子ある男性との間に自分をみごもったことを知らされたとき、自分は望まれて生まれてきたのではないとの深い悲しみに襲われた。自分の命が母の胎に宿ったとき、母は狼狽し、嘆き悲しみ、その誕生を呪ったに違いないとの拒絶感に打ちのめされた。自分を胎に宿したとき、喜ぶ母の顔を想像することができなかった。

拒絶感は深い悲しみとなり、癒えない魂の痛みとなった。子にとって父母に望まれて生まれてくることは何にも代え難い幸せであるが、父にはどんなに強く願っても、いくら頑張っても得ることはできない。父は人生の理不尽に打ちのめされることになった。なぜ、愛情深い両親のもとに生まれてこなかったのだろうか。なぜ自分は私生児として生まれてきたのだろう。なぜ、養子に出されたのか。人生の理不尽が父の幼い心を深く傷つけた。

海へ

やがて中学を終え、海の好きだった私は船員として貨物船に乗り込み働きました。生まれて初めての海上生活は、私を深い郷愁の念に追いやり、神様の懐なる大自然の大空と果てしなき海原の中で、私の心もまた母なる人への愛慕に駆り立てられたのでしょう。今迄「おばちゃん」と呼んでいた母に、手紙の中で初めて「お母さん」と記しました。小学生の時すでに、ある人から知らされていたのですが、ついにその時まで、母と呼べませんでした。幼な心に育ててくれた養母に何か悪いような気がしたからです。やがて母からの便りが、長崎の港に停泊していた船に着き、甲板でその手紙を開きました。「私は生涯、貴方に母と呼んでもらえることを諦めていましたのに、母と呼んでくれて、どんなに嬉しかったことでしょう。」そこまで読むと、涙でその先が読めなくなってしまいました。母と呼ばれるのを、どんなに長い年月待っていたことだろう、じっと耐えてきた母の姿が目に浮かんでまいりました。やがて私は船を降りて大阪に帰っていきました。

中学卒業後、父は自分の存在を肯定し、喜び受け入れてくれる何かを見つけるために、貨物船の船員となる。「海が好きだった」と記しているが、船の甲板から眼前に広がる大海原を眺めながら、自分が生まれた意味を自問する日々を過ごしたのだろう。

まだ十代であった父は、長期の海上生活の中で望郷の念に駆られ、産みの母に宛てた手紙の中で、生まれて初めて「お母さん」と勇気をもって書いた。それは、自分を生んでくれた母への感謝の気持ちの表れだった。船を降りた父は、産みの母を赦し、「母」として受け入れ、ようやく母と子は和解した。

上京と転落

しかし、「母」との和解も、父の魂の痛みを癒すことはできなかった。父が母・美代子の反対を押し切って上京したのも、魂の痛み、拒絶感からの救いを求めてのことだろう。

もう一度新しい出発をしたいと願い、母達の反対を押し切って十八歳の時、単身上京致しました。昼は下町の工場で働き、夜は夜学へ、半年ほどは希望に満ちた日々を送っておりましたが、ある日のこと、ふと心に疑問が湧き起こってきました。なぜ生きているのか、その目的は、それを思うと、なぜか日常生活が空虚になり、その解答を求めて小説をむさぼり読みましたが、光を見いだすことができませんでした。淋しさを慰めるための映画を週に四、五回も見に行くようになりましたが、文学も映画も、所詮は虚構の世界にしかすぎなかったのです。

最初、父は文学の世界に苦悩する魂の救済を求めた。自分が生まれてきた意味を見つけるために、文学書を貪るように読み漁った。しかし、そこには救いのない苦悩が満ちていた。文学の世界には、父の求めた救いはなかった。自分と同じ苦しみを抱えた人々の苦悩が渦巻いていた。

父は魂の痛みから逃れるために、娯楽の世界へ逃避するようになった。映画の世界に没頭することで、魂の痛みは一時的に和らいだ。しかし、映画館から一歩外に出ると、何も変わらない現実が待ち構えていた。孤独感、誰からも愛されていないとの寂しさに襲われた。父の抱えた魂の痛みは、何を成し遂げても、何を所有しても、癒されることも緩和されることもない。なぜなら、その魂の痛みは、望まれて生まれてこなかった自分の存在に対する深い拒絶感だったからである。

迷える羊のように父の魂は、この世界のどこかに自分のような者の存在を喜び受け入れ、肯定してくれるものを探求し続けた。しかし、父の存在を喜び受け入れ、肯定してくれるものは、文学の世界にも、娯楽の世界にも見つけることができなかった。

そんなある日の事、映画を観ようと映画館の前まで来たのですが、入場料に二十円不足していたので、私の前を通り過ぎようとした青年をとっさに呼びとめて、その不足分を求めると、彼は快く提供してくれたのですが、実はそれが、私にとって転落への第一歩となってしまいました。金の無い時、人に声をかければ、人は簡単に出すのだという卑しい思いに取りつかれ、毎夜東京の繁華街の裏通りをさまよい、まるで獲物を狙う野獣のように、青年、中年の男性から金銭を強奪するという惨めな姿になり果ててしまったのです。何とかそんな状態から立ち直りたいと願いつつも、罪の力は、私の意志よりも、さらに強く、幾倍もの力で私を縛りつけていたのです。

救い

東京の町でそんな堕落した日々を過ごしていたとき、路傍で耳にした賛美歌の歌声に心惹《ひ》かれ、自然と足が止まった。賛美歌の歌声に、ありのままの自分をいつでも優しく迎えてくれる故郷のような懐かしさを覚えた。父は自分の帰りを待ちわびる家族のもとへ帰るように、人生で初めて教会という未知なる場所に足を踏み入れた。

羊飼いなる神は、迷える羊のようにさまよう父の魂を、ご自身のもとへ導いてくれた。その教会には、父を弟のように受け入れ、励まし、導いてくださった女性伝道者がおられたことも、救いの大きな足がかりとなった。もし父が教会で疎外感を感じたら、絶望して教会を去っていただろう。しかし、神は父の救いのためにすべてを備えて待っていてくださった。

東京で父が教会に通い始めたのと時を同じくして、父の母・美代子も日本フリーメソジスト教団大阪日本橋キリスト教会へ通い始めていた。

私が罪の泥沼に沈み、もがき苦しんでいた頃、神様の御手は母に働きかけてくださいました。昭和三三年のある日曜日、千日前に出た母は、そこで、日本橋教会の路傍伝道に出会いましたが、すでに案内が終わり、太鼓を叩いて教会に帰られるところでした。母はその太鼓の音に惹かれ、教会に行き、そこで、今は亡き恩師畑野政一牧師にお会いできたのです。母は教会に来た理由を説明致しました。「自分は仏教信者であるので、キリスト教を信じる気持ちはないが、東京にいる子どもが、と思って、立ち寄らしていただきました。」柔和な先生は笑顔で、うなずいて聞いておられましたが、「この神様は、天地宇宙をお造りくださった正しい聖い神様で、人間もお造りくださったのです。人がもし聖い心で祈るなら、その祈りを聞いてくださいます。親は子どもに何かを与える時、それを知らずに与えるなら無責任です。また知らなければ、どうして確信を持って与えることができますか。」柔和な御顔に似ず厳しいお言葉は、母の心をとらえてしまいました。教会から帰っても、そのお言葉が離れず、次の日曜日も教会に行き、ついに三か月後、主イエスを自分の救い主と信じ、受け入れました。

その時から、祈る母と変えられたのです。当時の母は祖母と共にアパートに住んでいましたが、朝起きると、いつもどこかに行き、帰ってくるとその顔は泣きはらしたように、目が真赤になっているので、祖母は心配して、その理由を聞くと、「私はイエス様を信じ救われましたが、残る家族や、親戚一同の人が救われるように祈っているのです。」と答えました。母の祈りの場所は、アパートの階段の下にある狭い物置でした。その場所で、母は毎朝、肉において私を産んだ時よりも、さらに大きな苦しみをもって霊において、再び産もうと懸命になっていたのです。息子が、東京で恐ろしいことをしているとは夢にも思っていませんでしたが、母は救いを受けた時、神様に永遠を見せていただいたのです。「神はまた人の心に永遠を思う思いを授けられた」(伝道の書3・11〔口語訳〕)。キリストなき魂は、罪のため永遠の滅亡に行くことを知った時、神様の御前にハンナのごとく、祈って激しく泣いたのです。

そして、祖母美代子が救われ、里帰りした父も救いへと導かれた。

母が救われて一年後の昭和三四年七月、私は夏休みで大阪に帰ってきました。養母は住みこみで働いていましたので、母の住むアパートに落ち着き、幾日かを過ごした後、明日東京に行くという前日、七月二十四日の日曜日、母は教会に行くようにと誘ってくれましたが、それを断りました。その時母は、「今まで何一つ親らしいことをしてあげられなかったことを赦してほしい。しかし今、親として最も大切なこと、神様を貴方に紹介したいのです。」私はなぜかその言葉を素直に受け、母と共に教会に出席致しました。そこで、中学の教師をしておられる熱心なクリスチャンの土井博次先生にお会いできました。先生は私をとらえて、徹底的な罪の悔い改めを迫ってくださり、約一時間、共に祈り導いてくださいました。私は過去の罪を泣きながら、思い出すまま、すべて祈りのうちに告白し、赦しを求めました。（中略）その夜私は、主イエスの十字架は、私の不信仰と汚れた罪のためであったと心より信じ、受け入れさせていただきました。

翌日、学生時代にお世話になりながら、時々お金を盗んでいた伯母の所に謝罪に行き、その足で曽根崎警察に出頭致しました。約一時間ほど調べを受けましたが、時間が経つにつれ、私の心は不安になってきました。家に帰されず留置されるのではないかと、恐れていたのですが、その時、私がまだ東京にいた頃、母がくれた手紙の冒頭に記してあった聖書の言葉が浮かんできたのです。「もし、神がわたしたちの味方であるなら、だれがわたしたちに敵し得ようか」（ローマ人への手紙八章三一節〔口語訳〕）。神様が私の味方として共にいてくださる、そう思うと先ほどの不安は消えてしまっていました。やがて少年課の課長が来てくださり、「私は曽根崎署で長年警官生活をしているが、未成年の人が、宗教を信じ、付き添いもなく自首してきたのは君が初めてだ。君の態度を見て、その信仰は本物だということがわかりました。今後は真面目に頑張るように。」そう言って握手してくださり、帰宅を許してくださいました。私は主イエスの愛に満たされ、跳ぶようにしてアパートに帰りました。母は私に背を向け、台所で夕食の用意をしておりましたが、その後ろ姿に向かって、昨夜から今日一日の出来事を話しました。すると、洗いものの音が急に止まったので、母の背を見ると、痩せた両肩を震わせて、声を押し殺して泣いているのでした。それを見た時、僕は母に対して本当に親不孝な息子だった、と悟ると同時に、母の愛の尊さを知らされました。

三四年八月、十九歳の時に、畑野先生より洗礼式を授けていただきました。洗礼式が終わって教会の信徒の方々が、受洗者一同に握手してくださいました。やがて母が私の前に来て、黙って手を差し伸べてくれた時、その顔は涙だらけになっておりました。主イエスの愛に感泣した母と子は、しばし手を握り合ったまま、そこに立ちつくしておりました。この日の来るのを信じて、母はどんなに神の前に涙の祈りを重ねたことでしょう。主イエスはこの日、罪のために死んでいた息子を生かして、母の手に返してくださったのです。

「友よ明日輝こう」

父が神学生時代に書いた歌「友よ明日輝こう」には、彼の情熱の源泉が綴られている。

1　友よ明日輝こう　明日輝くためには
　今日心がもえてるか　主の愛にもえてるか

2　友よ明日輝こう　もえ輝くためには

罪が心にないか　赦された者はもえる
3　友よ明日輝こう　カルバリの主を見つめ
その愛にふれたとき　心は輝きもえる
4　友よ明日輝こう　輝く星のごとく
暗き世界を照らす　光となってもえよう

「友よ明日輝こう」が生まれたのは、母校の関西聖書神学校での体験がきっかけだった。聖会の説教者から、バプテスマのヨハネの生涯が「燃えて輝くともしび」（ヨハネ5・35）であったように、キリスト者が暗闇を照らす世の光となって生きるようにとチャレンジされたのだ。その日以来、父は自分が輝きたいとの自己実現の願望からではなく、バプテスマのヨハネのように「暗き世界を照らす」世の光となりたい、燃えて輝く生涯を送りたいとの強い願いを持つようになった。父が魂の暗闇を長く経験したことも、自分と同じように苦しむ人々に対して「世の光」となることへの強い願いとなった。

神はキリスト者が経験した苦しみを無駄にはせず、その苦しみを生みの苦しみとする。父が経験した魂の苦悩は救霊への熱い情熱を生み出した。聖会後、父が鼻歌交じりで「友よ明日輝こう」のフレーズを繰り返し歌っているのを、親友であった平岡修治神学生が耳にした。鼻歌を歌う父の目には涙があふれていた。音痴だった父の歌は音程こそはずれていたが、その歌詞には心迫るものがあった。平岡神学生は父の詞に曲をつけることを申し出た。

父の死後、遺品の中から二人が曲作りに取り組んでいる様子が録音されたカセットテープが見つかった。ギターの音と二人の歌声、そして笑い声。テープの最後には「できた！」との歓喜の声が入っていた。今、あのテープはどこにあるのだろう。

父の生涯はバプテスマのヨハネのように短くはあったが、燃えて輝くともしびのようであった。

告別の辞

『朝汐橋のキリスト』に、葬儀で読まれた告別の辞が記されている。

最後に彼の恩師の一人、佐藤実師の告別の辞の一部を記して終わります。

「わたしは義人のように死に、わたしの終りは彼らの終りのようでありたい」（民数23・10〈口語訳〉）と異邦の預言者バラムが叫んだが、正しい人の終わりほど、人々に多くの感動を与えるものはない。若くして逝った敬愛する豊田伝道師の死は、生涯忘れる事の出来ない、深い感銘と警告を与えられたものである。寂として人影一つない深夜、山中の岩壁に夜を徹して祈りつつ天に召されて行った。その最期の壮絶さは、正に戦場に身を挺して戦いの花と散っていく若武者を彷彿させるものである。福音の戦士としてこれ以上見事な終わりは望めないであろう。ある人は、師を燃える人と表現する。正に言い得て妙である。「我らに語りつつあり給う、

主の御声に耳を閉じる者はゆるされない。」（一三四頁）

父の三十三年の生涯は、救霊のためにささげ尽くされた人生であった。彼は殉教者のごとく天に凱旋した。

しかし、父の死は、残された家族にとっては悲劇的な死でしかなかった。父の死を信仰的にどのように受け止めるべきか、残された家族に突きつけられた重い課題であった。私自身も神の摂理を悟るまで、長い信仰の冬の時代を過ごすことになった。

人は自分の人生に対して夢を持つ。小学生の文集などに「将来の夢」を書くとき、子どもの心には明るい未来が輝いている。父の突然の死は、幼い私の心に暗い影を落とした。父という大きな存在を失ったことで、未来は希望の輝きを失った。しかし、父のいない寂しさは、父なる神への渇望を生み出した。

目次

第1章　父から子として受け入れられること──苦しみに対する根源的な救い

父なる神の承認の声

父が根源的な拒絶感、「生まれてくるべきでなかったとの思い」から解放されるには、「子として受け入れられること」、望まれて生まれてきたとの肯定感、その存在が喜ばれるという能動的な受容、すなわち、父なる神の愛を必要としていた。（能動的な受容とは、父の期待に応えたことで受け入れられているとの被受容感と言える。受動的な受容とは、ありのままの自分が受け入れられているとの母親の愛による被受容感と言える。）福音の本質は、罪ある者、神との断絶の中に生きてきた者が、イエス・キリストの十字架の救いによって父なる神と和解し、「愛される子」として受け入れられることにある。「今は、自分のたましいの牧者であり監督者である方のもとに帰ったのです」（Ⅰペテロ2・25）とあるように、いのちを与え、生かしてくださっている父なる神との和解こそが十字架の救いの目的である。父なる神から「愛される子として受け入れられること」こそが福音の真髄である。

こうして、イエスはバプテスマを受けて、すぐに水から上がられた。すると、天が開け、神の御霊が鳩のように下って、自分の上に来られるのをご覧になった。また、天からこう告げる声が聞こえた。「これは、わたしの愛する子、わたしはこれを喜ぶ。」（マタイ３・16－17）

イエスがバプテスマのヨハネから洗礼を受けたとき、「これは、わたしの愛する子、わたしはこれを喜ぶ」との父なる神の声が響き渡った。地上での歩みにおいてイエスが「十字架の死」という父なる神からの「究極の拒絶」に向かって生きることを根底で支えたのは、この父なる神の受容であった。父なる神は、密かにイエスの心に囁《ささや》いたのではない。天から父なる神の声が響き渡った。

それは、子どもが出場しているスポーツの試合を観戦している父親が自分の子どもが活躍した場面で、「あれは私の子どもです」と周りの人たちに誇らしげに言うようなものである。父親の隣で母親は、子どもがケガしないようにと祈っている。子どもは父の期待に応えることで父の承認を得る。特に男の子にとって、父の愛とは承認の側面が強い。社会的な成功によっても、父から承認されなかった拒絶感を払拭することは難しい。名誉や富を築き、社会的に成功者と認知された人が父親からの拒絶に苦しんでいる姿を何度も目にした。

イエスの心にはいつも「これは、わたしの愛する子、わたしはこれを喜ぶ」との父なる神の承認の声が響いていたのではないだろうか。その承認の声は、イエスを拒絶する群衆の声よりも強く、大きかったに違いない。だからこそ、イエスはご自身が「神の子」であることを証明しようとは一度もしなかった、いや、証明する必要をまったく覚えなかった。

子であることの証明

イエスは四十日の断食を終えたとき、聖霊によって荒野へと導かれた。そして荒野で神の子であることを証明せよとの悪魔の誘惑を受けた。悪魔はイエスに向かって「あなたが神の子なら、下に身を投げてみなさい。『神は御使いたちに命じて、その手にあなたをささえさせ、あなたの足が石に打ち当たることのないようにされる』と書いてありますから」（マタイ4・6）と「父なる神に愛されている子」であることを証明するよう要求した。しかし、イエスは「『あなたの神である主を試みてはならない』とも書いてある」と悪魔の要求に応じなかった。子どもは自分が子であることを証明する必要はない。子であることを証明するのは父の責任である。

魂の敵、悪魔は、キリスト者にも神に愛されている子であることを証明せよとの要求を突きつける。それは、今日も変わることはない。その声はあまりにも大きく、「わたしの愛する子」との父なる神の呼びかけの声はかき消されてしまう。

その声はいつもそこにあったのに、私は、次のようにように呼びかけてくる大きな声を聴くことのほうにはるかに熱心だったのでしょう。「自分に価値があることを証明しなさい。時流に乗り、注目を浴び、威勢のよいことをしなさい。そうすれば、あなたがそんなにも欲しがっている愛は得られる。」そのうち、私の心の沈黙と静まりに語りかけるやさしい穏やかな声は聴き取れなくなり、あるいは聞こえたとしても、説得力を欠くようになってしまいました。

（ヘンリ・ナウエン『愛されている者の生活』、三三頁）

自分に愛される価値があることを証明せよとの要求の声は絶え間なく語りかけてくるので、次第にその声に応えなければならない義務があるかのような錯覚に陥ってしまう。もはや、その声の主が誰なのかは関係なくなってしまう。そして、その声が人生の主人となり、自分に愛される価値があると証明することが人生の目的となってしまう。しかし、証明しようとすればするほど、虚しさだけが募ることになる。なぜなら、人が心の底から求めているものは無条件の愛だからである。

人の望むものは、人の変わらぬ愛である。（箴言19・22）

無条件の愛こそが人の存在を根源的に肯定する。自分の価値を証明することで受け取れるのは、条件つきの愛でしかない。自分の価値を証明しようと試みれば試みるほど、無条件の愛は遠ざかる。多くの人が愛を慕い求めながらも神の愛を受け取れない理由である。

神の愛は無条件の愛なので、神に愛される価値を証明する必要がない。神に愛されているゆえに、キリスト者は「高価で尊い」者（イザヤ43・4）とみなされる。愛が価値を与える。高価で尊い者ゆえに神の愛を獲得するわけではない。

十字架に釘づけされたイエスに向かって、道行く人々は「神殿を打ちこわして三日で建てる人よ。

もし、神の子なら、自分を救ってみろ。十字架から降りて来い」（マタイ27・40）と、窮地から自分を救うことで神に愛されている子であることを証明するよう要求した。十字架に釘づけされたイエスには、神に愛されている子であることを証明できるものは何もない。それどころか、ユダヤ人の目には十字架に釘づけされたイエスは「神に呪われた者」としか映らなかった。ローマ人にとって十字架は最大限の苦痛を与える処刑の道具に過ぎなかったが、ユダヤ人の目には木につるされたイエスは「神にのろわれた者」（申命21・23）であった。イエスを殺そうとしたユダヤ人たちは、イエスを神の御子とたたえた人々の前でイエスを神に呪われた者として処刑したいと強く望んだ。しかし、イエスご自身が全人類の罪を一身に背負い、「神に呪われた者」として十字架に釘づけされることを選ばれた。罵声や怒号が飛び交う中、イエスの心には「これは、わたしの愛する子、わたしはこれを喜ぶ」との父なる神の声が静かに響いていたに違いない。イエスが神に愛されている子であることは、父なる神だけが証明できる。子であることを証明するのは、父の責任である。

イエスの叫びの意味

さて、十二時から、全地が暗くなって、三時まで続いた。三時ごろ、イエスは大声で、「エリ、エリ、レマ、サバクタニ」と叫ばれた。これは、「わが神、わが神。どうしてわたしをお見捨てになったのですか」という意味である。（マタイ27・45―46）

午後三時、太陽が光を失い暗闇に覆われたゴルゴタの丘から、「わが神、わが神。どうしてわたしをお見捨てになったのですか」とイエスの叫び声が鳴り響いた。なぜ、沈黙を貫いたイエスが最後の最後に沈黙を破り、悲痛な叫び声を上げたのか。十字架の死が全人類の罪の償いの代価だけなら、沈黙を守りながら身代わりの死を遂げたはずである。イエスの叫びは、罪ある者が「愛される子」として父なる神に受け入れられるために、神の御子ご自身が身代わりとなって見捨てられたことを意味する。イエスは罪ある者が「愛される子」として父なる神に受け入れられるために、「罪」そのものとなり、父なる神からの究極の拒絶を引き受けた。「わが神、わが神。どうしてわたしをお見捨てになったのですか」との悲痛な叫びは、本来は罪ある者の絶望の叫びである。しかし、罪ある者が神の子として父なる神に受け入れられるために、イエスは身代わりとなって見捨てられたのである。

暗闇の中で響き渡るイエスの悲痛な叫びに、父なる神は沈黙した。この沈黙には、愛する御子を拒絶し、見捨てなければならなかった父なる神の痛みが隠されている。十字架の救いには罪の償いだけでなく、神の御子が罪ある者の身代わりとなって父なる神から拒絶され、見捨てられることによって、罪ある者が「神に愛される子」として受け入れられることも含まれる。

迷える魂は、イエスを救い主と受け入れることによって、父なる神が御子イエスを受け入れておられるように、「わたしの愛する子」として受け入れられる。無条件の愛で愛される。イエスが沈黙を破り、叫んだのは、この救いの真実を伝えるためである。

母性愛と父性愛

ヘミングウェイの短編集に、こんなスペイン・ジョークが記されている。マドリッドにはパコという名の少年があふれている。典型的な男の子の名前である。一人の父親が「エル・リベラル」新聞の人事欄に「パコ、火曜日の正午、ホテル・モンタナで会おう。過去のことはすべて赦した。父より」という広告を掲載した。火曜日の正午、ホテルにはパコという名の少年が八百人も集まった。これは実話ではなくジョークだが、実に多くの息子たちが父から「愛される子」として受け入れられることを切望している。それは時代や人種を超えて普遍的な魂の渇望ではないだろうか。父の愛は子の存在を肯定する愛である。母の愛は子の存在をありのまま包み込む受容の愛である。

エーリッヒ・フロムは著書『愛するということ』の中で、母性愛と父性愛の違いについて記している。

> 母親に愛されるというこの経験は受動的である。愛されるためにしなければならないことは何もない。母親の愛は無条件なのだ。しなければならないといったら、生きていること、そして母親の子どもであることだけだ。母親の愛は至福であり、平安であり、わざわざ獲得する必要はなく、それを受けるために資格もない。（六七頁）

母親の愛は、自分の子どもを無条件に愛するもの（厳密に言うと「自分の子ども」という条件はついている)。母親から愛される経験が受動的なのは、その愛を獲得する必要がないためである。生きているだけで愛されるという経験は、子どもの情緒面の健全な発達には必要不可欠である。しかし、母性愛が受容の愛であるゆえに、母性愛が支配的になると、子どもは愛されることだけを求めてしまう誘惑に陥る。自分から愛する必要を感じなくなると、愛されることだけを求める傾向が強まる。日本人の親子関係は母性愛が支配的であると指摘されている。それでは、愛されることを要求する男女を生み出し、結婚しても互いに愛されることを要求し合う関係に陥ってしまうことになる。

母性愛に対して、父性愛は条件つきであるとフロムは記している。

> 父親の愛は条件つきの愛である。「私がおまえを愛するのは、おまえが私の期待にこたえ、自分の義務を果たし、私に似ているからだ」というのが父親の愛の原則である。(七一頁)

父親の愛が母親の愛と決定的に異なるのは、その愛が条件つきであり、期待に応えることでしか受け取れないことにある。父の愛は、子どもが愛されるにふさわしい者となり、期待に応えることを要求する。それは父の愛が承認の愛のゆえである。

父なる神の承認

「あなたは、あなたの生まれ故郷、あなたの父の家を出て、わたしが示す地へ行きなさい。

そうすれば、わたしはあなたを大いなる国民とし、あなたを祝福し、あなたの名を大いなるものとしよう。あなたの名は祝福となる。」（創世12・1―2）

神は信仰の父となるアブラハムを召したとき、父の家を出て「わたしが示す地へ行きなさい」と要求した。そして、神の要求に応じるなら、「わたしはあなたを大いなる国民とし、あなたを祝福し、あなたの名を大いなるものとしよう」と約束した。

また、神はアブラハムにひとり子イサクをささげることを要求した。アブラハムがイサクを殺そうとした瞬間、神が「あなたの手を、その子に下してはならない。その子に何もしてはならない。今、わたしは、あなたが神を恐れることがよくわかった。あなたは、自分の子、自分のひとり子さえ惜しまないでわたしにささげた」（創世22・12）と言い、アブラハムは神の要求に応えたことが認められ、父なる神の承認という愛を受け取った。

もし、父が子どもに何も期待もせず、要求しなければ、子どもは父の愛を受け取ることができない。何も要求しない優しい父は、無理難題の要求ばかりする父よりは無害かもしれない。しかし、要求しない父は子どもを承認することをしていない。

神の愛は完全な愛であり、父性的な愛と母性的な愛を包括し、超越している。父なる神の愛は無条件の愛でありながら期待に応えることを求め、ふさわしい者を承認する愛でもある。

イエスは「だから、あなたがたは、天の父が完全なように、完全でありなさい」（マタイ5・48）

と、父なる神の期待に応えることを命じられた。この要求は律法主義的なものではない。律法主義とは、律法を厳守することで神の目に義と認められることへの試みである。キリスト者はイエス・キリストの贖いのみわざによって神の目に義と認められている。

ただ、神の恵みにより、キリスト・イエスによる贖いのゆえに、価なしに義と認められるのです。（ローマ３・24）

父なる神は、恵みによって義とされた者が、ご自身の子らしく生きることを望む。父なる神は、子にご自身と同じように完全な者となることを期待し、求める。「ありのままでいること」は望まない。完全な者になれるかなれないかは問題ではない。しかし、父なる神の期待に応えていくことでしか、父なる神の愛を受け取ることはできない。それは父なる神の愛を受け取る資格がないとの意味ではなく、能動的な心でしか受け取れないとの意味である。父なる神の愛が無条件であるとは、与えることにおいて条件をつけないという意味であり、自動的に受け取れるとの意味ではない。キリスト者が父なる神の愛によって承認されるという経験をするには、能動的になることが不可欠となる。

フロムが指摘するように、母親の愛を受け取ることが受動的であるのに対して、父親の愛を受け取るには能動的にならなければならない。父なる神の愛にふさわしい者となるとの日々の決意が、能動的に生きる基盤となる。

「ありのままのあなたが愛されている」

父の愛が条件つきであるため、荒野でイエスが愛されている子であることを証明するようにとの悪魔の誘惑を受けたように、自分に愛される価値があることを証明しなければ愛を受け取れないとの思い込みに陥りやすい。しかし、子どもには愛される価値を証明する必要はない。証明するのは父の責任である。

母性原理が支配的な日本において、キリスト教も神の愛の母性的側面を強調する傾向があることは否めない。「ありのままのあなたが愛されている」というフレーズは使い古されている感がある。総じて日本の教会が内向きであることとも無関係ではないと思われる。日本の心理学の第一人者であった河合隼雄氏が「日本人はほんとうの父性というものを理解できていません」と指摘するとおりであるなら、日本人のキリスト者が父なる神の愛を理解することには大きな壁があることを認めなければならない。すべての人のために身代わりとなって死んでくださったイエスの愛は、容易に理解することができる。十字架の上で示された神の愛は「ありのままのあなたを愛している」。しかし、ひとり子イエスに死に至るまでの従順を求めた父なる神の愛を、どれだけ理解しているだろうか。

（キリストは）人としての性質をもって現れ、自分を卑しくし、死にまで従い、実に十字架の死にまでも従われました。それゆえ神は、この方を高く上げて、すべての名にまさる名をお与えになりました。（ピリピ２・７－９）

「それゆえ」、父なる神はイエスの従順を高く評価され、「すべての名にまさる名をお与えになりました」、承認を与えられた。「ありのままのあなたが愛されている」という受動的な受容と、「天の父が完全なように、完全でありなさい」との能動的な受容のバランスが保たれているだろうか。

父の思い出

小学一年生の時の出来事である。家の前で遊んでいると、深く背中が曲がったおばあさんから声をかけられた。「古市の駅はどこですか？」　私は駅の方角を指差した。古市の駅まではバスで三十分の距離がある。「ありがとう」と礼を言ったあと、おばあさんは駅と反対の方向へと歩き出した。慌てた私は、「おばあさん、駅はそっちじゃない」と声をかけた。自宅から駅まで、バスで三十分以上の道のりを二人で歩いて行くことになった。古市駅に着いた時には日が暮れていた。私は暗くなった道をひとりで自宅へと歩いて帰った。帰りが遅い私を心配した父と母が家の前で待っていた。「こんな遅くまでどこで遊んでいたのか」と父から叱られた。しかし、事情を説明すると、怒っていた父の顔が笑みに変わり、「信行、よくやった」と褒めてくれた。

父の死後、成人になってからも何度もこの場面が思い出され、私を励まし支えてくれた。なぜ、七歳の時の経験が成人した私を励まし続けたのか。それは、その経験を通して、父の承認の愛を受け取ったからではないだろうか。私の記憶に残る、父に愛されたことを確信させてくれた、貴重なたった一度の経験であった。

しかし、父なる神が御子イエスを愛し、その存在を喜ばれたようには、実の父親から愛され、喜ばれた子どもは、誰ひとりとしていない。父の期待を裏切り、失望のため息を聞かされて育った子どもが、やがて父となり、自分が受けた拒絶の痛みを自分の子どもにも無意識のうちに負わせてしまう悪循環に陥ってしまう。

ハリウッド映画には、父と折り合いがうまくいかない主人公が、父親としても失敗してどん底に陥った後、自分の父と和解することで家族の絆を取り戻すといったテーマが、ワンパターンのように繰り返されている。それは、多くの男性が父の期待を裏切り、失望させた放蕩息子との烙印を自らに押しているからではないだろうか。

肉の父親は、不完全な存在であるがゆえに、父なる神の愛を体現できずにいる。不完全な父の存在が、父なる神の愛を歪めている。神を「アバ、父」と呼ぶことに葛藤を覚える人が少なくないことも、実の父との不仲な関係に一因があるのではないか。キリスト者がイエス・キリストの足跡に従うためには、イエスが「わたしと父とは一つです」（ヨハネ10・30）と告白したように、父なる神との強い絆をいただくことが不可欠となる。

第2章　子として愛されなかったアブシャロムの苦悩

アブシャロムとアムノン

聖書には「子として受け入れられること」への悲痛な魂の叫びが、数え切れないほど記されている。イスラエルの王ダビデの息子アブシャロムも、そのような悲痛な魂の痛みを抱えた一人であった。

ダビデには異母兄弟からなる二十人以上の息子がいた。ダビデは長男のアムノンに王位継承者として大きな期待を寄せた。ダビデは長男アムノンを溺愛した。アムノンも父ダビデの期待に応えていた。ダビデは父として長男のアムノンを承認していた。

アムノンは異母妹タマルに思いを募らせるようになったが、その愛が禁断の愛ゆえに苦悩の日々を過ごしていた。アムノンは慕る妹タマルへの恋心に悩み、憔悴していた。従兄弟のヨナダブはアムノンの異変に気づき、親身になって心配しているかのように装い、悩みを聞き出した。アムノンが心の苦悩をヨナダブに包み隠さずに打ち明けたところ、ヨナダブはアムノンに最悪のアドバイスを与えた。仮病を装い、タマルに食事を運んでもらい、部屋で二人きりになったところで肉体関係を強いるという、正気の沙汰ではない策略を持ちかけたのである。しかも、アムノンはヨナダブの策略を一蹴せず、言われるがままに妹タマルを辱めた。

人はそれぞれ自分の欲に引かれ、おびき寄せられて、誘惑されるのです。欲がはらむと罪を生み、罪が熟すると死を生みます。（ヤコブ1・14―15）

人は自分の欲によって誘惑され、心から欲を退けずに養い続けると罪を生む。アムノンは妹タマルに抱いた情欲を退けず、密かにはらませ続けた。もはや一触即発の状態であった。アムノンは策略を実行に移し、妹タマルを辱めた。しかも彼は自分の欲望を満足させた途端、妹タマルに対する態度を豹変させた。アムノンはタマルに怒りをぶつけ、疎んじた。アムノンはタマルに抱いた情欲を満足させたが、たちまち虚しさに襲われた。泣き悲しむ妹タマルの姿は、アムノンの心に後悔の念を生じさせるどころか、いらだちと拒絶の思いを湧き立たせた。

実兄アブシャロムは妹タマルが頭に灰をかぶり、そでつきの長服を引き裂き、泣きながら歩いている姿を見て、「おまえの兄アムノンが、おまえといっしょにいたのか。だが妹よ。今は黙っていなさい。あれはおまえの兄なのだ。あのことで心配しなくてもよい」（Ⅱサムエル13・20）と、状況をすぐに察した。そしてタマルに、事実を口外せず沈黙するよう命じた。

父ダビデへの期待と信頼

アブシャロムは妹タマルを辱しめた長兄アムノンを憎んだが、驚くほど冷静に対応した。アブシャロムが妹タマルに事を荒立てないように命じたのは、父ダビデがアムノンの犯した罪を正しく裁いてくれると信頼を寄せたからである。アブシャロムは怒りを父の正しい裁きに委ねた。この時点で、アブシャロムは長男アムノンに憎しみを抱いてはいたが、個人的な復讐を望んではいなかった。長男アムノンとタマルは異母兄弟ではあっても、父ダビデの子であることには変わりがなかったからである。アムノンに復讐することは父ダビデの心を引き裂き、悲しみのどん底に突き落とすことになると心得ていた。

ある意味で、アブシャロムは父ダビデを純粋に愛していた。アブシャロムは、父ダビデが跡継ぎとなる長男アムノンを特別扱いせず、タマルを辱めた罪を正しく裁いてくれるに違いないと確信していた。父ダビデが、子ども一人ひとりを分け隔てなく愛し、受け入れていてくれると信じていた。父の愛は、証明されることが運命づけられている。アブシャロムは父ダビデが長男アムノンを溺愛し、他の子どもにあまり関心を示さなかったことで、「愛される子」として受け入れられているか、一抹の不安を抱えていた。アブシャロムは、父ダビデがアムノンだけを特別扱いし、妹タマルを辱めた罪を不問にするのではないかと内心心配しながらも、正しく裁いてくれることを信じ、期待した。

父の愛は「正しい裁き」によって証明される。子どもは父の愛を正しい裁きによって経験する。聖書は愛を「不正を喜ばずに真理を喜びます」（Ⅰコリント13・6）と教えている。過ちを正さないのは愛ではない。不正を見過ごすことは愛ではない。愛は真理を喜ぶ。

母親的良心と父親的良心

フロムは成熟した人間の特徴として、母親的良心と父親的良心とを併せ持っていると記している。

母親的良心は言う、「おまえがどんな過ちや罪をおかしても、私の愛はなくならないし、おまえの人生と幸福にたいする私の願いもなくならない」。父親的良心は言う、「おまえが間違ったことをした。その責任を取らなければならない。何よりも、私に好かれたかったら、生き方を変えねばならない」。（『愛するということ』、七三頁）

子どもは父親に正しさの象徴であることを望んでいる。子どもは父親が愛情を注いでくれないことよりも、矛盾したことを平気で行うことに深く傷つく。たとえば父親の女性関係が露呈したとき、特に息子は母親を愛していない父を憎むのではなく、母親と家族を裏切った不正行為に腹を立てる。子どもが父親に深く傷つくのは「愛が足りない」からではなく、「不誠実」だからである。

「主はその愛する者を懲らしめ、受け入れるすべての子に、むちを加えられるからである。」

（ヘブル12・6）

子どもは自分が過ちを犯したとき、「おまえは間違ったことをした」と責められることで父の愛を確かめる。

もしあなたがたが、だれでも受ける懲らしめを受けていないとすれば、私生子であって、ほんとうの子ではないのです。（ヘブル12・8）

父は愛する子に懲らしめを与え、ふさわしい者に変わることを要求する。

神の正しい裁きへの確信

イエスは、父なる神がキリスト者を子として受け入れ、無条件の愛を注いでくださっていることの証しは、正しい裁きの保証にあると語った。

「まして神は、夜昼神を呼び求めている選民のためにさばきをつけないで、いつまでもそのことを放っておかれることがあるでしょうか。あなたがたに言いますが、神は、すみやかに彼らのために正しいさばきをしてくださいます。しかし、人の子が来たとき、はたして地上に信仰が見られるでしょうか。」（ルカ18・7―8）

正しい裁きがないがしろにされ、理不尽な状態が続くことへの失望と落胆ほど、神へのつまずきとなるものはない。

ダビデは「私自身は、この足がたわみそうで、私の歩みは、すべるばかりだった。それは、私が誇り高ぶる者をねたみ、悪者の栄えるのを見たからである」（詩篇73・2―3）と告白している。神の愛への不信は、正しい裁きがないがしろにされているとの失望、落胆から生じている。「人の子が来たとき、はたして地上に信仰が見られるでしょうか」とキリスト者の信仰が激しく揺さぶられるのは、神の正しい裁きへの確信が揺らぐ時である。

預言者ヨナは、神が敵国アッシリヤの首都ニネベの民にあわれみを示したことに激怒した。そして「ああ、主よ。私がまだ国にいたときに、このことを申し上げたではありませんか。それで、私は初めタルシシュへのがれようとしたのです。私は、あなたが情け深くあわれみ深い神であり、怒るのにおそく、恵み豊かであり、わざわいを思い直されることを知っていたからです」（ヨナ4・2）と、神が正しい裁きをないがしろにしたと非難した。

ヨナは神が正しい裁きを思い直し、アッシリヤの罪を見過ごしたと憤ったが、彼の非難は間違っていた。神はニネベの民の罪を不問にしたわけでも、正しい裁きを破棄したのでもない。深いあわれみによって裁きを延期したのである。後の時代、神はアッシリヤの上に厳しい義の裁きを下した。

主はシオンの山、エルサレムで、ご自分のすべてのわざを成し遂げられるとき、アッシリヤの王の高慢の実、その誇らしげな高ぶりを罰する。（イザヤ10・12）

神は絶対に罪を見過ごすことはない。義なる神は、いかなる罪も見過ごすことはない。神が義なる方であることがキリスト者の信仰の基礎であり、この土台が揺らぐと信仰は激しく揺さぶられる。神への愛も、神の義に根ざしている。

十字架の上で示された神の愛

イエス・キリストの十字架の死が神の愛を示したのは、御子イエスの身代わりの犠牲によるだけでなく、父なる神の正しい裁きが下されたことによる。神の御子イエスは罪なき者としてすべての罪ある者の罪を背負い、身代わりとなり、父なる神の正しい裁きを引き受けてくださった。十字架の上で、御子イエスの愛の犠牲と父なる神の正しい裁きによって神の愛が示された。

「わが神、わが神。どうしてわたしをお見捨てになったのですか」（マルコ15・34）との十字架の上でのイエスの悲痛な叫び声に父なる神が沈黙したのは、罪に妥協しない神の義のゆえである。父なる神は、罪とされたイエスを断罪した。不正を喜ばない神の愛の父性的側面が示された。神は罪は憎んだが、罪ある者には深いあわれみを抱いた。父なる神の義が示された十字架の上で、神の赦しの愛も示された。罪人をありのままであわれみ、受け入れる赦しの愛、神の愛の母性的側面も示された。十字架の上で示された神の愛は、父性的な愛と母性的な愛を包括した完全な愛である。

恵みとまこととは、互いに出会い、義と平和とは、互いに口づけしています。（詩篇85・10）

しかし、父なる神が父性的な愛を体現し、御子イエスが母性的な愛を体現したわけではない。イエスの愛も父性的側面と母性的側面とを包括する全き愛であることには変わりがない。

神は、実に、そのひとり子をお与えになったほどに、世を愛された。それは御子を信じる者が、ひとりとして滅びることなく、永遠のいのちを持つためである。(ヨハネ3・16)

父なる神は「正しい裁き」を下すために、ひとり子イエスを殺されるという喪失の悲しみを担った。キリスト者は十字架の愛に関して、イエスの犠牲だけに目を留めるのではなく、隠れた所でひとり子を見捨てる父なる神の悲しみにも目を留めなければならない。「正しい裁き」には、父なる神の犠牲が伴う。

正しい裁きを回避したダビデ

ダビデが正しい裁きを下すとき、多大な期待を寄せた長男アムノンを王位継承者から除外することは不可避であった。妹を辱めるような男をイスラエルの民が尊敬し、従うことは期待できない。王位継承者にはあってはならない不祥事である。

ダビデ王は、事の一部始終を聞いて激しく怒った。(Ⅱサムエル13・21)

長男アムノンが妹タマルを辱しめたことを知らされた父ダビデは激昂した。ダビデはアムノンが不祥事を起こしたことに激怒したが、妹への卑劣な行為そのものにどれだけ腹を立てたのかはわからない。ダビデの激しい憤りには、長男アムノンが期待を裏切ったことに対する失望がある。ダビデは憤慨したが、長男アムノンの罪を厳粛に取り扱うこと、罰することはしなかった。ダビデはアムノンの罪を白日の下に晒《さら》すことを嫌い、部下ウリヤの妻バテ・シェバとの関係を隠蔽したように、不問にすることを密かに決意した。

ダビデは、父として正しい裁きを下す責任を放棄した。すなわち、アムノンを真実に愛そうとはしなかった。ダビデがアムノンの罪を罰すれば、自分の輝かしい名誉が著しく傷つくことになる。息子の将来か、自分の名誉か。ダビデは自分の名誉を重んじることを選んだ。その選択の代償の大きさを知る由もなかった。もし、ダビデがアムノンを真実の愛で愛そうとしたなら、アムノンの罪を厳しく扱い、罪の償いをさせたはずである。しかし、ダビデはアムノンの罪を不問にした。彼は子どもの罪と真正面から向き合うことの痛みから逃避した。ダビデは、アムノンに自分と同じ罪深さが宿っている現実を直視することができなかった。自分の罪が繰り返されたことが耐え難い苦しみとなったのではないだろうか。理由はどうあれ、ダビデはアムノンを私生児のように扱った。

もしあなたがたが、だれでも受ける懲らしめを受けていないとすれば、私生子であって、ほんとうの子ではないのです。（ヘブル12・8）

十字架の苦しみには、父なる神から断罪される御子イエスの絶望だけでなく、愛するひとり子を見捨てなければならない父なる神の苦悩が隠されている。懲らしめを与える者には、強い愛が求められる。懲らしめを受ける者よりも、与える者の痛みのほうが大きいからである。

隠された罪の呵責

アムノンは、妹のタマルを辱しめたことで、激しい葛藤と罪責の念に苦しむことになる。苦悩するアムノンの魂を救済するには、父ダビデが正しい裁き、懲らしめを与える以外にはない。アムノン自身に自分の犯した罪を償わせること以外に、彼の魂を罪の苦悩から救済することはできない。そのことはダビデ自身が一番わかっていたはずである。

ダビデは、部下ウリヤの妻バテ・シェバと姦淫の罪を犯し、彼女が自分の子を身ごもったと知らされたとき、罪を隠蔽することに躍起になった。しかし、ダビデの隠蔽工作は、ことごとく失敗した。罪が発覚することを恐れたダビデは、バテ・シェバの夫ウリヤが敵の手によって殺されるように仕向けた。イスラエルの王ダビデを信頼し、家族を託して敵との戦いに出向いたウリヤは、罪を隠蔽しようとしたダビデによって裏切られた。ウリヤは戦場の最前線に取り残され、敵の放った無数の矢によって絶命した。ダビデは直接手を下さないことで罪の呵責から逃れようとしたが、神の目にはダビデがウリヤを惨殺したのである。ダビデの手はウリヤの血で真っ赤に染まった。

ダビデは王の絶大な権限を乱用し、罪を隠蔽することに成功した。しかし、平穏な日が彼に訪れることはなかった。彼は隠蔽した罪の呵責に苦しみ続けた。

私は黙っていたときには、一日中、うめいて、私の骨々は疲れ果てました。
それは、御手が昼も夜も私の上に重くのしかかり、
私の骨髄は、夏のひでりでかわききったからです。（詩篇32・3－4）

ダビデの罪は、他の人の目からは隠蔽されても、彼の魂に重くのしかかってきた。罪の重圧に耐え切れなくなり、「私の骨々は疲れ果てました」と告白している。

神が預言者ナタンをダビデのもとへ遣わし、隠蔽された罪を白日の下に晒《さら》したとき、ダビデは否定せず、「私は主に対して罪を犯した」とあっさりと罪を認めた。隠された罪の呵責に、彼の身も心も耐え切れなくなっていたからである。ダビデは隠蔽した罪を自分から告白することは恐ろしくてできなかったが、預言者ナタンによって隠された罪が暴露されたとき、安堵感を抱いたのではないだろうか。

神が罪を責めるのは、悔い改めを促し、しかるべき償いを支払うことで、罪の呵責、束縛から救い出すためである。罪の代償が償われなければ、罪の呵責、束縛からの解放はない。償いが終わっていない罪は、完済するまで催促状を送り続ける。

ダビデは罪を覆い隠し続けることの耐え難い苦しみを嫌というほど経験していながら、長男アム

ノンを懲らしめ、その苦悩から救おうとしなかった。ダビデはアムノンを溺愛しながらも、自分の子として受け入れ、真実に愛することをしなかった。ダビデにとって、長男アムノンは王位継承者に過ぎなかったのではないだろうか。アムノンも、父ダビデから「子として受け入れられる」ことを切望し、懲らしめようとしない父の姿に心を痛めていたのではないだろうか。

愛するゆえの懲らしめ

「主は愛する者を懲らしめる」とあるように、父の真実な愛は子どもの幸せを願い、「懲らしめ」を与える。懲らしめを与えることには精神的苦痛が伴う。懲らしめを与える者は愛されず、憎まれる。懲らしめを与えることで、築いてきた関係が一時的に損なわれることがある。しかし、父の愛は子どもの将来を見据えている。今、子どもに喜ばれることよりも、将来、いつの日にか感謝されることを選び取る。父なる神の愛が、その模範である。

神が私たちの人生に試練を許されるのも、同じ愛からである。

今の時のいろいろの苦しみは、将来私たちに啓示されようとしている栄光に比べれば、取るに足りないものと私は考えます。（ローマ８・18）

聖書は、「今の時のいろいろな苦しみ」は、将来において結ばれる実の素晴らしさと比較するなら、「取るに足りない」と教えている。神に愛される子にとって「苦しみ」は刑罰ではなく、懲らしめであり訓練である。懲らしめも訓練も、将来の祝福の代価である。親が子どもの肩代わりをすることはできない。子どもは懲らしめを受けることで、同じ過ちを繰り返す愚かさから離れる。

「思い違いをしてはいけません。神は侮られるような方ではありません。人は種を蒔けば、その刈り取りもすることになります」（ガラテヤ6・7）とあるように、神への侮りとは、神が罪を見過ごす方であると思い違いをすることである。十字架の贖いは、償うことが不可能な永遠の滅びを神の御子がご自分の命をもって償ったことである。しかし、十字架の贖いは、刈り取れるものまでは免除しない。蒔いた者が刈り取らなければならない。神はすべての人に蒔いたものの刈り取りを求める。

対決する愛

『愛すること、生きること』（M・スコット・ベック）に、無分別に家族を甘やかす牧師が登場する。彼の妻は鬱をわずらい、二人の息子たちは大学を中退して家に引きこもっている。その牧師が思い悩んで相談に訪れた時の会話が記されている。牧師曰く、「彼らとその問題のため、できるかぎりのことはしているんですよ。起きているあいだじゅう、心配しているんです」（一一六頁）。牧師は妻と二人の息子のために骨身を削って働いたが、妻と子どもが自分でしなければならないことまでも引き受けていた。毎週のように妻をオペラに連れて行ったり、部屋を片づけたりした。彼の父はアルコール依存症で、何人もの女性たちと関係を持っていた。彼の父はまったく家庭を省みない人であった。少年であった彼は父を心底から憎み、自分は優しく配慮のある父になろうと心に誓った。そして、彼は優しくて気遣いのできる父となった。しかし、彼の家族は病んでしまった。面談の中で、彼が父としての責任を果たさなかったことに一因があると指摘された。

然るべきときに与えないことが、不適当なときに与えるよりも思いやりのあること、自分のことは自分でできる人に対しては、世話をするより自立を促すほうが愛情深いことを学ばねばならなかったのである。家族の精神衛生のためには、自分の要求、怒り、憤りや期待を表現することが、自己犠牲とまったく同様に必要であり、したがって、喜んで受け入れるだけでなく、対決することで愛を表すことの必要性を学ばねばならなかった。（一一七頁）

彼には対決する愛が欠如していた。対決することで妻や息子たちから嫌われるとの恐れがあった。その恐れの根源は、彼自身が自分の父を赦せず、憎んでいたことに深く根ざしている。父のように憎まれる存在になりたくないとの恐れが、愛情深い父を演じ続けさせた。自分の父を赦さないかぎり、拒絶される恐れから解放されることはない。家族はいつまでも病み続けることを強いられてしまう。なんという悪循環だろう。罪の破壊力は、善い意図による行いを意に反した結末へと駆り立てる。

この牧師は、真実の愛で家族を愛する決断を下した。部屋の掃除を自分ひとりでするのをやめ、息子の車の保険料の支払いをやめ、都合の悪い時は妻に一人でオペラ観劇に出かけるようにお願いした。すると、一人の息子は大学に復学し、もう一人は仕事に就いた。妻も自立するようになり、元気を取り戻した。

このように変わるためには、あえて「悪者」役を引き受け、必要なものをすべて与える以前の全能の役割を諦めなければならなかった。ところでそれまでの主な動機は、愛情深い人というセルフ・イメージを守るためであったが、彼の心の底には純粋に愛する力があった。だからこそ自分を変えることができたのである。（一一八頁）

「だれでも受ける懲らしめを受けていないとすれば、私生子であって、ほんとうの子ではない」、懲らしめを受けない子は「子として愛されていない」。父ダビデは長男アムノンの犯した罪を見過ごし、懲らしめを与えなかった。ダビデはアムノンを子として受け入れ、真実の愛で愛そうとしなかった。

父から期待されなかったダビデ

ダビデ自身、父エッサイから子として愛されなかった経験がある。

当時、イスラエルはペリシテ人の侵略行為に苦しめられていた。ある日、迫り来るペリシテ人の軍勢に怖気《おじけ》づいた民がサウル王に見切りをつけ、逃げ出し始めた。慌てたサウル王は民の心を自分に引き留めるために、祭司にしかささげることが許されなかった「全焼のいけにえ」をささげた。その越権行為が直接的な原因となり、神はサウル王をイスラエルの王座から退けた。神は預言者サムエルにエッサイの息子の一人を新しいイスラエルの王に選んだことを告げ、エッサイの家に出向き、将来のイスラエルの新しい王に神の承認として油を注ぐように命じられた。

「油注ぎ」は神の承認のしるしである。単なる儀式ではない。神から託された職務に対して承認を受けることで、正式に任命された者とされる。なぜ、神はまだ少年のダビデに油を注いだのか。なぜ、成人した彼に油を注ぐことでは遅いのか。神のなさることには意味があり、無駄はない。神が少年のダビデに油注いだのは、少年が神の目に映る偉大な王となるためには、遅くとも少年の時から神の承認を受けることが不可欠であったからだろう。

預言者サムエルがエッサイが住むベツレヘムを訪れたとき、エッサイに息子たち全員を集めるようにと命じた。サムエルは長男のエリアブを一目見たとき、彼こそが新しい王だと心の中で確信した。しかし、神はエリアブを選ばなかった。サムエルの目には次男も新しい王にふさわしく思えたが、彼もまた選ばれた王ではなかった。最終的には七人の息子たちのうちには油注がれる者はいなかった。サムエルは神がエッサイの子の一人を新しい王として選んだと確かに告げられたので、怪訝《けげん》に思って「子どもたちはこれで全部ですか」と父エッサイに尋ねた。すると、エッサイは「まだ末の子が残っています。あれは今、羊の番をしています」（Ｉサムエル16・11）と答えた。父エッサイは末っ子のダビデは呼ばず、兄たちの代わりに羊の番を命じた。ダビデが末っ子で、歳が若かったこともあるが、八番目の息子は父の期待の外に置かれていた。父エッサイはダビデの内側に神がご覧になった素質を見ることなく、候補から除外した。

長男のエリアブが父エッサイの期待を一身に背負っていた。ダビデは父から期待されることなく育てられた。しかし、預言者サムエルとの出会いは、彼の人生を決定づけるような経験となる。

預言者サムエルの前にダビデが連れて来られた瞬間、「さあ、この者に油をそそげ。この者がそれだ」（Iサムエル16・12）と神がサムエルに語った。父から期待された兄たちではなく、末っ子の自分が選ばれたことにダビデは戸惑ったが、油を注ぐ預言者サムエルの確信に満ちた表情を見て、神の承認を素直に受け取ることができた。

しかし、ダビデには父エッサイから認められる経験が乏しかった。そのことが、父となった彼が自分の子どもを真実な愛で愛することに葛藤し続けたことと決して無縁ではないと考えられる。

私自身が父となったとき、模範となる父親との思い出は、キャッチボールを一度二度したこと、一度だけ海に連れて行ってもらったこと、近所のおばさんのことを「おばはん」と呼んだことで頬を平手打ちされたこと、父が説教者として招かれた伝道集会の会場へ向かうバイクの後ろに座らせてもらったこと、五番目の弟・献児が生まれた時に入院中の母を病院に一緒に見舞ったことぐらいだった。父親は何をすべきかなのか、見当がつかなかった。

ダビデも、アムノン、タマル、アブシャロムの苦悩とどう向き合っていいのか、どんな言葉をかければいいのか、どのように扱えばいいのかと苦慮したと察することができる。しかし、ダビデは最悪の選択をした。問題を適切に扱わずに放置した。問題は時間の経過とともに解決することはない。やがて、家庭内の問題が国家の危機へと発展していくことになる。問題の芽を摘んでいれば、悲劇を招かずに済んだ。ダビデは何もしなかったという選択の代償の大きさを知ることになる。

行き場を失ったアブシャロムの苦しみ

タマルが辱めを受けて満二年が過ぎた頃、アブシャロムはエフライムの近くのバアル・ハツォルで羊の毛の刈り取りの祝いを催すことを計画した。アブシャロムは、父ダビデに祝いの集いへの出席を強く嘆願した。アブシャロムは、父ダビデが一向に長男アムノンの罪に対して正しい裁きを下さず、懲らしめを与えないことに対して、父の真意を確かめたかったのではないか。二年間、アブシャロムは父ダビデには父なりの考えがあるに違いないと自分自身やタマルを説き伏せ、復讐心を必死に抑え、沈黙を守り通してきたのだろう。しかし、正しい裁きが一向に下されないままの状態が続くので、妹タマルの苦悩は深まるばかりだった。日毎やつれ果てていく妹の姿を見るに忍びなく、もはや耐え難くなり、妹を苦悩から救出するために行動を起こした。この時点で、アブシャロムの殺意は確認できない。しかし、父ダビデの対応のまずさが悲劇を招くことになった。

するとエはアブシャロムに言った。「いや、わが子よ。われわれ全部が行くのは良くない。あなたの重荷になってはいけないから。」アブシャロムは、しきりに勧めたが、ダビデは行き

たがらず、ただ彼に祝福を与えた。（Ⅱサムエル13・25）

アブシャロムは、父ダビデの真意を確かめたくて、羊の毛の刈り取りの祝いへの出席をしきりに願った。しかし、ダビデはアブシャロムの誘いをかたくなに断り続けた。ダビデが誘いをかたくなに断り続けたのは、長男アムノンの不祥事を蒸し返さず、闇に葬り去りたかったからであろう。ダビデにとってアムノンの一件は過去の出来事となっていた。ダビデはしきりに懇願するアブシャロムに、「あなたの重荷になってはいけないから」と気遣うふりをして出席を断った。しかし、アブシャロムにはダビデの言葉は、「私の重荷になってはいけないから」と言っているようにしか聞こえなかった。羊の毛の刈り取りの祝いに招待することを重荷だと気遣ってくれるなら、なぜ娘の苦悩やその兄の嘆き悲しみに寄り添ってくれないのか。なぜ、逃げ続けるのか。

アブシャロムは気遣うふりをする父ダビデの態度に深く傷ついた。もし、ダビデが自分の心の葛藤を正直に打ち明けたなら、アブシャロムの苦悩も少しは軽減されただろう。あるいは、ダビデが「行きたくない」と断ったほうが、父の苦悩に触れることで父を少しは近くに感じたかもしれない。しかし、「あなたの重荷になってはいけないから」との口先だけの気遣いの言葉は、拒絶の剣のようにアブシャロムの心を刺し通した。本心を隠し、建前だけを口にして、対決を避ける父の姿に、子どもの心は拒絶感に打ちのめされることだろう。アブシャロムの苦しみは行き場を失って暴走することになる。

信頼を裏切られて傷ついた心

聖書には「あなたの父と母を敬え」（出エジプト20・12）と父母に対する子への戒めは多くあるが、子に対する父への戒めはほとんどない。その数少ないうちの代表的な戒めでは「父たちよ。あなたがたも、子どもをおこらせてはいけません。かえって、主の教育と訓戒によって育てなさい」（エペソ6・4）と命じている。「子どもをおこらせてはいけません」とは、子どもの機嫌を損ねてはならないとの戒めではない。「子どもをおこらせる」とは、子どもの信頼を裏切ることである。当然のことだが、完璧な父でなければならないとの意味ではない。父なる神だけが完璧な父である。すべての父が不完全であり、足りなさや弱さを抱えている。しかし、子どもは父の不完全さや弱さに傷つくのではない。父への信頼を裏切られることで傷つく。

アブシャロムは、父ダビデが信頼を裏切ったことに深く傷ついた。父ダビデが「何もしなかったこと」に傷ついた。信頼を裏切られて傷ついた心の痛みは、苦々しさ、憎しみへと変わっていく。

アブシャロムは「それなら、どうか、私の兄弟アムノンを私どもといっしょに行かせてください」（Ⅱサムエル13・26）と願い求めた。ダビデは「なぜ、彼があなたといっしょに行かなければならないのか」（同節）と真意を問い直した。しかし、アブシャロムが執拗に願い続けたので根負けしたダビデは、アムノンと他の息子たちを行かせることにした。ダビデはアムノンのことが気がかりではあったが、他の息子たちも一緒にいることで気を許したのだろう。

「あなたの重荷になってはいけないから」との父ダビデの言いわけめいた言葉を聞いたアブシャ

ロムは、父がアムノンの罪を不問にすることをすでに決めていると悟った。「それなら、どうか、私の兄弟アムノンを私どもといっしょに行かせてください」と、自らの手を復讐の血で染めることを決意した。父ダビデへの信頼を裏切られたアブシャロムは、もはや自分の手で復讐を果たすしか、タマルを終わりのない苦悩から救済するすべはないと思い詰めていた。ダビデは、アブシャロムが異母兄アムノンに危害を加えることなど、まかり間違ってもないだろうと考えた。そして、アムノンを自分の代わりに同行させることを承諾した。

アブシャロムは、羊の毛の刈り取りの祝いに父ダビデの代理で出席したアムノンを殺害した。アブシャロムはタマルのために復讐を果たした。父ダビデが正しい裁きを下さなかったばかりに、アブシャロムは自分の手を復讐の血で染めた。ダビデが本気でアムノンを愛していたなら、懲らしめを与えていたなら、悲劇は起こらなかったに違いない。

父親失格の烙印

その日、ダビデは愛する二人の息子を失った。長男アムノンを殺害したアブシャロムは、父ダビデの顔を恐れて、ゲシュルの王のもとへと身を寄せた。しかし、ダビデはアブシャロムを連れ戻そうとはしなかった。父ダビデはアブシャロムの罪と向き合わなかった。なぜダビデは長男アムノンの罪、三男アブシャロムの罪と向き合い、懲らしめを与えなかったのか。それは誰にもわからない。もしかしたらダビデ自身にもわからなかったのかもしれない。ダビデは、バテ・シェバとの不適切彼が関係を隠蔽するために夫のウリヤを死に至らしめた。ウリヤの死の全責任はダビデにあった。彼の過去の罪に自分の罪を感じたのではないだろうか。アブシャロムがアムノンを殺害した罪に自分の過去の罪の咎めを感じたのではないだろうか。自分には息子を責める資格などないと自責の念にさいなまれたのだろう。

父ダビデがアムノンとアブシャロムの罪を責め、懲らしめることをしなかった別の理由に、姦淫の相手バテ・シェバとの間に生まれた子どもを失う喪失経験も深く関係しているように思える。ダビデは自分が犯した姦淫と殺人の罪によって、結果的に生まれたばかりのわが子を死なせたことで、父親失格の烙印を自らに押したのではないか。

ダビデは、バテ・シェバとの間に生まれた子どもが病気になったとき、神の裁きが取り去られることを懇願し、断食の祈りをささげ続けた。しかし、七日目、子どもが息を引き取ったことが知らされると、彼は断食を止め、食事を口に運んだ。家来たちは、子どもが亡くなったのに食事を取るダビデの姿に憤りを覚えた。自分の罪が原因となり、子どもを死なせたにもかかわらず、その死を悼み悲しむこともせずに食事を取る王の姿に、家来たちは反感を覚えた。「あなたのなさったこのことは、いったいどういうことですか。お子さまが生きておられる時は断食をして泣かれたのに、お子さまがなくなられると、起き上がり、食事をなさるとは」（Ⅱサムエル12・21）と、家来たちは不服を述べた。するとダビデは、「子どもがまだ生きている時に私が断食をして泣いたのは、もしかすると、主が私をあわれみ、子どもが生きるかもしれない、と思ったからだ。しかし今、子どもは死んでしまった。私はなぜ、断食をしなければならないのか。あの子をもう一度、呼び戻せるであろうか。私はあの子のところに行くだろうが、あの子は私のところに戻っては来ない」（12・22－23）と言った。ダビデは、断食を止めて食事を口に運ぶことに不服を申し立てた家来たちに向かって、「子どもは死んでしまった。私はなぜ、断食をしなければならないのか」と反論した。

神の裁きへの怒り

「あの子をもう一度、呼び戻せるであろうか。」ダビデの言い分は、あまりにも理性的すぎる。自分の罪が原因で子どもを失ったにもかかわらず、あまりにも理性的に子どもの死を受け止めている。十八世紀の神学者ジョセフ・パーカーは、「悲しみは治められなければならない。最も深い悲しみに対しても理性的でなければならない。（中略）悲しみが偶像礼拝に様変わりするからだ」と、ダビデの態度について記している（*The People's Bible* 8, p. 167）。ダビデは悲しみが偶像とならないために心を切り替えたのだろうか。

ダビデの理性的な態度には、神の裁きを不服とする怒りが隠されていないだろうか。ダビデは神の裁きについて、「主のさばきはまことであり、ことごとく正しい」（詩篇19・9）と告白している。しかし、神の正しい裁きが自分の罪に向けられたとき、神の裁きがあまりにも正し過ぎるように思えることがある。

聖書が「さばいてはいけません」と命じるのは、人が他者の罪に対して正し過ぎるからである。

自分の罪は不問にしておきながら他者の罪を糾弾しても、自己矛盾を覚えることはない。父なる神の正し過ぎると思える裁きに対する怒りが、ダビデの心に抑圧されて残ったのではないだろうか。ダビデが長男アムノン、三男アブシャロムの罪に対して憤慨しても、正しい裁きを下すことに消極的な態度を取ったことと無関係ではないように思えてならない。

「主のさばきはまことであり、ことごとく正しい」、神との健全な関係は、神の裁きに対する揺るがない信頼が礎となる。しかし、多くの人々が不当な裁きに辛酸を嘗《な》めさせられる経験をしていることだろう。兄や姉だからといっていつも頭ごなしに叱られたり、事情も聞かずに一方的に責められたり、裁判で不当な判決を言い渡されたりと、程度の差こそあれ、不当な裁きに傷ついたことがあるのではないだろうか。不当な裁きで傷ついた心は、神の裁きに否定的になってしまう。否定はしないまでも、肯定することに葛藤を覚える。

父のドキュメンタリー映画「友よ明日輝こう」の中で、学生時代の悲しいエピソードが紹介されている。級友の給食の袋が現金と一緒になくなったとき、担任の教師は母子家庭であった父に疑いの目を向けた。「本当に辛かったですね」と父の肉声を聞くたび、父が抱えていた深い悲しみが伝わってくる。

キリスト者が「あなたのさばきはまっすぐです」と告白することに葛藤を覚えるなら、不当な裁きによって受けた心の傷や、神の裁きが正し過ぎるとのつまずきがあるかもしれない。ダビデの場合、神の裁きが正し過ぎるとのつまずきが、父としての機能不全に陥れたのではないか。「父が懲らしめることをしない子がいるでしょうか」（ヘブル12・7）とあるが、長男アムノンは懲らしめを受けなかったため、アブシャロムによって殺されることになった。

「叱られなかった」拒絶感

アブシャロムは長男アムノンを殺害後、ゲシュルに逃亡し、三年間の逃亡生活を続けた。しかし、ダビデがアブシャロムに会いに出かけることは一度もなかった。ダビデはアブシャロムの罪を放置した。ダビデは長男アムノンの死から立ち直れずにいた。バテ・シェバとの間に生まれた子どもが亡くなった時は、家来たちの反感を買うほど理性的に子どもの死と向き合った。しかし、ダビデは長男アムノンの死を受け入れることができず、精神的に打ちのめされていた。期待を寄せた王位継承者を失った喪失感があまりにも大きく、アブシャロムの存在も忘れるぐらいだったのかもしれない。それとも、最初から父ダビデにとってアブシャロムの存在は眼中になかったのか。そうではない。ダビデはアブシャロムを愛していたが、アムノンを殺害したことが赦せなかった。

三年という歳月、ダビデはアブシャロムと一度も向き合おうとしなかった。アブシャロムは沈黙する父ダビデに深く失望した。アブシャロムは、父の沈黙を自分の存在に対する無関心と受け止めた、懲らしめを受けない自分が私生児に思えたことだろう。アブシャロムは父ダビデの怒りを恐れて逃げ出したが、父は追いかけて来なかった。アブシャロムの心は、兄殺しの罪で押し潰されそうになっていく。

少年非行で補導された少年少女の多くが、親から「叱られなかったこと」で拒絶感や疎外感が深まったと証言している。親から贅沢な暮らしを提供され、何不自由のない豊かさを享受していながら、本気で叱ってもらえないことに深い寂しさを覚えている。怒鳴られることはあっても、自分の罪に対して懲らしめを受けることはなかったのだろう。いつも親が子どもの罪の償いを肩代わりしてきたのだろう。親が肩代わりしてくれることで、子どもは喜ぶかもしれないが、愛されているとは感じない。

アブシャロムは、父ダビデから赦され、子として受け入れてもらえるなら、厳しい懲らしめを進んで受け入れたのではないだろうか。アブシャロムは父ダビデに叱ってほしかった。しかし、父ダビデは一度も訪ねて来なかった。父ダビデの存在は、はるか彼方へと遠ざかっていく。この拒絶感という精神的な距離をアブシャロムが埋めることはできない。ただ父ダビデが歩み寄るしかない。ダビデは息子アブシャロムに歩み寄らず、怒りの中に籠ったままだった。子どもは、怒りや失望の中に籠る父の存在に、深い拒絶感を覚える。

閉ざされた父の心

ダビデが最も信頼を寄せた側近のヨアブは、ダビデがアブシャロムに敵意を抱いていることに気づいた。ダビデがアムノンの死を深く悼んだ三年の歳月が過ぎ去ったとき、ダビデの心にはアブシャロムに対する敵意が生じていた。危機感を募らせたヨアブは、父と子を和解させるため、アブシャロムを連れ戻す策を講じた。ヨアブの願いは聞き入れられたが、ダビデは「あれは自分の家に引きこもっていなければならない。私の顔を見ることはならぬ」（Ⅱサムエル14・24）と厳しく命じた。アブシャロムは逃亡先からエルサレムに連れ戻されたが、軟禁状態に置かれ、父ダビデと会うことは許されなかった。

一般論にはなるが、母親は子どものために仕事やキャリアを手放せても、父親には非常に難しい。それは父親にとって、社会的な立場が自分の存在価値と密接につながっているからだ。ダビデがアブシャロムと距離を置いたのは、敵意からだけでなく、社会的立場を失うことを恐れたからではないだろうか。「兄弟殺しの父」とみなされることに、ダビデは耐えられなかったのではないだろうか。ダビデにとって、アブシャロムの存在は挫折そのものであった。ダビデは、アブシャロムによって人生を挫かれたとの怒りを払拭することができなかった。

アブシャロムは、ヨアブに働きかけて、父との面会を実現させようとする。厳罰を覚悟の上、彼が父との面会を求めたのは、固く閉ざされた父の心が少しでも開かれると期待したからだろう。溺愛した長男アムノンを殺害した自分に、怒りの感情でもいいからぶつけてほしかった。父が自分に心を向けてくれるなら、どんな懲らしめをも甘んじて受け入れただろう。アブシャロム自身も、三人の息子と一人の娘の父となっていた。それでも彼は、父ダビデから子として受け入れられることを諦めようとしない。父と疎遠な関係に生きる者は大勢いる。なぜ彼は父との関係に執着を示し続けたのか。それは、兄を殺したアブシャロムにとって、自分の生を生きることを肯定してくれるのが父ダビデの存在であったからではないか。他者の命を奪った彼が生きていくためには、父から肯定されるしかなかった。

父ダビデの存在感が最も求められたとき、彼は隠れてしまった。

拒絶される痛み

「放蕩息子」のたとえ話に登場する父は、放蕩の末に舞い戻った息子のもとへ全速力で駆け寄る姿が描かれている。

> まだ家までは遠かったのに、父親は彼を見つけ、かわいそうに思い、走り寄って彼を抱き、口づけした。（ルカ15・20）

町の人々は、父の顔に泥を塗り、異邦人の地へと旅立った放蕩息子の帰郷を歓迎しなかった。その息子のもとへ走り寄る父親の姿は、蔑みの対象となる。何とも情けない父の姿がそこにある。父は、財産だけでなく社会的な立場も失っても、息子のもとへ駆け寄った。父がこの喪失を喜んで支払ったことで、父は息子を取り戻した。息子は父のもとに帰ることができた。

ダビデは、社会的立場の喪失という代価を支払うことを拒み続けた。そして、その代償として、大切な息子アブシャロムを失うこととなる。

アブシャロムは、面会を拒み続ける父ダビデからの拒絶に絶望し、次第に憎しみを抱くようになっていった。父の愛を強く慕い求めた分だけ、憎しみも深くなる。彼は自分のために戦車、馬、部下五十人、すなわち私設の軍隊を手に入れた。さらに「門に通じる道のそば」に立ち、王に正当な裁きを嘆願するために訪れる人々に優しく声をかけ、関心を抱いているような口ぶりで悩みを聞き出し、「ご覧。あなたの訴えはよいし、正しい。だが、王の側にはあなたのことを聞いてくれる者はいない」（Ⅱサムエル15・3）と、王である父ダビデを暗に非難した。そして、「ああ、だれかが私をこの国のさばきつかさに立ててくれたら、訴えや申し立てのある人がみな、私のところに来て、私がその訴えを正しくさばくのだが」（15・4）と、自分への支持を取りつけようとした。

アブシャロムは、さばきのために王のところに来るすべてのイスラエル人にこのようにした。こうしてアブシャロムはイスラエル人の心を盗んだ。（Ⅱサムエル15・6）

アブシャロムは、イスラエルの民の王ダビデへの忠誠心を盗み続けた。彼の心にあった憎しみ、拒絶の痛みは、父ダビデの大切なものを奪い取ることに償いを求めた。父のすべてを奪い取っても、彼の心の拒絶の痛みが癒えることはなかった。しかし、もはや彼にはそれ以外の選択の余地がなかった。拒絶の痛みの根源である父の存在を消し去るまで、拒絶の苦しみが永遠に続くと思われたからである。

アブシャロムの復讐

四年が経過したとき、アブシャロムは拒絶し続けた父ダビデへの復讐を決行した。アブシャロムはイスラエルの十二部族のリーダーたちのもとへ使いの者を遣わし、自分をイスラエルの新しい王として認めるように説き伏せた。

アブシャロムが謀反を起こしたとの知らせをダビデが聞いたとき、「さあ、逃げよう。そうでないと、アブシャロムからのがれる者はなくなるだろう。すぐ出発しよう。彼がすばやく追いついて、私たちに害を加え、剣の刃でこの町を打つといけないから」(Ⅱサムエル15・14)と、王宮から急いで逃げ出すしか選択肢がなかった。王宮から慌てて逃げ出すダビデには、ペリシテ人の最強兵士ゴリヤテに鎧も着ずに石投げの道具ひとつで立ち向かった少年ダビデ、イスラエル軍の指揮官として宿敵に対して歴史的勝利をもたらした勇士ダビデの面影はなかった。

> ダビデはオリーブ山の坂を登った。彼は泣きながら登り、その頭をおおい、はだしで登った。彼といっしょにいた民もみな、頭をおおい、泣きながら登った。(Ⅱサムエル15・30)

ダビデは息子アブシャロムに命を狙われ、王宮から逃げ出し、オリーブ山の坂を涙を流しながら裸足で登った。初代イスラエルの王サウルの嫉妬を買い、命を狙われた時も着の身着のまま荒野へと逃亡したが、涙を流すことはなかった。しかし、自分の実の息子に命を狙われるという情けなさから、涙が止まらなかった。

子が父を最も必要とする時

敵には勇敢に立ち向かったダビデが、息子アブシャロムにはあまりにも弱腰であったことは、多くの父親にも共通しているのではないだろうか。外部の問題には勇敢に立ち向かうのに、家庭内、特に子どもの問題と向き合おうとしない。子どもが問題を起こすと一方的に母親を責める父。妻から助けを求められても仕事に逃避する父。子どもが父を最も必要とするとき、父の心は不在のままである。

子が父を最も必要とする時、それは父が挫折感と向き合う時でもある。子どもが幼い時は、何もかもがうまくいっていたかもしれない。しかし今は、家庭内には深刻な問題があることを認めなければ、問題は深刻化するばかりである。一般論にはなるが、母親が問題を直視しているのに対して、父親は問題を認めようとしない。男性は自分の人生に問題があることを認めたくないからだ。問題を認めてしまうと、自分の存在価値が脅かされるように思えてしまう。父親の存在価値は仕事や家庭内が何事もなく、うまくいっていることによって保たれるとの誤った思い込みがある。しかし、聖書には何一つ問題がなく、うまくいっている家族は登場しない。人類最初の家族には、兄が弟を殺害する悲劇が起こった。預言者サムエルの二人の息子は、「父の道に歩まず、利得を追い求め、わいろを取り、さばきを曲げていた」（Ｉサムエル８・３）。

弱腰の父、怒りの中に籠る父、逃げ出す父。アブシャロムがどれだけ慕い求めても真正面から向き合おうとしない父への失望と憎しみは深まるばかりだった。父へのつまずきは、父なる神へのつまずきともなる。父につまずき、父なる神につまずいたアブシャロムの暴走は、もはや止まらなかった。

アブシャロムは父ダビデの命を狙い、反乱を起こした。しかし、百戦錬磨のダビデの家来たちがアブシャロムの側につく兵士を圧倒し、二万人を殺害した。背走する反乱側の兵士を追撃する際、ダビデは部下たちに、息子アブシャロムの命だけは奪わないようにと命じた。騾馬に乗って逃げるアブシャロムにダビデの家来たちが追いついたとき、アブシャロムを乗せた騾馬が樫の木の下を通ったため、彼の頭が枝にひっかかり宙づりになった。ダビデの家来たちは命じられたとおり、アブシャロムに手を下さず、指揮官ヨアブに報告した。ヨアブは彼らがアブシャロムを殺さなかったことを叱責し、槍を手にして出かけて行き、アブシャロムの心臓を槍で突き通した。

ヨアブは、イスラエルの王ダビデに反逆したアブシャロムを、もはや生かしておくべきでないと判断した。ヨアブは、父ダビデに代わってアブシャロムに罪を償わせた。父が子に罪を償わせることをしなければ、他の誰かが容赦なく罪を償わせることになる。アブシャロムの死がダビデに告げられると、彼は激しく身を震わせ、「わが子アブシャロム。わが子よ。わが子アブシャロム。ああ、私がおまえに代わって死ねばよかったのに。アブシャロム。わが子よ。わが子よ」（Ⅱサムエル18・33）と泣き叫んだ。

「わが子アブシャロム。わが子よ。わが子よ。」アブシャロムが父ダビデの言葉をもっと早く聞いていれば、父を殺害しようと思うことは決してなかった。

「私がおまえに代わって死ねばよかったのに。」なぜ、ダビデは自分の本心を息子に伝えなかったのか。代わりに死んでもいいと思うなら、なぜ死ぬ気で息子のもとへ駆け寄らなかったのか。

父ダビデの悔恨の叫びは、今日に至るまで繰り返されている。

愛の障害——拒絶の恐れ

ダビデがアブシャロムへの愛を言葉にしなかったのには、拒絶の恐れがある。ダビデは、長男アムノンの罪を正しく扱わなかったことが引き金となり、アブシャロムの手を復讐の血で染めてしまったことに責任を覚えていた。ダビデは、父として自信を完全に喪失していた。しかし、父の自信喪失した姿は、アブシャロムの目には自分が拒絶されているとしか映らなかった。この矛盾は繰り返されている。真実に愛するには、拒絶の恐れを克服しなければならない。


愛するということは、なんの保証もないのに行動を起こすことであり、こちらが愛せばきっと相手の心にも愛が生まれるだろうという希望に、全面的に自分をゆだねることである。愛とは信念の行為であり、わずかな信念しかもっていない人は、わずかしか愛することができない。

(エーリッヒ・フロム『愛するということ』、一九〇頁)

フロムが言う「愛するということは、なんの保証もないのに行動を起こすこと」との指摘を心に刻まなければならない。聖書にも「全き愛は恐れを締め出します」（Ⅰヨハネ4・18）とある。愛は拒絶の恐れを克服し、信念に基づいた行動を生み出す。

しかし私たちがまだ罪人であったとき、キリストが私たちのために死んでくださったことにより、神は私たちに対するご自身の愛を明らかにしておられます。（ローマ5・8）

イエスの十字架の死が、「私たちに対するご自身の愛を明らかに」したのは、死という究極の代価を払ったからではない。代価の大きさと真実な愛とは、必ずしも相関関係にあるわけではない。聖書は「私のからだを焼かれるために渡しても、愛がなければ、何の役にも立ちません」（Ⅰコリント13・3）と教えている。人は自分の信念や思想のために命を投げ出すこともある。それゆえ、自分の命を差し出しても「愛がなければ、何の役にも立ちません」とあるように、真実の愛は、「私たちがまだ罪人であったとき、キリストが私たちのために死んでくださったこと」に基づいている。すなわち、人が神の愛の犠牲、十字架の死を受け入れる保証がまったくないにもかかわらず、ご自分の命を死に渡したことが真実の愛の証明である。愛が受け入れられることを担保された上で愛することは、神の愛、アガペの愛ではない。

拒絶を克服した愛

イエスは「自分を愛してくれる者を愛したからといって、何の報いが受けられるでしょう。取税人でも、同じことをしているではありませんか」（マタイ５・46）と教えた。イエスの愛が拒絶を克服した愛であることは、三度も自身を否定したペテロに愛を求めたことによって明らかにされた。

イエスは、弟子たちと最後の食事を済ました後、苦難を受けることを弟子たちに話した。すると、弟子のリーダー格であったペテロがイエスに向かって、「たとい全部の者があなたのゆえにつまずいても、私は決してつまずきません」（マタイ26・33）と他の弟子たちの前で断言した。すると、イエスはペテロに、「まことに、あなたに告げます。今夜、鶏が鳴く前に、あなたは三度、わたしを知らないと言います」（26・34）と、ペテロから徹底的に拒絶されることを予告した。このイエスの言葉に怒りはまったく感じられない。それどころか、ペテロの拒絶を驚くわけでもなく、失望することもなく、優しく受け止めているようだ。

イエスはペテロの存在を拒絶の痛みとともに受け入れていた。ペテロはイエスの言葉を打ち消すかのように、「たとい、ごいっしょに死ななければならないとしても、私は、あなたを知らないなどとは決して申しません」（26・35）と強く念押しするように断言した。ペテロの裏切りを知っていたイエスの心にその言葉は虚しく聞こえたはずであるが、イエスはペテロの言葉に偽善がないことを知っていた。ペテロはイエスのために自分の命を差し出すことを切望したが、ただ自分の命を犠牲にできるほどイエスを愛してはいなかった。これを偽善とは呼ばない。ペテロはイエスの愛を自分だけに向けたかった。イエスと同じように愛せないと、イエスから愛されなくなると恐れていた。しかし、彼はイエスの愛がいかなる拒絶をも克服する信念の愛であると知ることになる。

律法学者やパリサイ派の人々に扇動された群衆に身柄を拘束されたイエスは、大祭司の前で裁きを受けることになった。イエスを見捨てて逃げ出したペテロは、良心の呵責からか、あるいは他の弟子たちの手前からか、イエスの安否をうかがうために大祭司の庭に集っている群衆に紛れ込んだ。しかし、大祭司の女中からイエスの弟子であると指摘されるとペテロは、「何を言っているのか、私にはわからない」(26・70)とイエスとの関係を否定した。また、別の人からもイエスと一緒にいたと言われると、「そんな人は知らない」(26・72)と再度否定した。また近くにいた人が、ペテロの訛りのある言葉を聞いて、イエスの弟子に間違いないと断言した。最後にペテロがイエスの弟子であると指摘した人物は、ペテロが剣で片耳を切り落とした大祭司のしもべの親類の者であった。「私が見なかったとでもいうのですか。あなたは園であの人といっしょにいました」(ヨハネ18・26)と問い詰められ、ペテロは「『そんな人は知らない』と言って、のろいをかけて誓い始めた。するとすぐに、鶏が鳴いた。そこでペテロは『鶏が鳴く前に三度、あなたは、わたしを知らないと言います』とイエスの言われたあのことばを思い出した。そうして、彼は出て行って、激しく泣いた」(マタイ26・74—75)。

ペテロの涙には、どのような思いが込められていたのだろう。自分への呪いを誓ってまでイエスを否定したことへの慙愧《ざんき》の念であったのか、自分の酷薄な心が赦せなかったのか。捕らえられたイエスを見捨て、今度は大祭司の前で裁きを受けているイエスをためらうことなく見捨てた。ペテロはイエスを二度も見捨てたことになる。ペテロはイエスよりも自分の命を愛していたので、当然の結果にすぎない。

愛すべき時に愛するために

ペテロには、イエスに謝罪の言葉を告げる機会が永遠に失われたかのように思えた。イエスは十字架に釘づけされ、苦しみ抜いた末に息を引き取った。イエスは埋葬された。しかし、イエスは約束した言葉どおり、三日目の朝、死の力を打ち破って復活した。イエスは、ペテロや他の弟子たちがガリラヤ湖で漁をしているところに姿を現した。最初、弟子たちには岸に立っている方が誰なのか、わからなかった。しかし、復活したイエスだとわかると、ペテロは上半身裸だったので、上着を着て湖に飛び込んだ。意味不明の行動だが、イエスに合わせる顔がなかったのだろう。イエスは岸辺で弟子たちのために食事を用意した。ペテロも食事の席に招かれた。イエスがペテロを責めたり、彼の裏切り行為に言及したりした記述はない。おそらくイエスが言及することはなかったのだろう。ただ、イエスはペテロを食卓に招き、ともに食事をした。ペテロはイエスと食事をしながら赦されていることを実感した。イエスが、「あなたは三度、わたしを知らないと言います」と言ったのは、ペテロのすべてを受け入れている赦しを宣言するためである。

拒絶の恐れは、失敗を恐れる心に宿る。イエスはペテロの全存在を受け入れたが、失敗することを事前に伝えた。「あなたが何をしても、私のあなたへの愛は変わることはない」と「あなたは失敗する。しかし、私はあなたを信じ続ける」とでは、受動的な肯定と能動的な肯定の違いがある。イエスがペテロの失敗を事前に予告したのは、ペテロに能動的な肯定感を与えるためである。

食事が終わると、イエスはペテロに向かって、「ヨハネの子シモン。あなたは、この人たち以上に、わたしを愛しますか」（ヨハネ21・15）と尋ねた。イエスはペテロに、「私があなたを愛したように、アガペの愛で愛してくれますか」と尋ねた。ペテロは、「はい。主よ。私があなたを愛することは、あなたがご存じです」（同節）と、兄弟愛ならと答えた。イエスは同じ質問を繰り返し、ペテロも同じ言葉を返した。そして、三度目にイエスは、「ヨハネの子シモン。あなたはわたしを愛しますか」（21・17）と、兄弟愛でなら愛してくれますかと尋ねた。ペテロは、「主よ。あなたはいっさいのことをご存じです。あなたは、私があなたを愛することを知っておいでになります」（21・17）と、兄弟愛で愛していることはご存じのはずですと答えた。三度の否定を通して、イエスのために自分の命を差し出すほどには愛していないことが露呈された。

イエスはご自分の命を罪の代価として与え、そしてペテロに自身が愛したように愛することを求めた。正当な要求である。しかし、ペテロは同じようには愛せないと答えた。すると、イエスは兄弟愛で愛することを求めてくださった。ある意味で、愛したように愛されないという経験も拒絶と言える。群集に捕らえられた時には見捨てられ、大祭司の庭では三度知らないと拒絶され、復活後も同じようには愛せないと拒絶されても、イエスはペテロを愛された。これが拒絶を克服した愛の強さだ。

ダビデは、自分の愛が受け入れられるとの保証が得られるまでは、先んじてアブシャロムを愛することをしなかった。その結果、愛すべき息子は、どんな愛も届かないところへと行ってしまった。悔やんでも悔やみきれない。私たちは愛すべき時に愛することを学ばなければならない。愛が受け入れられるのを保証されるまで愛するのを待ってはならない。イエスが、「わたしがあなたがたを愛したように、あなたがたも互いに愛し合いなさい」（ヨハネ13・34）と命じたように、拒絶の恐れを克服して他者の幸福のために自らを与える者、愛する人とならなければ、愛すべき人を失ってしまうかもしれない。

愛の障害――赦さないこと

ダビデはアブシャロムを心底愛していたが、後継者の長男アムノンを殺害したことを、どうしても赦すことができなかった。アブシャロムの死を嘆き、「私がおまえに代わって死ねばよかったのに」と悔いるダビデの言葉から、赦すことの難しさを思い知らされる。しかし、人生の苦難を乗り越え、未来に向かって歩き出すためには「赦し」は不可欠となる。いつまでも過去の辛く悲しい出来事に心がつながれたままでは、「赦さない」という自らの選択によって未来の可能性を壊してしまうことになる。ダビデの人生の営みは、長男アムノンの死で止まったままになっていた。アムノンの死をどうしても受け入れることができなかった。アブシャロムが父の拒絶に苦しんだのは、ダビデが現実と向き合うことをしなかったからである。

「赦し」とは、人生で起こった出来事を自分の人生の一部として受け入れていく過程と言える。

悲観の過程の中に「否認」がある。人生で起こった悲しい出来事を現実として受け入れることができない。「そんなことが絶対に起こるはずがない。何かの間違いだ」と現実を否認することは、悲観の過程に含まれている。悲観の過程において、悲しい現実を否認することは不可避ではある。しかし、時間がかかったとしても現実を受け入れ、自分の人生の一部とすることなくして、もはや誰も愛せない。また、現実を否み続けることで、心が癒されることが妨げられる。そのためには、自分自身を赦し、他者を赦し、神を赦すことが不可欠となる。

「神を赦す」という表現は誤解を招くかもしれないが、苦難や悲劇を乗り越えて未来に向けて歩み始めるためには重要なことになる。義なる神には人間から非難される罪も落ち度もない。神には人から赦される必要はない。しかし、人が人生で起こった悲しい出来事の責任を神に押しつけ、責め続けることを止めなければ、いつまでも犠牲者として生きることになる。「神を赦す」とは、神は義なるお方なので神にはいっさい責任がないと自分自身に言い聞かせることではない。アムノンの死の直接的な責任はアブシャロムにあったが、間接的にはダビデにも責任の一端があった。しかし、ダビデ自身は神にも責任の一端があると憤りを覚えていたかもしれない。「なぜ、このような悲劇的な出来事が、神を愛し、仕えてきた私の家族に起こるのでしょうか」と、ダビデは神に対しても怒りを覚えていたのではないか。

「神を赦す」とは、自分が経験した苦しみや悲しみの責任を神に問うことを止め、神が一緒に苦しみや悲しみを共有してくださっている事実をへりくだって認めることである。それには、神には責任がないので責めることをしないという納得の仕方ではなく、神の御前で正直に憂いや悲しみ、憤りを注ぎ出すことで、神の慰めに心を開かなければならない。

「悲しむ者は幸いです。その人たちは慰められるから。」（マタイ5・4）

悲しみを経験すること自体が幸いなのではなく、神の御前で悲しみを覚えることで神の慰めを受けることが幸いとなる。それは、神の慰めとは、神が悲しむ者と一つになっていると気づかされることだからである。父なる神は、愛する御子イエスを、ご自身が愛した人々から殺されるという痛みを知っている。父なる神は、すべての命の最期に立ち会ってきた。目を覆いたくなるような無残な死も見つめ続けてきた。救い主イエスも「悲しみの人」であった（イザヤ53・3）。神の御前で悲しむとき、悲しみが個人特有のもの、自分だけが辛い思いをしているとの思い込みから解放されて、悲しみにおいて神と他者との連帯――「泣く者といっしょに泣きなさい」（ローマ12・15）――との中に生きるようになる。その結果、深い悲しみは慰めを受け、少しずつ神を責めること、他者や自分を責めることを止めるようになっていくことで、悲しい出来事が人生の一部分となっていく。

赦すという選択肢

『愛する人を失うとき』の著者G・L・シッツァー氏は、家族と車で帰宅途中、飲酒運転でコントロールを失った車に正面衝突され、愛する妻と母、娘を一瞬にして失った。

まるでスローモーションで起こっているかのように、あの事故直後の最初の一瞬、一瞬を覚えている。恐ろしいまでに生々しく私の記憶に焼き付いている。私は息を吹き返したあと、損傷を調べるために身体を回した。その場面は、混沌としていた。子供たちの顔に浮かぶ恐怖の様子と私を襲った驚愕の感情を覚えている。その時、私は妻リンダと、四歳の娘ダイアナ・ジェーンと、母グレースの、意識のない折れ曲がった身体を見た。（二〇頁）

シッツァー氏は、大切な妻と娘、母の三人を奪われた。「三世代が一瞬にして消えてしまった」（二一頁）との嘆きの言葉に胸が締めつけられる。シッツァー氏は喪失の甚大さに打ちのめされてしまった。そして、その苦痛は彼の魂を蝕んでいった。その喪失の苦しみがどれほど大きいものであったかは、涙がかれてしまうという経験が物語っている。

四十日たってから、私の死を悼む心は、涙で表現するには深くなり過ぎていたのである。だから、私の涙は塩の水となり、涙ではもはや表現できない喪失という、苦くひりひりするような感覚に変わった。続く何か月もの間、悲しみが新鮮で、涙が簡単に出ていたことを心から望んでいた。涙を流すことができたなら、ほんのしばらくの間でも、その悲しみの重荷を取り除くことができたであろう。（二二一―二二三頁）

もはや涙で表現できない喪失の痛み、悲しみに完膚なきまでに打ちのめされた。絶望した魂は、いかに回復したのだろう。それは、シッツァー氏が喪失の苦しみに対する応答を自分自身で選択できることを発見し、自己憐憫に留まり続けることを拒み、喪失の苦しみと向き合うことを選び取ることによった。悲劇を乗り越えるためには、「赦すこと」しか選択肢が残されていなかった。赦しはオプションではない。それ以外に選択肢はない。

シッツァー氏は、自分の大切な三人の命を奪った相手の運転手が、自分が味わった苦痛以上の苦しみを味わうことを願い続けた。復讐が生きる支えとなっていった。復讐こそが正当な行為であると信じて疑わなかった。赦しを拒むのは、憎しみが正当化されているからだ。心が復讐を望んでいるとき、赦しを求める声ほど理不尽な要求はない。「私と同じ目に遭えば、口が裂けても『赦しなさい』などとは言えるはずがない」と猛烈に反論するだろう。しかし、赦すことが喪失体験からの回復には不可欠である事実は変わらない。

もし、赦すことをせず憎しみ続けることで魂が回復するなら、止まった時計の針が動き出すなら、苦しみもだえながら赦すことを選択する必要はないのかもしれない。しかし、憎しみは心の傷口を広げ、傷口がふさがることを妨げる。それは、傷口をふさいだかさぶたをむしり取る行為に等しい。傷口から血がにじみ出るように、過去の傷口から痛みが心ににじみ出る。赦しを与えるとき、神は心の傷を慰めをもって包み込み、癒してくださる。

主は心の打ち砕かれた者をいやし
彼らの傷を包む。（詩篇147・3）

赦しが成り立つ担保

神は、どのような苦しみのときにも、私たちを慰めてくださいます。こうして、私たちも、自分自身が神から受ける慰めによって、どのような苦しみの中にいる人をも慰めることができるのです。（Ⅱコリント1・4）

神はどのような苦しみをも慰めることができる。しかし、赦さない心は神の慰めを退ける。憎しみが正当化された心にとって、赦すことはさらなる喪失を重ね、二重苦を背負うことのように思えてしまう。「なぜ、私ばかりが損をしなければならないのか」と、赦すことが損失であるかのような思い込みに陥る。しかし、赦すことは損失ではない。赦すとは、相手の罪を不問にすること、帳消しにすることではない。人には罪を帳消しにする権限はない。自分に対して犯された罪でさえ帳消しにすることはできない。この点を理解しないと、赦しは不可能な要求となってしまう。

罪なき神の御子イエスがすべての人の罪の身代わりとなり、十字架の上で殺されるほどの理不尽な苦しみはない。イエスの赦しについて学ぶことで、赦しが不可能な要求ではないと理解できる。

> ののしられても、ののしり返さず、苦しめられても、おどすことをせず、正しくさばかれる方にお任せになりました。（Ⅰペテロ２・23）

イエスは理不尽な苦しみを強いる人々を裁かず、裁きを「正しくさばかれる方にお任せになりました」。赦しとは、相手の罪を不問にすることでも、帳消しにすることでもない。人が他の人の罪を赦しても、罪が消えるわけではない。子どもが親を殴って瀕死の重症を負わせたら、もはや親が子どもの罪を赦すと主張しても、罪は帳消しにはならない。子どもは法的な裁きを受けることになる。他の人の罪を赦すとは、自分の手で制裁を下すことをせず、裁きを神に委ねることである。神から受ける慰めには、神の義が必ず打ち立てられることへの保証が含まれている。赦しは、正しい裁きの担保の上に成り立つ。赦しが裁きを不問にするとの勘違いが、赦しを損失とする誤解を招く。もし、ダビデがアムノンに対する正しい裁きを下していたなら、アブシャロムは自分の手を復讐の血で染めることはなかった。アブシャロムはアムノンを赦せた。正しい裁きが下されていれば、アムノンもアブシャロムも命まで落とすことはなかった。

答えの見つからない苦悩の日々

悪者が栄えるの見ることほど、神へのつまずきとなるものはない。妹タマルを辱めた長男アムノンがのうのうと生きている姿に、アブシャロムの憎しみは増幅した。詩篇の著者は、「私自身は、この足がたわみそうで、私の歩みは、すべるばかりだった。それは、私が誇り高ぶる者をねたみ、悪者の栄えるのを見たからである」（詩篇73・2－3）と、心の葛藤を正直に告白している。詩篇の著者は、神につまずきそうになりながらも、悪者の最後を見届けるまで早急な決断を下さなかった。「私は、神の聖所に入り、ついに、彼らの最後を悟った」（73・17）と悪者の最後を見たとき、神へのつまずきは取り去られた。悪者の終わりには神の義が打ち立てられたからだ。義なる神が支配する世界で、究極的な「逃げ得」などは存在しない。神は一つの罪も見過ごさず、正しい裁きを下す。ここに、神の慰めの保証がある。神は正しい裁きの保証を与えずに、ただ赦しなさいとは命じない。

シッツァー氏は、自分の母、妻、娘の命を一瞬のうちに奪った相手の運転者を心底から憎んだ。憎しみは、加害者の運転手に極刑が下されることへの強い願望となった。いよいよ、判決が言い渡される日が訪れた。極刑が言い渡されて泣き叫ぶ加害者の顔が見たかった。しかし、判決は大方の予想を覆して無罪となった。飲酒運転による重大な過失によって三人の尊い命が奪われたにもかかわらず、相手の運転者が罪に問われることはなかった。シッツァー氏は、米国の司法制度に深い失望を覚えたと記している。予想しなかった理不尽な判決を受け入れることに苦悶する日々が続いた。なぜ、三人の命を奪ったのに無罪放免されるのか、誰が三人の死の責任を引き受けるのか、答えの見つからない苦悩の日々が続いた。

シッツァー氏は、当時、無罪放免となった運転手が無残な死を遂げることや、重罪を犯して投獄されることを夢想し続けたと後述している。しかし、相手を憎めば憎むほど、自分自身が破滅へと陥っていくことに気づいた。それは、自分は正義を求めていたはずが、知らず知らずのうちに復讐を望むようになっていたからだ。赦さないことの代価は、相手の償わない代価を自分の心と身を削って被害者の自分に延々と償い続けることにある。相手が引き受けない苦悩を自分自身が引き受けて、二重苦を背負うことになる。それは、相手が償うべき代価を自分で立て替えることに等しい。赦さないかぎり、立て替えた代価は増え続ける。そして、人生そのものが立て替えの代価そのものとなって失われていく。しかし、相手は自分の人生を謳歌している。

　許すことは高くつく。許す人々は報復する権利、すなわち、簡単には放棄できない権利をさえ諦めなければならない。許す人々は彼らの人間的感性が罰せよと告げるときでも、慈愛を示さなければならない。正義を強く望むことが、間違っているというのではない。人は許すことも、正義のために戦うこともできる。悪事はそれが許されても、それはなお為されてはならないものであって、罰せられなければならないものである。慈悲は、正義を破棄するのではない。それはただ正義を超越するのである。（『愛する人を失うとき』、一六三頁）

「慈悲は、正義を破棄するのではない。」赦しへの最大の誤解は、「正義を放棄すること」との思い込みにある。赦しとは正義の放棄ではなく、裁きを神に委ねることに尽きる。赦しの持つ力は「正義を超越する」ところにある。正義の鉄拳を振り下ろすことで怒りは鎮まるかもしれないが、喪失の苦しみが癒えることはない。正義を追求しても、喪失が人生の一部分にはならない。正義に執着しすぎてしまうと前に進めなくなる。シッツァー氏は、母、妻、娘の三人の命を奪った相手の運転手に極刑が言い渡されることを強く願ったが、無罪判決が言い渡された。もはや、正義という解決方法は行き詰まった。

> 許すという気持ちが起こり始めるのは、正義や復讐やその他の何であれ、済んでしまった悪いことを元に戻すことはできないのだと犠牲者が悟るときである。（一六一頁）

思い出さない決断

家族三人の命を奪った相手の運転手を赦すことは、一度きりの決断によるのではない。正しい裁きを神に委ねて、相手を赦すことを何度決意しても、悲惨な事故現場、即死状態の妻、娘、母の姿を思い出すと、怒りと憎しみが込み上げてくる。その光景を思い出すたびに、怒りと憎しみは深まり続けていく。赦しを与えるとの決意が激しく揺さぶられ、撤回することの繰り返しとなる。決意と撤回を繰り返していくうちに、もはや、赦しを与えると決意すること自体が虚しく思えるようになる。やはり、赦すのは無理だとの思いが支配的になってしまう。そのようなことを何度か繰り返すうちに諦めてしまう。赦しが心に深く根づくためにも、過去の出来事を繰り返し思い出さないことが必要不可欠となる。事故現場の悲惨な光景を記憶から消し去ることはできないが、繰り返し思い出さない決断を下すことが大切となる。シッツァー氏も、自身の魂の癒しと記憶との関係について言及している。

許さないと、まるで決して止まらないビデオテープのように、毎日、魂に苦痛の同じ場面が映し出され、人は病気になる。その場面が再生されるたびに、その人は苦痛を再体験し、また全身で怒り、恨むようになる。その繰り返しが、魂を駄目にする。許すには、そのビデオテープを回すことを拒絶し、棚の上に置くことを選ばなければならない。私たちは、苦痛に満ちた喪失を覚えている。誰に責任があるのか気づいている。しかし、私たちは、また何度もそのビデオを回さない。代わりに、私たちに対して癒しをもたらすテープを回す。このように、許すことは、犯罪者を罪から救い出すだけでなく、私たちの魂の病気も癒してくれる。（一六六頁）

記憶と心の癒しは切り離せない。シッツァー氏が指摘するように、犯罪や災害の犠牲者となった人々は、その時の映像を心に鮮明に記憶している。そして、その記憶をたびたび呼び覚まし、生々しい映像を心のスクリーンに映し出しては、絶望感や悔恨の念に打ちのめされる。痛ましい映像が心のスクリーンに映し出されるかぎり、魂は癒されることはなく、傷口が塞がることは一向にない。「代わりに、私たちに対して癒しをもたらすテープを回す」とは、慰めの言葉が見つからず、ただ涙を流してくれた人々の顔を思い出すことである。かけがえのない大切なものを失ったけれども、苦難を通して与えられた大切なものに思いを馳せるとき、喪失という魂の真ん中に空いた空洞が埋まることはないが、心の中心から少しずつ端へと移動していく。埋まらない空洞も心の風景の一部となって溶け込んでいく。

正義か慈愛か

シッツァー氏は、自分の魂を底なしの悲しみと肥大化する怒りと憎しみから救い出すために、事故現場の映像ビデオをエンドレスで再生しないと決断しなければならなかったと語った。彼の主張はまったく正しいが、同時に、過去の出来事を風化させてはならないという考えも存在する。

戦争体験の悲惨さを後世に伝え残すためにモニュメントや戦争博物館などを建造することは、悲惨な戦争を繰り返さないための国の責務である。「絶対に忘れてはならない」という正義感と、思い出さないという慈愛、赦しは相反するのだろうか。この矛盾する正義感と慈愛が手を結ぶことはできないのか。正義を求めることは慈愛を退けることなのか。慈愛を求めることは正義をないがしろにすることなのか。

神の摂理という視点に立たないかぎり、正義と慈愛は手を結べない。神の摂理を度外視しての歴史認識の合意形成は不可能と言える。なぜなら、人間の記憶は自分に都合の良い事実に基づき、きわめて主観的な見解に影響を受けるからである。戦争の記憶はその典型である。それは、各国で制作される過去の戦争のドキュメンタリーを比較すれば、一目瞭然である。

私は、親しい米国人の宣教師と広島や長崎に投下された原爆のことで議論したことがある。友人は原爆の投下は正義であると言い切った。この時の衝撃を一生忘れることはできない。友人に対してではなく、歴史認識の歴然たる違いに強い衝撃を受けたのである。戦勝国も敗戦国も戦争の記憶を主観的に刻み込んでいる。人間関係における紛争も、互いの身に起こった出来事を主観的に記憶し、その出来事を繰り返し思い返すごとに相手への怒りを増幅させる。夫婦の間でも過去の問題が肥大化し、関係が破綻の危機に晒《さら》されることがある。傷ついた感情が自分の身に起こった出来事を客観的に見るのを困難にしていることに、主たる原因がある。

赦しと償い

神はイスラエルの民にアマレク人の残虐行為を忘れてはならないと命じた。なぜあわれみ深い神が忘れてはならないと命じたのか。慈愛の神は赦しの神ではないのか。正義と慈愛がどのように手を結ぶのか、赦しと過去の記憶との健全な関係を理解することで矛盾を排除したい。

あなたがたがエジプトから出て、その道中で、アマレクがあなたにした事を忘れないこと。

彼は、神を恐れることなく、道であなたを襲い、あなたが疲れて弱っているときに、あなたのうしろの落後者をみな、切り倒したのである。あなたの神、主が相続地としてあなたに与えて所有させようとしておられる地で、あなたの神、主が、周囲のすべての敵からあなたを解放して、休息を与えられるようになったときには、あなたはアマレクの記憶を天の下から消し去らなければならない。これを忘れてはならない。（申命25・17―19）

指導者モーセに率いられて奴隷の地エジプトを脱出した推定二百万人のイスラエルの先祖たちが約束されたカナンの地を目指して旅を続けていたとき、体力的に弱っている者たちが列から離脱していった。二百万人の人々は宿営地に到着するまで足を止めることはできない。離脱した人々は集団を形成し、宿営地へと急いだ。しかし、疲労困憊し、無防備であったため、アマレク人たちは離脱した者たちに狙いをつけて襲いかかり、所持品を強奪し、容赦なく剣で切りつけて虐殺した。無抵抗な人々を容赦なく虐殺した罪は、神の目に風化することはなかった。過去の出来事として風化させないために、「アマレクがあなたにした事を忘れない」ようにと命じられた。慈愛の神は、悲劇を一日も早く忘れ、アマレク人を赦しなさいとは言わず、アマレク人の非道な行為を絶対に忘れてはならないと命じた。神は罪を水に流さない。

血を注ぎ出すことがなければ、罪の赦しはないのです。（ヘブル9・22）

過去の出来事を水に流す日本の曖昧さは、共同体で稲作を営んできた日本人にとって、問題のある者の田畑に水を堰き止めることで罪を追求し、正義を打ち立てることに費やす労よりも、「なかったことにする」ことの労のほうが少ないという判断に基づいている。「水に流すという」慣習は、赦しとは異なり、あくまでも共同体の維持のための手段に過ぎない。心底から赦したわけではないので、相手の過ちを口に出して責めなくても、いつまでも心の中で苦い根を持ち続けることになる。

神がイスラエルの民に向かって、「あなたがたがエジプトから出て、その道中で、アマレクがあなたにした事を忘れないこと」と命じたのは、罪が赦されるためには償いを必ず必要としているからだ。自分に対して犯された罪を忘れない、すなわち、償いは正当に求めなければならない。

許すことは、忘れることではない。苦しみの深刻さを考えると、多くの人々にとって忘れることは不可能であるばかりか、不健全でもある。（一六八頁）

過去の苦しみを忘れようとしても、罪が消えてなくなることはない。アダムの息子、兄カインは弟アベルを殺害したことを神に問い詰められたとき、「知りません。私は、自分の弟の番人なのでしょうか」（創世4・9）としらを切ろうとした。すると神は、「あなたは、いったいなんということをしたのか。聞け。あなたの弟の血が、その土地からわたしに叫んでいる」（4・10）と、流された血が償いを求めていると語った。罪は償いの血が流されることでしか赦されることはない。しかし、神は「休息を与えられるようになったときには、あなたはアマレクの記憶を天の下から消し去らなければならない」と命じた。エジプトを出たイスラエルの民が約束の地カナンに定住し、敵の脅威に怯えることがなくなり、休息を得た時には、アマレクの記憶を消し去るようにと命令した。アマレク人たちが神の裁きを受けたとき、もはや彼らの非道な残虐行為を思い出してはならない、後世に語り継いではならないと命じた。戦争の悲惨さを後世に語り継ぐことは、戦争体験者の義務となる。しかし、戦争の悲惨さと一緒に憎しみも受け継がれていく。イスラエルの民が約束の地で安息を得たとき、アマレク人の記憶を消し去ることを神が求めたのは、悲惨な体験を憎しみ抜きに語り継げないからである。神は、イスラエルの民がアマレク人の残虐行為を後世に語り継ぐことで憎しみを増幅させることを願わなかった。歴史は憎しみの記憶でもある。

心に留めるべきこと

イスラエルの民が後世に語り継ぐべきことは、神の真実さである。エジプトを出た日から約束の地カナンに入るまでの四十年間、神は推定二百万人の民を養い続け、「私は、四十年の間、あなたがたに荒野を行かせたが、あなたがたが身に着けている着物はすり切れず、その足のくつもすり切れなかった」（申命29・5）とある。約束の地で休息を得たとき、アマレク人たちの残虐行為を忘れ去るのは、そのことで新しい生活を神の真実さと恵みの上に築くためであった。赦しとは、正しい裁きを神に委ねることで相手に罪の償いを求めるのを止めること。そして、相手の罪に目を留めるのを止め、「罪の増し加わるところには、恵みも満ちあふれました」(ローマ5・20)とあるように、神の恵みに目を留めること。赦しを支える確信は、恵みが罪を凌駕すると信じることによる。

最後に、兄弟たち。すべての真実なこと、すべての誉れあること、すべての正しいこと、すべての清いこと、すべての愛すべきこと、すべての評判の良いこと、そのほか徳と言われること、称賛に値することがあるならば、そのようなことに心を留めなさい。(ピリピ4・8)

聖書は徳を高める事柄に「心を留める」よう勧めている。「心を留める」と訳されるギリシャ語のロギゾマイの由来は、統合するとの意味を持つ。また、計算するとの意味もある。キリスト者は自らの人生の否定的な出来事だけを勘定するのではなく、すべての「真実なこと」、「誉れあること」、「正しいこと」、「清いこと」、「愛すべきこと」、「評判の良いこと」、「徳と言われること」、「称賛に値すること」を勘定に入れなければならない。そうすれば、人生が神の恵みで満たされていることに目が開かれる。

「聖霊の満たし」という表現がある。多くの場合、聖霊の満たしは受動的な意味合いで捉えられている。聖書には、聖霊なる神の傾注という出来事も記されている。しかし、聖霊の満たしを必ずしも受動的に捉えるのではなく、能動的に捉えることも大切である。物事を正しく勘定する、計算することで、思いと心は神の恵みで満たされてくる。

悲しみや絶望をもたらす辛く悲しい出来事を繰り返し思い出すとは、人生の勘定帳から支出として差し引いたのに、再び支出として差し引くことに等しい。思い返すたびに人生の勘定帳から支出として差し引かれるので、収支はいつも赤字となる。神の恵みが隠されてしまう。愛の性質として「人のした悪を思わず」（Ｉコリント13・5）とある。この「思わず」にはロギゾマイが用いられている。「人のした悪」を心の総勘定元帳に消えない油性ペンで書き込まない。しかし、人生の総勘定元帳に正しく収支が記帳されると、黒字となっていることに気がつく。「罪の増し加わるところには、恵みも満ちあふれました」とのみことばが真実であることに同意するようになる。

キリスト者が神につまずくのは、神がしてくださった良いことをあまり思い出さず、してくださらなかったことに心を留めることにある。詩篇の著者は、「わがたましいよ。主をほめたたえよ。主の良くしてくださったことを何一つ忘れるな」（詩篇103・2）と命じている。「主の良くしてくださったこと」にいつも心を留めているなら、神がしてくださらなかったことも人生を完成させるための一端を担っていると悟るようになる。「喪失感」は埋めるのではなく、心の風景の一部分として編み込まれていく。その過程は、「神を愛する人々、すなわち、神のご計画に従って召された人々のためには、神がすべてのことを働かせて益としてくださることを、私たちは知っています」（ローマ8・28）との神の約束に基づいている。

第3章　放蕩息子の父

父なる神の真実な姿

放蕩息子のたとえ話に登場する父は、父なる神の真実な姿を示している。その父は、中東の典型的な父とは、あまりにもかけ離れていた。父が放蕩の末に舞い戻った息子を受け入れる姿は、父なる神が私たちを子として受け入れてくださることを示唆している。

弟が父に、「お父さん。私に財産の分け前を下さい」と言った。それで父は、身代をふたりに分けてやった。（ルカ15・12）

生前の父に子が財産分与を求めることは、父の死を願う冒瀆行為である。父の死を願うような息子には厳しい制裁を与えることが社会的に求められる。しかし、父は弟息子の冒瀆行為を退けず、財産の中から彼の取り分を与えた。なぜ、父は弟息子の冒瀆行為を退けなかったのか。息子を懲らしめなかったのか。その理由は記されていない。

そもそも、なぜ弟息子は父の死を願ったのか。ただ窮屈な生活から一刻も早く飛び出したかったのか。それとも父を拒絶しなければ、精神的に抹殺しなければ、自立した男になれないとの必然性を感じたからなのか。聖書は、この点について何も語っていない。

怪物退治

息子が一人の男として精神的に自立するためには、父との対決が不可避であると考えられている。父との対決は「怪物退治」といった神話によって普遍化されてきた。河合隼雄氏は「怪物退治」の解釈として、ユングの説を支持している。

父親殺しとは、文化的社会的規範との戦いであり、自我が真に自立するためには、無意識からだけではなく、その文化的な一般概念や規範からも自由になるべきであり、そのような危険な戦いを経験してこそ、自我はその自立性を獲得し得ると考えたのである。（河合隼雄『母性社会 日本の病理』、三四頁）

放蕩息子の父親は、弟息子の対決を、「あなたの父と母を敬え」（出エジプト20・12）と十戒を振りかざして押さえ込もうとはしなかった。父親は弟息子の対決を退けなかったのである。ある意味で、そのような対決が生まれたのには、父の存在が大きかったことが考えられる。対決の方法は間違っていたが、精神的に自立していくためには父を乗り越える必要は否めない。

私の場合、九歳で父を亡くしたので、父と対決する機会は永遠に失われた。父と対決した経験がないことを、後の人生において、何か欠けたものが自分の内側に存在していると強く意識することになった。父不在の母子家庭での生活に父のいない寂しさだけを感じていたが、父の不在は父性的なものを自分の内面に取り組むことの欠如を意味していた。母や祖母と意見の衝突はあったが、対決する父の存在がいなかったことで、父性の欠如という問題と向き合うことになる。

父なる神の苦しみ

弟息子が要求した財産とは、父の命に等しかった。その意味でも、父親に財産の生前分与を要求する行為は、弟息子にとっては父親殺しである。父は財産を分与することで、自分の命を弟息子に惜しみなく与えた。この父の姿にこそ、すべての人の救いのために愛する御子イエスを与えた、父なる神の愛が示されている。

> 神は、実に、そのひとり子をお与えになったほどに、世を愛された。それは御子を信じる者が、ひとりとして滅びることなく、永遠のいのちを持つためである。（ヨハネ3・16）

父なる神は、愛するひとり子イエスを全人類の罪の償いの代価として死に渡すほどに、私たち一人ひとりを愛してくださった。イエスの十字架の苦しみは理解しやすい。両手両足を十字架に釘づけされた光景を想像するだけで痛みが伝わってくる。しかし、愛する御子を失う父なる神の苦しみには、関心が向けられてこなかったのではないだろうか。

十字架に釘づけされたイエスは、息が途切れそうになったとき、大声を上げて、「エリ、エリ、レマ、サバクタニ」（わが神、わが神。どうしてわたしをお見捨てになったのですか）と叫んだ（マタイ27・46）。全人類の罪を背負い、身代わりとなって罪の刑罰を受け、父なる神から見捨てられたイエスの悲痛な叫びの背後に、愛するひとり子の叫びに沈黙を貫く父なる神の悲しみを忘れてはならない。

放蕩息子の父は、愛する弟息子が自分から遠く離れていくことに心痛めたが、力ずくで引き止めはしなかった。なぜなら、父の愛は息子の自立に向けられているからである。ただ、子が自立するために父の存在を拒絶する必要はない。父は弟息子が自分を拒絶し、遠く離れていくことで、多くの苦しみを経験することを承知した上で、息子が立ち去ることを認めた。この点が母の愛とは異なる。母親なら、多くの苦しみを経験するとわかっていたら、弟息子を説得しようと試み、必死に引き止めただろう。父は、弟息子が帰ってくるのを信じて待つと決めていた。放蕩息子の帰りを信じて待ち続ける父の姿に、罪人が立ち返るのを待ち続ける父なる神の御姿が重なる。愛するとは、信じ期待して待ち続けることである。

すべてをがまんし、すべてを信じ、すべてを期待し、すべてを耐え忍びます。（Ⅰコリント13・7）

弟という呪縛から逃れるために

それから、幾日もたたぬうちに、弟は、何もかもまとめて遠い国に旅立った。そして、そこで放蕩して湯水のように財産を使ってしまった。（ルカ15・13）

「弟は、何もかもまとめて」とあるが、弟息子は父から受け継いだ財産、おもに土地を売却して、現金を手に入れた。ユダヤ人にとって「土地」は単なる財産ではなく、霊的な相続財産でもある。ユダヤ人にとって、土地は神の約束の象徴である。約束の地を所有するためにイスラエルの先祖たちが指導者モーセに従い、命がけで奴隷の地エジプトから脱出した。灼熱の荒野で四十年の歳月を過ごし、次世代が濁流のヨルダン川の水が上流でせき止められるという奇跡によって川を渡った。新しい指導者ヨシュアの指揮のもと、難攻不落の城壁都市エリコを陥落させ、幾多の戦いを経て、大勢の命を代償に所有したものである。土地は民族の魂であり、命そのものである。土地を売って手に入れた現金を異邦人の地で散財する行為は、肉の父に対してだけではなく、同胞に対する冒瀆である。弟息子は売国奴となった。

イスラエルでは、借金の返済に行き詰まり、仕方なく土地を手放す時も、「買い戻しの権利」が保障されていた。土地を仕方なく手放した者に買い戻す権利が保証されているほどに、ユダヤ人にとって土地は不動産価値以上のもの、神の祝福そのものである。しかし、弟息子は先祖代々から受け継いだ土地を現金に換え、自堕落な生活を送ることで財産を散財した。なぜ、彼は父の命に等しい財産を最も不適切なものに投じたのか。なぜ、一時的な快楽を得るために使い果たしたのか。なぜ、事業に投資しなかったのか。

「湯水のように財産を使ってしまった」とあるが、ただ彼は遊ぶ金欲しさに父の死を願ったのだろうか。彼が弟として生まれたことに強い劣等感を抱いていたことは否めない。古代社会において跡継ぎである長男の存在感によって、彼の存在が霞んでしまうように思われた。父は弟を兄と同じように愛していたが、彼の心を蝕んだ劣等感が父の愛を素直に受け取ることを妨げた。父に愛されていながら、拒絶感に苦しみながら生きてきた。そして、拒絶の苦しみに耐え切れなくなったとき、彼は拒絶の苦しみの根源と誤まってみなした父の死を願うようになったのではないだろうか。アブシャロムが父ダビデを殺そうとしたことも、拒絶の苦しみから逃れるためではないだろうか。だからこそ、彼は父の命に等しかった財産を、最も不適切な手段で異邦人の地で散財したのではないか。父にとって価値あるものをめちゃくちゃにすることで、自分を拒み続けてきたものを徹底的に破壊し尽くしたかった。そうすれば、弟という呪縛から逃れることができると期待した。彼は自らを父の子と呼ばれる資格のない者に貶めた。

本当の束縛

しかし、彼を待っていたのは本当の自由ではなかった。本当の束縛が何かを知ることになる。

何もかも使い果たしたあとで、その国に大ききんが起こり、彼は食べるにも困り始めた。それで、その国のある人のもとに身を寄せたところ、その人は彼を畑にやって、豚の世話をさせた。（ルカ15・14―15）

現金が底をついたとき、その国に大飢饉が起こった。たとえ話ではあるが、「何もかも使い果たしたあと」に大飢饉が起こるシナリオは、神の摂理を強調している。もし大飢饉が起こらなければ、彼は父との断絶の中で生涯を終えたに違いない。しかし、大飢饉が起こり、食料難とインフレで、その日の食べ物にも事欠くようになった。彼は親しかった友人たちのもとに身を寄せようとしたが、友達と思っていた人々が皆揃って冷たい態度を取った。所詮、彼は外国人であり、家族の一員ではなかった。金の切れ目が縁の切れ目だった。

ようやく身を寄せた知人の家でも、客人ではなく奴隷として扱われた。「身を寄せた」という言葉は「知人の世話になる」という意味ではなく、むしろ、「しがみついた」という表現が適切である。おそらく知人は、彼がユダヤ人であり、宗教的に豚を汚れた生き物とみなしていると知った上で、豚の世話を強いたのだろう。従属関係とは罪意識によって支配する関係である。ユダヤ人にとって、豚の世話は奴隷や異邦人の仕事である。しかし、彼には選択の余地がなかった。ユダヤ人としてのアイデンティティを捨てる以外に生き延びる選択肢はなかった。彼はユダヤ人としてのアイデンティティを捨て、食べ物の施しを期待し、豚の世話に身を投じた。人は心の聖なる領域が踏みにじられることで、束縛に対する抵抗を止めてしまう。敵対する周辺国は、イスラエルを従属させる常套手段として神殿を汚した。

彼は豚の食べるいなご豆で腹を満たしたいほどであったが、だれひとり彼に与えようとはしなかった。（ルカ15・16）

激しい空腹感に耐えながら豚の世話をいくらしても、誰ひとりとして食べ物を与えてくれなかった。彼は知人から奴隷以下の扱いを受けていた。搾取されていた。命が尽き果てるまで豚の世話を強いられたことだろう。

彼が餓死しても誰も心を痛めなかった。彼が行き倒れになっても、誰も気がつかない。イエスは、「二羽の雀は一アサリオンで売っているでしょう。しかし、そんな雀の一羽でも、あなたがたの父のお許しなしには地に落ちることはありません」（マタイ10・29）と教えた。しかし、弟息子の命には誰の関心も向けられることなく、絶えるのも時間の問題となった。彼にとって、父の家は窮屈な場所でしかなかった。父の献身的な愛も束縛にしか感じなかった。しかし、自由を求めてたどり着いた遠い国で、豚の世話を強いられ、搾取され続けたとき、従属の意味を悟った。父の愛の外には自由はなかった。ただ、束縛だけがあった。

服従と従属

神の愛を本当に悟るまで、神との関係が従属的な関係に思えることがある。なぜなら、父の愛は従順を求めるからである。

「もしあなたがたがわたしを愛するなら、あなたがたはわたしの戒めを守るはずです。」（ヨハネ14・15）

神への愛は、神への従順によって証明される。従順なき愛は愛ではない。

父親の愛の性質からすると、服従こそが最大の美徳である。不従順は最大の罪であり、その罰は父の愛の喪失である。（エーリッヒ・フロム『愛するということ』、七二頁）

キリスト者は、服従と従属の違いを理解しなければ、父の愛の喪失を経験することになる。フロムは父の愛にとって「不従順は最大の罪であり、その罰は父の愛の喪失である」と記している。肉の父の場合、父への不従順は愛の喪失を招くことになる。父なる神の愛が失われることはないが、放蕩に身を持ち崩した弟息子のように「失われた者」となることで愛を見失うことになる。父なる神への不従順によって神の愛を喪失するのではなく、不従順によって「失われた者」となることで愛を見失う。放蕩息子の父の愛は変わることがなかったが、父に背を向けた弟息子は「失われた者」となることで父の愛を見失った。しかし、永遠に喪失したわけではない。父のもとに立ち返ること、父に対して従順になることで、愛を取り戻すことができる。

「我に返る」という経験

しかし、我に返ったとき彼は、こう言った。「父のところには、パンのあり余っている雇い人が大ぜいいるではないか。それなのに、私はここで、飢え死にしそうだ。」（ルカ15・17）

弟息子は、あまりの空腹に豚の食べているいなご豆に手を伸ばした瞬間、自分が搾取されていることにようやく目が開かれた。弟に生まれた自分の境遇を受け入れられず、自分で心の中に壁を作っていながら、父の愛が受け取れないと失望し、拒絶の苦しみから逃れるために父の死を願い、家を飛び出した。拒絶の苦しみから解放されたと大喜びしたのも束の間のことだった。父の愛を拒み、その愛から遠く離れたところで彼を待ち受けていたのは、情け容赦のない従属関係だった。それは、父から受け継いだ財産が底をつくまでは見えなかった現実の無常さである。財産が底をついた途端、もはや誰も彼の面倒を見てくれる者はいなかった。食べ物がもらえないことを薄々感じながらも、豚の世話を続けるしかほかに残された道がなかった。しかし、自分が搾取されている現実に目を向けたとき、「我に返る」という恵みの経験をすることになる。この「我に返る」という経験は「悔い改め」ではない。彼は自分の罪を悔いたわけではなく、父の子である事実に目を向けたのだ。

弟息子の帰郷でもっとも肝心な点は、彼があらゆる意味で体面を失っても、息子であることを受け止めたことだ。実際、すべてを剝奪されて、彼は自分の存在意義のどん底にまで追い込まれた。彼は、息子であるという根本的事実に行き着いた。それまでをふり返ると、放蕩してすべてを失ったことは、自分という存在の根源に触れるためであったかのようだ。自分が豚同然に扱われることを望んだとき、彼は初めて自分を見出した。自分は豚ではなく人間であり、父の息子であることに気づいた。（ヘンリ・ナウエン『放蕩息子の帰郷』、六六―六七頁）

弟息子が父の愛に背を向けて、父の子であることを拒絶しても、彼が父の子である事実は変わることはない。父の子であること、それが彼の根源的なアイデンティティであって、いかなる者も奪うことはできない。宗教的な聖さを土足で踏みにじられても奪われることはない。放蕩に身を持ち崩して面影が消えても失われることはない。

高さも、深さも、そのほかのどんな被造物も、私たちの主キリスト・イエスにある神の愛から、私たちを引き離すことはできません。（ローマ８・39）

父なる神への道

父なる神の愛とは、子として受け入れてくださる承認の愛である。それは、「私たちが神の子どもであることは、御霊ご自身が、私たちの霊とともに、あかししてくださいます」（ローマ8・16）と記されているとおりである。イエスを信じる者が神の子であることは、父なる神ご自身が証明してくださる。父なる神は一人ひとりのキリスト者に向かって、「これは、わたしの愛する子、わたしはこれを喜ぶ」と世界に対して宣言してくださる。

キリスト者が神の子としてのアイデンティティを見失うことによって、霊的な放蕩が始まる。弟息子は父の子であることを拒み、自己探求の旅に出かけたが、行き着いた先は自己喪失だった。堕落した魂とは、父を見失うことで自己を喪失する、本当の自分を見失っている状態を指している。

失われているとは、場違いなところにいる。除外されている、という意味です。新約聖書でよく使われる「ゲヘナ」という言葉は、失われた者たちのための場所です。（ダラス・ウィラード『心の刷新を求めて』、九四頁）

堕落した魂に必要なのは、「我に返る」、子として迎え入れてくださる父の愛に帰ることである。帰るべき場所、父なる神の愛へ帰らなければならない。父なる神は信じていつまでも待っている。

イエスは弟子たちに、「わたしが道であり、真理であり、いのちなのです。わたしを通してでなければ、だれひとり父のみもとに来ることはありません」（ヨハネ14・6）と、失われた魂が父なる神の愛へと至る道であると語った。そして、ご自身が最終目的地ではなく、父なる神の愛こそが帰るべき場所であると教えた。しかしイエスは、救いへの道としてたどられてはいても、父なる神への道としてたどられているだろうか。イエスは、父なる神との和解を成し遂げるために、救い主としてこの世に来てくださった。そして全人類の罪の償いを成し遂げるために、ご自分の命を贖いの代価としてささげてくださった。イエスの十字架の死は、すべての人の罪の償いを終えることで、父なる神と和解を成立させる。父なる神との和解とは、神の子として受け入れられることを意味する。

自己矛盾

弟息子が我に返ったとき、すなわち、父の子である事実に目を留めたとき、「父のところには、パンのあり余っている雇い人が大ぜいいるではないか。それなのに、私はここで、飢え死にしそうだ」と、自己矛盾の中にいることに目が開かれた。父の愛を喪失したのではなく、自分自身が「失われた者」となっていることで父の愛を見失っていることを悟った。父のところにはパンのあり余っている雇い人が大勢いるのに、父の子である自分が飢え死にすることは矛盾の極みである。

罪の力は自己矛盾をもたらす。なぜなら、罪の力は引き裂く力であるからだ。使徒パウロも罪がもたらす自己矛盾に苦悩した。

私は、自分でしたいと思う善を行わないで、かえって、したくない悪を行っています。もし私が自分でしたくないことをしているのであれば、それを行っているのは、もはや私ではなくて、私のうちに住む罪です。（ローマ7・19－20）

パウロは、善を行うことを願いながらも悪を行ってしまう自己矛盾に陥っていることを告白している。パウロは、ユダヤ教の一派で、律法を厳守することで知られていたパリサイ派に属していた。彼にとって「悪を行う」とは、律法に反する違反行為を犯したとの意味ではない。彼は「律法による義についてならば非難されるところのない者」（ピリピ3・6）と言い切り、律法の教えを徹底して厳守してきたと自負している。パウロが言う「したくない悪を行っています」とは、内面において犯されたものであったと憶測できる。おそらく「むさぼり」であったと考えられる。愛の自己犠牲的な行為に身を投じながらも、心の中ではさげすみ、裁くことも、偽善という悪である。

パウロの言う「悪」とは何であったかは別にして、彼の苦悩は矛盾の中に生きていることにある。「もし私が自分でしたくないことをしているのであれば、それを行っているのは、もはや私ではなくて、私のうちに住む罪です」とのパウロの言葉は言いわけではない。自分の願いに反したことを行っているのは「もはや私ではない」との悟りは、神の子のアイデンティティを持つために不可欠である。「赦された罪人」という表現は神学的には誤りではないが、神の子としての自己認識に否定的な影響を与えていることは否めない。パウロは自分が悪を行っているのは自分の中に悪を願う別の自分がいるからではなく、自分の中に住む罪のせいであると語った。自分の中に住む罪とは、「罪への傾向」「罪への渇き」と言える。

体の諸部分に実際に存在するこれらのさまざまな傾向は、私たちの全体的な意図や意識的思考とは独立して（往々にしてごく自然に）、身体に行動を起こさせることができます。私たちが「考える前に」、話したり行動したりするのはそのためです。体に住んでいる人格の一部分が、私たちをさらっていくのです。（『心の刷新を求めて』、二九九頁）

この視点が大切であろう。彼は自分の悪の行いを罪のせいだと責任転嫁しているわけではない。自己認識において罪のせいだと言っている。

子と呼ばれる資格

放蕩息子が「我に返った」という真実に基づいた自己認識を持ったことで、彼は自分のいるべき場所、父の家に帰る決意へと導かれる。豚の世話を強いられ、搾取されている自分が本当の自分ではないことに目が開かれなかったなら、自己矛盾の中で飢え死にしていただろう。しかし彼は、父のもとにいる雇い人でさえパンが有り余っているのに、実の息子である自分が飢え死にしそうになっている矛盾した暮らしと決別し、父の家に帰ることを決めた。この時点では、彼は父の愛に立ち返ることを意図していたわけではない。ただ、父のもとにあったパンを欲していたにすぎない。しかし、それは彼を父の家に連れ戻す、神のあわれみである。もし、大飢饉が起こらず、食べるものに困窮しなければ、我に返るという経験も、父の家に帰ることを決意することもなかった。

「立って、父のところに行って、こう言おう。『お父さん。私は天に対して罪を犯し、またあなたの前に罪を犯しました。もう私は、あなたの子と呼ばれる資格はありません。雇い人のひとりにしてください。』」（ルカ15・18―19）

弟息子は、父の家に帰るためのシナリオを頭の中で描いた。彼は、謝罪の言葉をもっともらしく並べ立てて一件落着を図ろうとした。彼は自分の犯した罪の重さをまったくわかっていなかった。「天に対して罪を犯した」との告白そのものは間違っていない。すべての罪は父なる神の義に対する反逆行為である。父なる神の義に反逆したとの罪意識がなければ、罪の自覚は曖昧でしかない。

彼は父に対して罪を犯したと告白している。しかし、罪の自覚は父を拒絶したことによるのではなく、父の財産を散財したことで生じている。「もう私は、あなたの子と呼ばれる資格はありません」との告白も間違っている。父の子と呼ばれる資格とは何であろうか。その資格は、子が獲得したり、失ったりするものではない。それは、子が親を選ぶことができない事実に基づいている。子どもは自分で望んで生まれてきたのではない。子は親に望まれて生まれてきた存在である。

神の子としてのアイデンティティ

私の父は、望まれて生まれてこなかったとの拒絶感に苦悩し続けたが、命を与えられたことが父なる神の意思であることを悟ったとき、深い拒絶感は癒えていき、生かされている喜びがあふれてきた。本質的に、子と呼ばれる資格は獲得するものではなく、一方的に付与されるものである。神の子であるというアイデンティティも一方的に付与される。罪に対する最善の抵抗は、神の子としてのアイデンティティに生きることである。「愛されている子どもらしく」という生き方こそが「神にならう者」との歩みを先導する。

神の御霊に導かれる人は、だれでも神の子どもです。あなたがたは、人を再び恐怖に陥れるような、奴隷の霊を受けたのではなく、子としてくださる御霊を受けたのです。私たちは御霊によって、「アバ、父」と呼びます。私たちが神の子どもであることは、御霊ご自身が、私たちの霊とともに、あかししてくださいます。（ローマ８・14―16）

イエス・キリストを信じる者には、聖霊なる神が心の内に住んでくださると約束されている。内住の聖霊の働きは、イエスを救い主と信じる者が「神の子」であることを証しする。キリスト者が神の子とされていることを証明してくださるのは、聖霊なる神だけである。それ以外のいかなるものも、キリストを信じる者が神の子であることを証明も否定もできない。クリスチャンホームに生まれたことも、礼拝に継続して集うことも、自己犠牲的な生き方も、神の子であるとの証明を与えるものではない。放蕩息子のように自堕落な生き方に陥っても、神の子であることは否定されない。

聖霊なる神がキリスト者の霊とともに神の子であることを証明してくださるので、天地創造の神に向かって「アバ、父」と呼びかけることができる。天地創造の神に向かって親しみを込めて、「アバ、父」「天のお父さん」と呼べることは、神の子とされたキリスト者の特権である。天地創造の神を「偉大な神」と呼ぶことよりも、イエスの名を呼ぶことよりも、父なる神に向かって「天のお父さん」と呼びかける以上に神に親しみを覚えることはない。「偉大な神」と呼びかけることも、イエスの名を呼ぶことも、神の子としての自己認識からではない。契約の民、あるいは、救われた者、愛されている者としての自己認識よりも、「子とされていること」が最も深い親しみをもたらす。ゆえに、イエスは弟子たちに主の祈りを教えたとき、「天にいます私たちの父よ」（マタイ6・9）と呼びかけることを教えた。父なる神に向かう祈りは、子としての自己認識の上に成り立つ。

揺るがない証明

以前ある方から、「神は三位一体の神なのだから、どのような呼びかけをしても同じではないのですか」と質問を受けたことがある。御子イエスや聖霊なる神への呼びかけなら、神の子であるとの自己認識に立つ必要はない。しかし、天地創造の神に向かって「アバ、父」と呼ぶ時は、神の子であるとの自己認識に立つことになる。「アバ、父」との呼びかけによって、キリスト者は神の子とされている自己認識を深めることになる。聖霊なる神がキリスト者の霊、自己認識の最も深い部分に証ししてくださり、天地創造の神に向かって「アバ、父」と呼ばせてくださる。三位一体なる神の交わりの中に招き入れてくださる。

十字架の前夜、イエスはゲッセマネの園と呼ばれた場所で弟子のペテロ、ヤコブ、ヨハネを連れて祈りに出かけた。イエスは、「わたしは悲しみのあまり死ぬほどです。ここを離れないで、目をさましていなさい」（マルコ14・34）と十字架の死を前に苦悩した。そして、弟子たちのいる場所から少し進み、「アバ、父よ。あなたにおできにならないことはありません。どうぞ、この杯をわたしから取りのけてください。しかし、わたしの願うことではなく、あなたのみこころのままを、なさってください」（14・36）と明け渡しの祈りをささげた。

イエスは、悲しみの大きさに魂が押し潰されそうになる状況の中で、「アバ、父よ」と神に向かって呼びかけた。「悲しみのあまり死ぬほど」の極限の中でイエスを支えたのは、父なる神の存在であり、父の子である揺るがない確信である。イエスは、「わたしの願うことではなく、あなたのみこころのままを、なさってください」と十字架の死を進んで受け入れた。「実に十字架の死にまでも従われました」（ピリピ２・８）との死に至るまでのイエスの従順は、父なる神への全幅の信頼が根底にある。権威に従属しているのではなく、信頼して身を任せている。それは、十字架の上で息を引き取る瞬間においても、「父よ。わが霊を御手にゆだねます」（ルカ23・46）と全存在を信頼して託した。父なる神と御子イエスの父子関係における従順とは、全幅の信頼を意味している。

母性社会の日本

日本の社会が母性社会であることは、幅広く認知されている。母性原理が強く働く日本社会におけるキリスト者が母性的な影響を強く受けていることは否めない。あくまでも個人的な見解に基づいているが、日本人のキリスト者は神の愛を母性的に捉える傾向が強いのではないだろうか。それは、父なる神と子の関係の絆の深さへの理解不足に表れているように思える。「神の子とされている」との内的証明の希薄さが、信仰決心をしても神との関係からあっさりと離れてしまう大きな要因ではないか。放蕩息子は苦しみのどん底で「我に返る」という経験をしたが、神の子である自己認識が希薄だと、苦しい目に遭うと神に見捨てられたとつまずいてしまう。

母性社会の日本では、「神はあなたをありのままで愛しておられる」という母性面の愛が自然と強調される。家庭環境の複雑化によって心に傷を負ってしまった人々にとって、神の愛の母性面、包括する愛によって愛されることは、魂の回復にとって欠かせない。しかし、神の愛の母性面だけが強調されると、癒しにはつながるが、教会という「家」から社会に出て行く自立心を育むことに困難が生じる。日本伝道の困難さは言うまでもないが、その一つに母性社会である日本の土壌に父性的なキリスト教が根づかないことが指摘されて久しい。

遠藤周作がイエスを母性的に描こうとしたのは、母性社会の日本にキリスト教を根づかせる試みであったと言われている。多くの日本人は母親には親しみを感じるが、父親にはあまり感じていない。父親と聞いて「親しさ」を思い浮かべる人は少ない。父性というものが、何かつかみどころのないもののようである。父性とは何かと尋ねられても、返答に窮してしまう。

母の愛は子どもを包括するものなので、「ありのままでいる」ことが求められる。父の愛は子どもを承認するものなので、自立を要求する。「ありのままでいること」と「自立すること」は相反しない。ただ、「ありのままでいること」が強調されすぎると、自立を助ける神の恵みを受け取らなくなる。自立しないキリスト者となる恐れがある。「自立すること」が強調されすぎると、「ありのままでいる」ことを肯定する神の恵みを退けてしまう、自己否定の強いキリスト者となる恐れがある。「ありのままの自分」を愛することが自立するための基盤である。「ありのままの自分」を受け入れない自己否定の上には、経済的な自立は成しえても、精神的な自立は成しえない。キリスト者にとっての自立とは独立ではない。パウロが「私たちは、このキリストを宣べ伝え、知恵を尽くして、あらゆる人を戒め、あらゆる人を教えています。それは、すべての人を、キリストにある成人として立たせるためです」（コロサイ1・28）と言うところの、成人したキリスト者を指している。

見えない壁

放蕩息子の父は、遠い国で暮らす弟息子の様子をうかがうことも、訪ねて行くことも、迎えに行くこともなかった。ただ、息子の帰りを信じて待ち続けていた。

弟息子は「雇い人のひとりにしてください」（15・19）と父に頭を下げることを決意した。彼は自分の罪を悲しんでいない。彼の問題意識は金銭面のみに向けられていた。弁済すれば事足りると考えていた。

しかし、故郷の村に戻ったとき、彼は自分の犯した罪の重大さに直面することになった。懐かしい故郷の村は、もはや自分をかつてのように温かく迎え入れてはくれなかった。姦淫の現場で捕らえられた女性を村の人々が石を手に取り囲んだように、父の死を願った放蕩息子にも社会的制裁が加えられることは想像に難くない。父の家で「雇い人」となり、散財してしまった財産を少しずつでも弁済して、少しばかりの誠意を示せば済む話ではないことを思い知らされた。その瞬間、彼の足は父の家に向けて一歩も前に踏み出せなくなり、その場に立ち尽くしたのではないだろうか。ふさわしくない自分の姿を目の当たりにしたとき、彼は父の前に立てなくなった。母の前では「ありのままの自分」で立つことができた。彼が立ち尽くしている場所と父の家との間には、埋めることのできない隔てがあった。

見よ。主の御手が短くて救えないのではない。その耳が遠くて、聞こえないのではない。
あなたがたの咎が、あなたがたと、あなたがたの神との仕切りとなり、
あなたがたの罪が御顔を隠させ、聞いてくださらないようにしたのだ。(イザヤ59・1―2)

父のあわれみ

こうして彼は立ち上がって、自分の父のもとに行った。ところが、まだ家までは遠かったの

に、父親は彼を見つけ、かわいそうに思い、走り寄って彼を抱き、口づけした。(ルカ15・20)

父は弟息子の姿を遠くに見つけ、「かわいそうに思い、走り寄って彼を抱き、口づけした」とある。父が弟息子の姿を見て、かわいそうに思ったのは、痩せ衰えた姿よりも、愛されている子でありながら家に帰れないで立ち尽くしている息子の姿であったのではないだろうか。あわれみが父を立ち尽くす弟息子のもとへ走り寄らせた。この「走る」という原語には「全速で走る」との意味がある。老いた父が全速で走ることなど、何十年ぶりのことだっただろう。

立ち尽くす息子のもとへ走り寄る父の姿は、弟息子の罪の代償を償うことを意味している。ここに、イエス・キリストの十字架の死が示唆されている。

古代の中東地域では、父には絶大な尊厳が与えられていた。神はモーセを通して、「自分の父または母をのろう者は、必ず殺されなければならない」(出エジプト21・17)と命じた。父の尊厳を傷つけた子は死罪に値するとみなされた。父の死を願い、父の命に等しい財産を快楽のために散財した弟息子には、容赦のない社会的制裁が加えられる。社会的に立場のある者は、長服を身にまとい、尊厳のある振る舞いが求められた。

父の顔に泥を塗った息子が帰郷したとき、父にとっては損なわれた尊厳を取り戻す機会が訪れた。父は放蕩の末に帰郷した弟息子に厳しい罰を与えることによって、時には死をもって償わせることによって、社会的な名誉を回復することができた。しかし、放蕩息子の父は村の人々の期待を裏切った。父は自分の命や尊厳と引き換えに、弟息子のもとへ全速で走り寄った。父のあわれみが、義の要求に対して、弟息子を厳しい刑罰に引き渡すのではなく、自分自身を差し出した。父は彼を抱き、口づけした。弟息子は父の行動に驚きを隠せなかった。弟息子にとってはまったく予期しなかった父の行動であったが、父は彼が生まれた日からずっと変わらぬ愛を注いできた。父は弟息子の帰郷をどれだけ待ち続けたことだろう。父なる神は失われた者の帰郷を待ち続けている。

村の人々にとって、父親の行動は常軌を逸しており、到底受け入れ難いものであった。父親の行動は、村の人々にとってはつまずきとなった。おそらく、弟息子を抱きしめ、口づけした父親にも、村人から罵声が浴びせられたことだろう。「おまえも息子と同じ愚か者だ。ユダヤ人の面汚しだ。」息子を抱きしめる父は、浴びせられる罵声を一身に受け止めた。放蕩息子に走り寄り、抱きしめ、同じ者とみなされた父の姿に、イエス・キリストの十字架の愛が示されている。

受肉に示された神の愛の本質

キリストは神の御姿である方なのに、神のあり方を捨てられないとは考えず、ご自分を無にして、仕える者の姿をとり、人間と同じようになられました。人としての性質をもって現れ、自分を卑しくし、死にまで従い、実に十字架の死にまでも従われました。（ピリピ２・６—８）

神の御子イエスが人の姿となった「受肉」に、神の愛の本質が示されている。神の愛の本質は、

「あなたの隣人をあなた自身のように愛せよ」（マタイ22・39）とあるように、自分と他者との区別を取り除き、自分を愛するように他者を愛することにある。神の御子であるイエスが人となったのは、すべての人が罪ある者であるため、聖い神に近づくことができないからである。罪ある者は神に近づけない。神の御子イエスが人となることで隔てが埋められた。父が立ち尽くしている弟息子のもとへ走り寄った理由と同じである。父が「父のあり方」を捨ててまで駆け寄らなければ、弟息子は父のもとへは帰れなかった。神のほうから近づいてくださらなければ、誰も神に近づけない。

神との断絶の中に生きる、罪ある者が神と和解できたのは、その者が自分の罪の代価を償ったからではない。弟息子が雇い人として父の家に身を寄せることを嘆願しようとしたのは、雇い人として働き、散財した父の財産を少しずつでも返済しようとしたからである。誠意を示そうとした。しかし、返済できないことを知りながら、返済を申し出ることは不誠実である。一万タラントの負債があるしもべが精算を求める王に対して、「どうかご猶予ください。そうすれば全部お払いいたします」（マタイ18・26）と王の憐れみに身を投げ出さずに、返済期限の猶予を求めたことは不誠実の極みである。しかし、雇い人として働いて返済する額では返済分の利子にも満たない。弟息子は一生雇い人のまま、父の子となれる日が訪れることは永遠にない。人が善行をいくら積み上げても、神に義なる者（罪の代価を完済し、律法の要求を満足させた者）として受け入れられる日は永遠に訪れない。弟息子が立ち尽くしたように、人は神が近づいてくださることでしか救われる望みはない。すべての人は、父なる神の一方的な憐れみによってのみ、罪の負債がすべて赦され、神の子として受け入れられる。

息子は言った。「お父さん。私は天に対して罪を犯し、またあなたの前に罪を犯しました。もう私は、あなたの子と呼ばれる資格はありません。」（ルカ15・21）

弟息子は、走り寄り、豚の糞尿でまみれた自分を抱きしめる父の愛に全存在が包み込まれた。汚れたままの弟息子を抱きしめる父の愛は、「ありのまま」を受け入れる受容の愛として示された。弟息子は周到に用意した謝罪の言葉を口にすることができなかった。彼は心の底から自分の罪を告白し、悔い改めた。受容の愛が弟息子の心に悔い改めを生じさせた。弟息子は「雇い人のひとりにしてください」とは言わなかった。いや、もはや言う必要がなかった。父が子として受け入れてくれていることを悟ったからである。しかし、弟息子には父から承認される必要があった。

承認の宣言

ところが父親は、しもべたちに言った。「急いで一番良い着物を持って来て、この子に着せなさい。それから、手に指輪をはめさせ、足にくつをはかせなさい。」（ルカ15・22）

父は、「もう私は、あなたの子と呼ばれる資格はありません」と言う弟息子に一言も答えず、しもべに命じて、「急いで一番良い着物を持って来て、この子に着せなさい。それから、手に指輪をはめさせ、足にくつをはかせなさい」と命じた。村の人々は、父の死を願った放蕩息子が受けるべきものは社会的制裁であるとの立場を変えることはない。放蕩息子に一番良い着物を与えるべきではない。しかし、父は村の人々の目の前で弟息子に一番良い着物を着せ、手に指輪をはめさせ、靴をはかせた。放蕩息子の彼を、家に連れて帰ってからではなく、村の人々の反感を買うことを承知の上で、父は弟息子に一番良い着物を着せた。それは、父の愛が承認の愛であるゆえである。帰郷した放蕩息子に父が村人の前で一番良い着物を着せることこそが、「これは、わたしの愛する子、わたしはこれを喜ぶ」（マタイ３・17）との承認の宣言である。

放蕩息子が本当の意味で父の息子となり、父の心に受け入れられていると実感するには、社会的な承認を必要とした。村の人々や雇い人たちの前で放蕩息子という古い着物（アイデンティティ）を脱ぎ捨て、「父の喜びの子」という新しい着物（神の子としての自己認識）を着る必要があった。父の家に帰り、家の中で着物を着替えても、父の子としての自己認識は持てるが、社会的な承認を得ることはできない。社会に出て行くことが難しい。父の家で弟息子は父の承認にふさわしい息子となる歩みを始めることになる。大切なことは、神の承認を得るためにふさわしい者になろうと努力することではなく、一方的な恵みによって与えられた承認に恥じないように生きることである。

根拠のない自信

私が社会人になり、会社で働き始めたとき、同期の男性社員と比較して、自分の内側に何かが欠落しているように感じた。その時以来、自分の内側に欠落しているものを探求する歩みが始まった。

次第に自分の内面に欠如していたものが何であるのかがわかるようになった。それは、「根拠のない自信」である。すなわち、自分自身を信じることが著しく欠如しているのに気づかされた。九歳で父を失い、祖母と母から愛情を受けて育てられた。父のいない寂しさはあったけれども日常生活に困ることはなかった。しかし、社会人になったとき、父の承認を受けることなく育てられた自分の内面に、根拠のない自信、自分自身を信じることが欠如している事実を突きつけられた。

祖母も母も、「大丈夫？」といつも心配してくれた。しかし、「大丈夫だ」とは誰も言ってくれなかった。祖母や母も私のことを信じていてくれたけれども、心配のほうが勝っていた。

父の承認が自信のない自分に必要であると思えたことで、父親代わりになってくれる人を捜し始めた。米国の聖書学校で学んでいるとき、クリスマス休暇で生徒がいなくなった食堂でひとり、ニューライフキリスト教会の牧師、カールトン・ケニー師の説教テープを聞いていた。ケニー師とは一度お会いしただけであった。しかし、うまく説明はできないけれども、ケニー師が父親代わりとなってくださり、肉の父から受け取れなかったものを受け取れるに違いないとの確信を持った。

早速、手紙を書き送り、ケニー師の働きのお手伝いがしたいとの旨を伝えた。後日、ケニー師から手紙が届いた。その手紙には、「将来の保証はありませんが、あなたが願われるなら、ご一緒に働きましょう」と記されていた。今振り返ると、後継者になる保証もなく、それでも一緒に奉仕させていただく決断をしたことは神の導きであったと確信している。

ケニーさん（先生と呼ばれることを望まなかった）から受け取った最大の贈り物は、「あなたなら大丈夫」という承認の言葉であった。最初は、ケニーさんが「あなたなら大丈夫」と安易に言っておられるように感じ、「私がこんなに心配し、思い悩んでいるのに、何を根拠に大丈夫だと言われるのだろう」と、何か他人事のような言い方に聞こえて仕方なかった。

ケニーさんが末期癌と診断されたとき、アメリカの友人を紹介したいと、ノースキャロライナにある教会に連れて行ってくださった。その教会の牧師がケニーさんの旧知の友、ジェリー・デイリー師だった。ケニーさんが召天された後、ジェリー師が父親代わりとなってくださった。毎年のように日本に来てくださり、米国の自宅にも招いてくださり、一緒に時間を過ごさせていただいた。

そして、牧会の働きで困難な状況に直面すると、いつも「あなたなら大丈夫。何も問題ない」と言ってくださった。最初は、「ケニーさんと同じように、何を根拠に大丈夫と言われるのか。日本での働きの困難さをご存じないのに、大丈夫だなんてどうして言えるのか。無責任な発言、気休めの励ましではないか」と、内心戸惑い、憤りを覚えた。しかし、ジェリー師は、「大丈夫だ」と言い続けてくださった。

やがて、少しずつ「大丈夫」の言葉の意味がわかり始めた。「大丈夫」とは、「私はあなたを信じている」という承認の言葉だったのである。「あなたを信じる」とは、人間の潜在能力を信じるといった意味合いではなく、愛とは「すべてを信じ、すべてを期待し」（Ⅰコリント13・7）とあるように、全身全霊で相手の存在を信じることである。

ケニーさんもジェリーさんも、私を実の息子のように愛してくださった。彼らが私のような者を信じてくださったことで、高慢な思いではなく、健全な自信が心に芽生えていった。

自分の存在を喜ぶ父の姿

父が帰郷した弟息子に一番良い着物を着せたのは、これからは父の承認に恥じない人生を必ず生きると信じたからだ。弟息子は、その父の承認がなければ、どんなに自分の罪を悔いたところで、立ち直ることはできなかったのではないだろうか。

「そして肥えた子牛を引いて来てほふりなさい。食べて祝おうではないか。この息子は、死んでいたのが生き返り、いなくなっていたのが見つかったのだから。」そして彼らは祝宴を始めた。（ルカ15・23―24）

父はしもべに命じて、帰郷した息子のために祝宴を設けた。父は大切な財産を異邦人の地で散財した放蕩息子のために、高価な肥えた子牛をほふらせた。そして、父は「この息子は、死んでいたのが生き返り、いなくなっていたのが見つかったのだから」と放蕩息子の存在を心から喜んだ。祝宴の席で父は喜びを全身で表現したに違いない。イエスは、「ひとりの罪人が悔い改めるなら、神の御使いたちに喜びがわき起こるのです」（ルカ15・10）と教えた。ひとりの罪人の回心を天上の御使いたちが大喜びしている光景は、想像力を働かせてもなかなか思い描けない。その光景は人の想像力を超えている。

放蕩息子は、自分が父に愛されている子であることを確信するために、帰郷した自分の存在を大喜びする父の姿を自分の目で確かめなければならなかった。自分の存在が父の失望となっていない、それどころか、父の喜びとなっていることを自分の目で確かめないかぎり、彼は父の承認という愛を受け取ることができなかった。

キリスト者は自分の存在が神の喜びとされていることを知るべきである。しかし、どれだけのキリスト者が自分の存在は神を失望させていると思い悩んでいることだろうか。実の父の期待に応えられなかった、父を失望させたと苦悩する人は、父なる神が自分の存在を喜びとしてくださってい る事実を受け止めることに困難を覚えるかもしれない。しかし、帰郷した放蕩息子のために父が祝宴を設けたように、父なる神は子とされている者の存在を喜ぶ姿を啓示してくださるに違いない。

兄の怒り

ところで、兄息子は畑にいたが、帰って来て家に近づくと、音楽や踊りの音が聞こえて来た。それで、しもべのひとりを呼んで、これはいったい何事かと尋ねると、しもべは言った。「弟さんがお帰りになったのです。無事な姿をお迎えしたというので、お父さんが、肥えた子牛をほふらせなさったのです。」すると、兄はおこって、家に入ろうともしなかった。それで、父が出て来て、いろいろなだめてみた。（ルカ15・25―28）

兄が畑仕事を終えて、帰宅の途についた。家の近くまで来ると、音楽や踊りの音が聞こえて来たので、しもべを呼び、喧騒のわけを尋ねた。しもべは、「弟さんがお帰りになったのです」と良き知らせを告げた。すると、兄は予想外の反応を示した。兄は怒って、家に入ろうとしなかった。父が家から出て来てなだめても、兄は祝宴の席に着くことをかたくなに拒んだ。父が主催した祝宴に長男の彼が出席しないことは、父の顔に泥を塗る行為である。兄は自分が弟と同じように父をさげすんでいることに、まったく気づいていない。

しかし兄は父にこう言った。「ご覧なさい。長年の間、私はお父さんに仕え、戒めを破ったことは一度もありません。その私には、友だちと楽しめと言って、子山羊一匹下さったことがありません。それなのに、遊女におぼれてあなたの身代を食いつぶして帰って来たこのあなたの息子のためには、肥えた子牛をほふらせなさったのですか。」（ルカ15・29―30）

兄の怒りは、父の寛大さに向けられた。ヨナが神に対して憤ったのも、神が敵国アッシリヤに裁きを下すことを思いとどまった寛大さのゆえである。

「ぶどう園の労働者のたとえ」に、一時間しか働かなかった者にぶどう園の主人が一デナリを支払ったことに対して、早朝から働いた者たちは同じ一デナリしか受け取れなかったことに憤慨し、主人に文句を言った。「この最後の連中は一時間しか働かなかったのに、あなたは私たちと同じにしました。私たちは一日中、労苦と焼けるような暑さを辛抱したのです」（マタイ20・12）。ぶどう園の主人は文句を言う者に向かって、「自分のものを自分の思うようにしてはいけないという法がありますか。それとも、私が気前がいいので、あなたの目にはねたましく思われるのですか」（20・15）と、主人の気前の良さが自分たちに向けられなかったことに憤っていると指摘した。

神の寛大さは自己義認、自分の正しさを誇る人にとってはつまずきとなる。その怒りは、真面目に生きてきたことで何か損をしたかのような思い違いに根ざしている。真面目に生きることで損失するものは何もない。ただ、兄にとって真面目な生き方は、自然な心からではなく、父の評価を得るために無理強いしたものである。「長年の間、私はお父さんに仕え、戒めを破ったことは一度もありません」との言葉には、父に仕え、戒めを破らなかったことが喜びではなく、苦痛であったかのような怒りがにじんでいる。奴隷のように仕えてきたと吐き捨てるように言った。しかし、父が兄に喜びのない生き方を無理強いすることはなかった。兄自身が真面目な生き方に自らを無理強いさせてきた。父が要求していないことまでも自らに課してきた。それゆえ、自分が支払ってきた犠牲に対して父が報いてくれていないとの苦々しい思いを募らせていくことになる。

神に対する怒りも、同じように人の心に鬱積していく。自分が神のために多大な犠牲を払っているとの思いが少しでもあるなら、神がそのような犠牲を本当に求めているのかを吟味しなければならない。イエスは、「『わたしはあわれみは好むが、いけにえは好まない』とはどういう意味か、行って学んで来なさい」（マタイ9・13）と教えた。神が何を求めているのかは、臆測ではなく、しっかりと学ぶ必要がある。キリスト者は、一人ひとりが自主的に学ばなければ、やがて兄が怒りを爆発させたのと同じ道をたどることになる。兄息子が「子山羊一匹」で怒りを爆発させてしまったように、犠牲の背後に隠れている期待が失望に終わるとき、神に対して怒りを爆発させてしまう。

父が弟に肥えた子牛をほふらせたことで、兄の心に鬱積した怒りが爆発した。父が弟にほふらせた肥えた子牛は、兄の財産となる見込みがあった。しかし、父は財産管理の権限を兄に与えていない。父が財産を何に使うかは父の自由であり、財産の使い道に口を挟むことは越権行為となる。ぶどう園の主人は、文句を言う者たちに「自分のものを自分の思うようにしてはいけないという法がありますか」（マタイ20・15）と反論した。余計な口出しは、父への侮辱ともなる。弟息子は父に向かって、「早く死んでくれ」と露骨な反抗の態度を取ったが、兄息子は「自分の財産を勝手に使わないでくれ」と隠れた反抗を示した。

自分の目の中の梁

兄が祝宴の席に着くことをかたくなに拒んだ別の理由は、父が弟に厳罰を与えなかったことに失望したからだ。父が弟に償いをさせるどころか、高価な子牛をほふらせたことがどうしても理解できず、断じて許せなかった。弟は父の命に等しい土地を現金化し、遊女と遊びほうけ、湯水のように使い果たした。それなのに、なぜ父はそんな放蕩息子を喜び迎え、高価な子牛までほふらせるのか。父が弟に媚びているようにしか見えない。

兄は赦しの本質を理解していない。彼は、「戒めを破ったことは一度もありません」と自負していたので、赦しの必要性をまったく覚えなかった。兄にとって赦しとは、償いを終えた者にのみ与えられるものであり、一方的に付与される恵みではない。兄は社会的規範としての戒めは一度も破ったことがなかった。しかし、愛の律法は無視され、父の心を傷つけてきた。最も大切な戒め、「自分を愛するように隣人を愛すること」はないがしろにされてきた。兄は父を愛さなかった。彼が愛したのは父の財産でしかなかった。貪欲が彼の心を支配していた。

イエスは、自分の罪を棚上げして他者の罪を裁く者に対して、「なぜあなたは、兄弟の目の中のちりに目をつけるが、自分の目の中の梁には気がつかないのですか」（マタイ7・3）と自己欺瞞を指摘した。自己欺瞞に陥るのは、顕在化した行為としての罪にしか目を向けないためである。兄は「戒めを破ったことは一度もありません」と胸を張ったが、戒めを破る行為に至らなかっただけで、彼の心の中では最も大切な戒めはことごとく破られてきた。しかし、彼には罪の自覚がなかった。自分の目の中の梁には気づかない。

兄の怒りは、弟と同様、父に愛される子として生きてこなかったことを浮き彫りにした。彼は子としてではなく、雇い人のように父と向き合ってきた。兄は犠牲に見合う対価を父に求めていた。だからこそ、父が遊女と遊びほうけた弟に肥えた子牛をほふらせた行為は、彼に対する裏切り行為に映った。兄は自分の今までの人生が全否定されたかのような拒絶感に打ちのめされた。彼の人生の方程式が崩れた。遊女と遊びほうけた弟が肥えた子牛を受け取り、長年父に仕えた自分は子山羊一匹も受け取れなかった。

新しい皮袋の必要性

父は彼に言った。「子よ。おまえはいつも私といっしょにいる。私のものは、全部おまえのものだ。」(ルカ15・31)

父は、「子山羊一匹下さったことがありません」と怒る兄息子に向かって、「私のものは、全部おまえのものだ」と諭した。兄は父と財産を共有していた。兄に与えられていなかったのは、管理する権利だけである。兄は財産を自由には使えなかったが、父と所有権を共有していた。しかし、彼には「全部自分のもの」とされているとの実感がなかった。それは、彼が愛されている子としてではなく、雇い人のように父と接していたことが主たる要因だと考えられる。兄は財産を自分の勤勉な働きによって獲得しようとしていた。弟息子が財産を要求する際に父の子である権利を主張したことと比べるなら、兄のほうが父の子としての自己認識が希薄なように感じられる。「私のものは、全部おまえのものだ」と、父の財産のすべてが彼の所有とされていたが、愛されている子であるとの自己認識の欠如が所有している実感を奪っていた。

聖書は、すべてのキリスト者が、「もし子どもであるなら、相続人でもあります。私たちがキリストと、栄光をともに受けるために苦難をともにしているなら、私たちは神の相続人であり、キリストとの共同相続人であります」（ローマ8・17）と教えている。しかし、神の子とされているとの内的証明が希薄なら、兄と同じように共同相続人との認識が著しく欠如する。その結果、神の愛にふさわしい者であると証明することに腐心することになる。しかし、父なる神の愛が承認の愛でありながら無条件の愛であるゆえ、自分のふさわしさを証明しようとすればするほど受け取れない。

　私たちが神の子どもであることは、御霊ご自身が、私たちの霊とともに、あかししてくださいます。（ローマ8・16）

兄が父に怒りをぶつけたのは、父の愛にふさわしくない弟には肥えた子牛をほふらせ、ふさわしい自分には子山羊一匹与えてもらえなかったことを「父の拒絶」と受け止めたからである。ふさわしくない放蕩息子である弟が子として受け入れられたことで、彼の人生を支えてきた「ふさわしい者が愛される」という価値観が崩壊した。

イエスは、神の恵みを受け取るための新しい皮袋の必要性を説いた。

「人は新しいぶどう酒を古い皮袋に入れるようなことはしません。そんなことをすれば、皮袋は裂けて、ぶどう酒が流れ出てしまい、皮袋もだめになってしまいます。新しいぶどう酒を新しい皮袋に入れれば、両方とも保ちます。」（マタイ９・17）

兄は父の恵みの行為を古い価値観で受け止めようとしたため、古い価値観が崩壊した。

素直に願い求める

父は兄息子と財産を共有していた。しかし、「友だちと楽しめと言って、子山羊一匹下さったことがありません」（ルカ15・29）との言葉からもわかるように、兄は自分の立派な働きに対する報酬しか受け取れなかった。兄が受け取ったのは、自尊心を高めてくれるものだけである。彼にとって、あわれみや施しは屈辱でしかない。「おまえはいつも私といっしょにいる。私のものは、全部おまえのものだ」、父は財産だけでなく、自分自身を惜しみなく与えていた。

「だがおまえの弟は、死んでいたのが生き返って来たのだ。いなくなっていたのが見つかったのだから、楽しんで喜ぶのは当然ではないか。」（ルカ15・32）

父は拗《す》ねた兄をなだめながら、弟の帰郷をともに喜ぶことを求めた。拗ねると、喜ばしいことを素直に喜べなくなる。父の気前の良さが自分ではなく、弟に向けられたことに憤っている。「拗ねる」という怒りは、兄が抱えた心の態度の問題である。「友だちと楽しめと言って、子山羊一匹下さったことがありません」（15・29）との怒りの言葉から、人生を楽しむことを他人任せにしていることがうかがい知れる。父が子山羊一匹くれなかったから、友人と楽しい時間が過ごせなかったと責めている。人生を楽しむのは自分自身の責任である。

また、拗ねるという怒りの感情は、人生の楽しみを他人任せにしていながら、素直に甘えられないことへの反動でもある。兄は父に、「友達と楽しむために、子山羊一匹ください」とは言わなかった。兄にとって、子山羊は頭を下げて頼むものではなく、父の評価として与えられるべきものであった。兄は自分から求めたくなかったのではないか。彼のプライドがそれを許さなかった。

キリスト者は、神に対して拗ねるという怒りの感情を抱かないように心を見守ることが大切である。キリスト者が神に対して拗ねた態度を取る原因も「素直に求めない」ことが深く関係している。

あなたがたは、ほしがっても自分のものにならないと、人殺しをするのです。うらやんでも手に入れることができないと、争ったり、戦ったりするのです。あなたがたのものにならないのは、あなたがたが願わないからです。（ヤコブ４・２）

素直に願い求めないため、密かに願っていたものが第三者の手に渡るとき、その相手に対して憎悪の念すら抱きかねない。カインがアベルを殺害したのも同じ理由からである。

だが、カインとそのささげ物には目を留められなかった。それで、カインはひどく怒り、顔を伏せた。（創世4・5）

カインはアベルに対して憎しみを抱いていたわけではない。神が自分のささげものに目を留めてくださらなかったことで拗ねてしまったのである。その怒りは直接的には神に向けられず、間接的に神が目を留められたアベルに向けられた。

密かに願うのは、プライドがあるからだ。しかし、密かに願い続けることで強い欲求となっていく。拗ねる感情の対処法は、自分の願いと素直に向き合うこと、神に願いを正直に言い表すことである。密かに期待することで願いを欲望としないこと。神に願ったものが与えられるか否かよりも、「素直に願うこと」で神との関係が健全に保たれる。

健全な自信を築くために

放蕩息子のたとえ話では、弟息子は悔い改めへと導かれたが、兄息子の悔い改めは記されていない。真面目に生きてきたとの自負が、兄の心から悔い改めの必要性を奪ってしまう。

平均的な日本人は、自分は真面目に生きていると自負しているのではないか。自己義認、自分で自分の正しさを認めることに満足している。誰にも迷惑をかけることなく、それどころか、周りの人々の幸せを願って生きている人が悔い改めの必要性を覚えるには、聖霊なる神によって神の義が啓示される以外にはない。日本人のキリスト教への入信を妨げている要因の一つは、日本人が宗教の救済に求めるものが、「義と認められること」、神の御前で正しい者とされることではなく、「慈悲を受け取ること」にある点にある。

> 自主独立、共同体離脱を志向する場合に、青年を支えることのできるものは、強い父性的宗教の原理（超越者の信仰など）です。象徴的に言うならば、子供がだれもいない荒野、山野を一人歩み行く勇気というものは、「天なる父」に支えられてこそ湧いてくるものです。（松本滋『父性的宗教母性的宗教』、三四―三五頁）

「義と認められること」には悔い改めが必要不可欠であるが、「慈悲を受け取ること」に悔い改めは必要ない。しかし、「義と認められること」を救いの条件に限定して語るだけでなく、父なる神の承認、揺るがない自己肯定感を受け取ることで、キリスト者が真の自立した大人となることこそが、母性社会の日本において力強い証しとなるのではないだろうか。父なる神の喜びが、神の子の心に健全な自信を築いていく。

第4章　ヤコブの人生における神の摂理――心砕かれること

神の摂理

その子どもたちは、まだ生まれてもおらず、善も悪も行わないうちに、神の選びの計画の確かさが、行いにはよらず、召してくださる方によるようにと、「兄は弟に仕える」と彼女に告げられたのです。「わたしはヤコブを愛し、エサウを憎んだ」と書いてあるとおりです。（ローマ9・11―13）

イスラエルの父祖アブラハムの一人息子イサクは、双子の兄弟、兄エサウと弟ヤコブを授かった。本来なら、父イサクの後継者となるのは兄のエサウのはずなのに、弟のヤコブが跡継ぎとなった。兄が健在であるにもかかわらず、弟が後継者となるのは異例のことである。パウロは、弟のヤコブが後継者となったのは、神の選びの計画であったと教えている。

神の選びの計画を「神の摂理」とも呼ぶ。私たちの人生を決定づける最大の要素は「選択」にある。生きるとは「選択の積み重ね」だと言える。選ばないのも、一つの選択の結果である。結婚相手を選ぶことも、人生を大きく左右する「選択」である。しかし、人の人生は自ら下した選択だけによって形成されるものではない。それどころか、選択の余地がない事柄が人生の核を形成している。親、性別、受け継いだＤＮＡも、生まれた子には選択の余地はない。しかし、親、性別、ＤＮＡ、生まれた環境は、子どもの人生に多大な影響を与える。それらの事柄は偶然の産物ではなく、神の摂理による。

パウロは、神の選びの計画の確かさは、エサウとヤコブが生まれる前から、神が弟のヤコブを選んだことによって証明されていると教えている。神は、ヤコブがエサウよりも優秀であったから、ヤコブを選んだわけではない。ヤコブが神に気に入られるような生き方をしたからでもない。実のところ、弟のヤコブは神の選びに対して、いかなる影響を及ぼすこともできなかった。ヤコブは生まれる前から父イサクの後継者として選ばれていた。神の選びに誤りはない。神の選びほど確かなものはない。

神の摂理との衝突

しかし、人は神の摂理を受け入れることに激しく抵抗する。それは、人の心には罪の性質があり、自分のことは自分で判断し、決定する権利を誰にも譲りたくないと、全知全能なる神までも退けるからである。人は自分にとって何が最善であるかをわかったつもりでいる。神よりも賢いと本気で思い込んでいる。

兄のエサウにとって、「兄は弟に仕える」との神の選びは、到底受け入れられない。兄として生まれてきたにもかかわらず、長子の資格を剝奪されるような失敗や過ちも犯してもいないのに、生まれる前から弟に仕えることがすでに決められている。まったく納得のいかない話である。

しかし、神の摂理は納得した上で受け入れるものではない。神の選びの計画、神の摂理とは、人がへりくだって受け入れるべきものである。神の摂理を受け入れるとは、運命に従って生きるという意味ではなく、ありのままの自分の人生を肯定し、能動的に受け入れることである。

なぜなら、神の愚かさは人よりも賢く、神の弱さは人よりも強いからです。（Ｉコリント１・25）

神の摂理を受け入れるには、自分の賢さが神の愚かさにさえも到底及ばないことを、へりくだって認めなければならない。人は頭では神に劣っていることは認めても、心では納得していない。人の心は驚くほど神に対して高ぶっている。一見、物腰の低い人でも、神に対して不遜な態度を取ることは驚きではない。人の心に染みついている罪の性質とは、万物の支配者なる神に対する高ぶりであるからだ。

聖書に登場する信仰の人々も、例外なく、自分の思いどおりに生きようとして神の摂理と衝突し、激しく抵抗した。罪ある者が神の摂理と葛藤することは不可避であるが、神の摂理をへりくだって受け入れるのか、高ぶって拒むのかによって、人生は天と地ほどの差が生まれる。

ヤコブの誕生の預言

ヤコブの誕生には、彼が歩む人生を暗示するかのようなエピソードが記されている。アブラハムのひとり息子イサクの妻リベカは不妊に悩み苦しんだ。しかし、イサクの祈りが神に聞き届けられ、リベカは子を宿した。

> 子どもたちが彼女の腹の中でぶつかり合うようになったとき、彼女は、「こんなことでは、いったいどうなるのでしょう。私は」と言った。そして主のみこころを求めに行った。すると主は彼女に仰せられた。
>
> 「二つの国があなたの胎内にあり、二つの国民があなたから分かれ出る。
> 一つの国民は他の国民より強く、兄が弟に仕える。」（創世25・22―23）

リベカは胎の中で二人の子がぶつかり合うことに将来の自分の身を案じ、神のみむねを求めて祈った。すると、神は彼女に、「二つの国があなたの胎内にあり、二つの国民があなたから分かれ出る。一つの国民は他の国民より強く、兄が弟に仕える」と告げた。本来なら、「弟が兄に仕える」ところが、「兄が弟に仕える」と語ったのである。おそらく、母リベカは神の言葉を夫イサクには一言も伝えず、心の奥にしまったのだろう。彼女自身が神の摂理を理解していなかった。「兄が弟に仕える」ことなど、どう考えてもありえないことであった。

神の摂理は人間の常識の枠内に収まるものではない。もし、神がヤコブを父イサクの世継ぎとすることを計画していたなら、エサウではなくヤコブが最初に取り上げられるようにするだけで事は済んだはずである。弟として誕生したヤコブは、世継ぎとされるために、実に多くの苦しみと痛みを通されることになった。なぜ、神はわざわざ、そのような苦しみを経験させてまで、弟のヤコブを世継ぎとする必要があったのか。兄エサウがそのまま世継ぎになれば、多くの苦しみは回避できた。それなのに、神が兄のエサウではなく、弟のヤコブを選ばれたのはなぜなのか。

神の選びの目的

神の摂理を理解するには、神の選びの目的が、神の恵みが際立つことにあるのを悟らなければならない。すなわち、神の選びの確かさを悟るとき、神の恵みこそがキリスト者の人生を下支えし、導き、満たしていることに目が開かれる。

しかし神は、知恵ある者をはずかしめるために、この世の愚かな者を選び、強い者をはずかしめるために、この世の弱い者を選ばれたのです。また、この世の取るに足りない者や見下されている者を、神は選ばれました。すなわち、有るものをない者のようにするため、無に等しいものを選ばれたのです。これは、神の御前でだれをも誇らせないためです。（Ⅰコリント1・27―29）

神の選びの目的は、人の誇りを退け、神の恵みを際立たせることにある。神が「無に等しい者を選ばれた」のは、「神の御前でだれをも誇らせないため」である。神の恵みこそが誇るべきものであり、高ぶりは粉砕されなければならない。なぜなら、高ぶりは神を地の果てまで遠ざけるからである。しかし、人の心が砕かれるとき、神の選びの確かさを知り、自分の人生を肯定し、受け入れ、愛するようになる。

出産の時が満ちると、見よ、ふたごが胎内にいた。最初に出て来た子は、赤くて、全身毛衣のようであった。それでその子をエサウと名づけた。そのあとで弟が出て来たが、その手はエサウのかかとをつかんでいた。それでその子をヤコブと名づけた。（創世25・24－26）

臨月が満ちて、最初に生まれてきたのは兄のエサウであった。弟のヤコブは兄のエサウのかかとをつかんでいた。比喩的な表現ではあるが、弟のヤコブが長子の権利をどれほど慕い求めるようになるのか、長男に惜しみなく注がれる父の愛を獲得することに人生をささげるようになることを、強く印象づけている。

人生のスタート地点でのつまずき

ヤコブは一歩出遅れたことで、人生のスタート地点でつまずいてしまったとも言える。スタート地点で転倒したヤコブにとって、そのレースはすでに敗北が決まっているかのように思えたのだろう。「なぜ、弟として生まれたのか」「なぜ私ではなく、エサウが兄として生まれたか」「兄のエサウのどこが自分よりも勝っていたのか」と、不毛な質問を自問し続けたことだろう。ヤコブは神の摂理を理解せず、神の選びについて何もわかっていなかった。ヤコブは、弟の自分が神の選びの器とされているとは夢想だにしなかった。彼は、弟として生まれたことで父の愛を受けられず、長子の権利を受け損じたと悔やみ、弟として生まれた自分の人生をさげすみ、拒み続けた。弟としての人生には、もはや生きる価値がないように感じられたのではないだろうか。

イサクはエサウを愛していた。それは彼が猟の獲物を好んでいたからである。リベカはヤコブを愛していた。（創世25・28）

ヤコブは父の愛を長子の権利と重ね合わせて見ていた。長子の権利さえ自分のものになれば、父の愛も獲得できると考えた。父に愛される子として受け入れてもらえると信じて疑わなかった。しかし、それは大変な思い違いである。ヤコブは、兄のエサウを押しのけて長子の権利を手に入れても、父の愛を獲得できない現実と向き合うことになる。

父イサクが兄のエサウを愛したのは、彼が猟をして仕留めた獲物を好んで食したからである。父イサクは肉料理を好んだので、兄のエサウを気に入っていたが、彼を真に愛していたとは言い切れない。父イサクはエサウを偏愛した。ヤコブの心は母の愛だけでは満たされず、父の愛を慕い求めたが、父は彼に見向きもしなかった。

人生において思いどおりいかない一つの大きなことは、「愛されること」である。どれだけ愛されたいと願っても、愛される保証はない。これが現実の厳しさである。

母の要請

父イサクは、自分の死期が近いことを悟ったとき、長男のエサウを寝床に呼び、父の祝福を与える前に好物の肉料理が食べたいと願った。エサウは父の最期の願いを聞き届け、父の祝福を受け取るために野に狩りに出かけた。

母リベカが二人の会話を盗み聞きしていた。リベカは、「兄が弟に仕える」との神の約束が無効になるとうろたえた。イサクが長男のエサウに父の祝福を与えれば神の約束が反故《ほご》にされる。しかし、神の約束は神ご自身が成就される。

そのように、わたしの口から出るわたしのことばも、
むなしく、わたしのところに帰っては来ない。
必ず、わたしの望む事を成し遂げ、わたしの言い送った事を成功させる。（イザヤ55・11）

リベカは神の約束が反故にされないため、ヤコブを呼びつけ、兄のエサウが戻らないうちに祝福を横取りするよう強く要請した。そして、「さあ、群れのところに行って、そこから最上の子やぎ二頭を私のところに取っておいで。私はそれで父上のお好きなおいしい料理を作りましょう」（創世27・9）と、父の群れの子やぎ二頭を父の許可なしに連れて来るようにと指示した。

ヤコブは、兄のエサウを装っても、父に見抜かれてしまい、祝福を受け損じるどころか、のろいを受けることになると難色を示した。母リベカは躊躇するヤコブを見て、「わが子よ。あなたののろいは私が受けます。ただ私の言うことをよく聞いて、行って取って来なさい」（創世27・13）と強く肩を押した。ヤコブは母に言われるままに、父の群れから子やぎ二頭を掠《かす》めて、母のもとへ連れてきた。

父性の欠如と母性の問題

ヤコブは母に呪いを押しつけ、自分は父の祝福を受けようとしている。ヤコブは母から、「兄が弟に仕える」との神の約束を聞いていたはずである。ヤコブは神の約束が反故にされることを阻止するために、母に呪いを押しつけても仕方ないと考えたのだろうか。それとも、母には頭が上がらなかったのか。あるいは、母を踏み台にして兄に抱いた積年の恨みを晴らそうとしたのか。誰にもわからない。しかし、一つ言えることは、ヤコブは母親の執着した愛を拒絶すべきであったのに、あっさりと聞き入れてしまったのである。

ヤコブの内面に決定的に欠如していたものがある。信念という精神の強さである。子どもに信念という精神の強さを付与するのは、おもに父親の務めであるが、父イサクは長男のエサウを愛して、ヤコブには目をかけなかった。

祝福を子に与える父イサクと、子の身代わりに呪いを受け取ろうとする母リベカとは、あまりにも対照的な存在である。母性のもとへ身を置きすぎたヤコブは、呪いを母に押しつけることに多少の葛藤は覚えても、最終的には母の願いに同意した。母に呪いを引き受けてもらって、自分の望んだものを手に入れることを否定しなかった。神の摂理はまったく考慮されていない。母はただ子の幸せだけを願い、自らを差し出している。そして、ヤコブは母の強い願いにあまりにも簡単に屈した。

河合隼雄氏は、著書『母性社会　日本の病理』の中で、日本の母性文化の問題は、善悪の基準を示す父なる神を持たないことにあると指摘している。

キリスト教は父性の宗教であるのに対して、仏教や道教などが母性の宗教であるのに対して、キリスト教やユダヤ教は父性の宗教といわれている。母なるものの宗教は、母と子の一体性を根本においている。そこでは、すべてがひとつとなって、主体も客体も、人間も自然も、善と悪さえも区別がなく、すべて救われるのである。すべてのものが仏になるまでは、自らは仏になることなく救いの道に専念するという菩薩の姿は、その原理を見事に具象化している。これに対して父なるものの宗教は、父なる神の規範に従うか従わないかが決定的なこととなる。父との契約を守る選民のみが救済の対象となるのである。そこでは、神と人、善と悪などが判然と区別される。（六六頁）

父性的宗教と母性的宗教の優劣を語るべきではない。しかし、臨床現場で多くの子どもたちの心の悩みと向き合ってきた河合氏は、問題の根底には父なる神の存在（父性の象徴）の欠如があると指摘しておられる。母子が一体となるところでは、善悪が問われなくなってしまう。ヤコブは、母の強い願いを退けることができず、母の執着した願望に人生が飲み込まれていくことになる。母リベカだけが悪者ではない。ヤコブに見向きもしなかった父イサクにも責任の一端がある。

罪がもたらす矛盾

ヤコブは兄に変装し、父の祝福の祈りを横取りした。

イサクは、その子に言った。「どうして、こんなに早く見つけることができたのかね。わが子よ。」すると彼は答えた。「あなたの神、主が私のために、そうさせてくださったのです。」（創世27・20）

ヤコブが兄に変装して、父の好物の食事を運んだとき、イサクはあまりにも早く食事が運ばれてきたことに驚いた。父の言葉にヤコブは内心動揺しただろう。エサウがいつ戻ってくるのかが心配で、時間のことを考慮する余裕がなく、慌てて料理を運んでしまった。父の素朴な疑問にヤコブは、平然と偽りを口にした。ヤコブは自分で子やぎ二頭を父の群れから掠めていながら、「主が私のために、そうさせてくださったのです」と、盗みが神の主導のもとで行われたかのように平然と嘘をついた。ここに、キリスト者が陥る罠がある。神の約束が大義となると、誤まった使命感を抱くようになる。神の約束が成就するためなら多少のことには目をつむっても心責められない。

兄のエサウが好物の料理を運んできたとき、父イサクは弟息子のヤコブに騙されたことを悟り、激しく身震いした。ヤコブは父の愛を慕い求めながら、老いた父の心を深く傷つけた。ヤコブは自分にまったく目をかけなかった父に復讐を果たしたのだろうか。罪の力は矛盾に宿る。愛されたいと願いつつも、その相手を深く傷つけてしまう。罪の力は人間関係を破壊する矛盾の力である。

私には、自分のしていることがわかりません。私は自分がしたいと思うことをしているのではなく、自分が憎むことを行っているからです。(ローマ7・15)

パウロは、罪の力の下にある苦しみは、「自分が憎むこと」を心の本心に反して行うことだと語っている。罪の力は矛盾によって心に支離滅裂をもたらす。ヤコブの人生も、罪によって支離滅裂なものとなってしまった。もはや修復不可能な状態に陥った。

承認と拒絶

父イサクは、弟息子ヤコブだけでなく、深く愛した妻リベカからも裏切られたことで、心を深く傷つけられたと察することができる。ヤコブの過ちは家族の絆、もともとなかったかもしれないが、少なくとも繕ってはいた関係を破綻させた。

もしヤコブが「兄が弟に仕える」との神の摂理を受け止めていたなら、父イサクから愛されない苦しみを、父を騙して祝福の祈りを奪い取るという呪いの行為に転じることはなかった。ヤコブも放蕩息子も、ダビデの息子アブシャロムも、純粋に父の愛を慕い求めながら、受け取ることができない失意の中で父の死を切望するようになっていった。彼らにとって、父の存在は拒絶の痛みそのものである。承認と拒絶は表裏一体の関係にある。河合氏が「父なる神の規範に従うか従わないかが決定的なこととなる。父との契約を守る選民のみが救済の対象となるのである」と言うとおりである。ゆえに、母性原理に支配される日本では、一神教は排他的な宗教であると誤まって断罪される。

しかし、健全な肯定感は、承認という堅固な土台の上に築かれる。善も悪も区別なく受け入れる慈愛に欠如しているのが、承認という存在を根源的に肯定する父性的な愛である。慈愛を強調しすぎると、父性の否定につながる。父性による承認だけを強調すると、母性の否定につながる。神の愛は父と母の愛を包括し、超越している。

子どもの心の成熟には、父性的な愛と母性的な愛が必要である。それは、必ずしも父と母がいなければ子どもの心が健全に成熟しないとの意味ではない。ただ、父性的な愛と母性的な愛のどちらも必要であるとの意味である。

エサウは父に言った。「お父さん。祝福は一つしかないのですか。お父さん。私を、私をも祝福してください。」エサウは声をあげて泣いた。（創世27・38）

エサウは、ヤコブが父の祝福を騙し取ったことを知らされると、「祝福は一つしかないのですか。私をも祝福してください」と泣きじゃくった。父の祝福とは、父の承認である。父の祝福には、物質的な財産だけでなく、霊的財産も含まれている。ある意味、父の承認は霊的な祝福である。河合氏が臨床の現場でかかわった子どもたちの問題の根底に「非常に深い宗教性の問題が存在していることを痛感する」（六六頁）と、父性の欠如を宗教的に捉えていることは、大いにうなずける。

エサウは、父イサクの死を待ってから、ヤコブを殺害することを決意する。エサウはヤコブが老いた父を騙し、自分から父の祝福を騙し取った卑劣な行為に、死をもって報いることを決意した。

母リベカはエサウの殺意に気づき、自分の兄ラバンのもとへヤコブを避難させることを夫イサクに相談した。ヤコブも放蕩息子と同じように、父の愛を慕い求めながら、愛する父の心を深く傷つけ、遠い国へと旅立たなければならなかった。

父イサクの贈り物

出発の日、イサクは旅立つヤコブを叱るどころか祝福した。

　イサクはヤコブを呼び寄せ、彼を祝福し、そして彼に命じて言った。「カナンの娘たちの中から妻をめとってはならない。」（創世28・1）

　イサクは自分を欺いたヤコブを祝福し、「カナンの娘たちの中から妻をめとってはならない」と厳しく命じた。父の言葉は、旅立つ息子への単なる忠告ではない。アブラハムの神、イサクの神との契約の後継者としての自覚を促すものである。

　イサクは兄のエサウではなく、弟のヤコブが神の選びの器であることを察していたのではないか。兄のエサウにはアブラハム契約の後継者としての自覚がまったくなく、妻として迎えたヘテ人の娘二人がイサクとリベカを非常に思い悩ませた。ある時、猟から戻ったエサウは、空腹のあまり、ヤコブが調理していた煮物と長子の権利を交換した。長子の権利と煮物との交換はあまりにも不当な取引ではあるが、聖書はヤコブの狡賢さは批判せず、「こうしてエサウは長子の権利を軽蔑したのである」（創世25・34）と、エサウの霊的祝福に対するさげすみを批判している。

どこかの時点で、父イサクはリベカから「兄が弟に仕える」との神の約束を聞かされていたのだろう。しかしイサクは、ヤコブが神の選びの器であったとしても、兄のエサウを見ていると、「兄が弟に仕える」ようなことは絶対に起こりえないと心閉ざしたのだろう。自分の死期が近いと感じたイサクは、もはや、そのような約束が成就するのを待てなかった。それで、半ば仕方なくエサウを祝福しようとしたのではないか。ヤコブが兄を装い、祝福を横取りした時には、父を欺くという侮蔑行為に怒りで身を震わせた。しかし、怒りが収まったとき、心のどこかで安堵感を覚えたのかもしれない。ヤコブはようやく手に入れたものすべてを失い、父の家から逃げ出さなければならなくなった。「兄が弟に仕える」どころか、兄が弟を殺そうとしている。ヤコブが父の祝福を騙し取っても、神の約束は成就しなかった。当然の結果である。しかし、父が「カナンの娘たちの中から妻をめとってはならない」と命じたとき、すべてを失い、絶望の中、叔父ラバンが暮らすハランへと旅立つヤコブの身の上に神の約束が成就することを信じたのではないか。イサクがヤコブに父の承認を与えた瞬間である。

父アブラハムが高齢になって「望みえないときに望みを抱いて信じました」（ローマ4・18）とあるように、父アブラハムが望みえない状況でも望みを抱いたことで自分が誕生したのをイサクは思い返したのではないだろうか。今度は、父となったイサクが、自分の息子ヤコブが神の選びの器となることを望みえない時に望みを抱いて信じようと決意したのではないか。父イサクにとって、旅立つ息子に与えることのできた唯一の贈り物が、父の承認、息子を信じることであった。

信仰の旅路

ヤコブは、母リベカのもとを離れることになった。それはヤコブにとって、後ろ盾を失うことを意味する。しかし、ヤコブが神の選びの計画の中に生きるためには、母親の庇護のもとから出なければならなかった。祖父アブラハムが父の家を出たように、ヤコブも父の家を出ることになる。

母リベカは、ヤコブがただ無事でいてくれることだけを切望した。しかし神は、ヤコブがイスラエルの父祖となることを望んだ。それは、「押しのける者」から「神と戦って勝利した者」となることを意味している。「神と戦って勝利した者」とは、神を打ち負かしたとの意味ではない。御使いがヤコブにイスラエルという名前を与えた場面で詳しく見たいと思うが、ヤコブがイスラエルとなる営みとは、押しのける強さが真の強さに変えられるための信仰の旅路である。

ヤコブは父イサクの祝福は受けたものの、叔父ラバンのもとへの旅は前途多難を極めることが予想された。しかし、神は約束された言葉どおり、ヤコブとともにおられた。孤独な旅が、神とともに歩む信仰の旅へと変えられていくことになる。

ヤコブは故郷のベエル・シェバを立って、カランへと旅立った。今から約四千年前の古代社会における一人旅ほど危険なものはない。兄のエサウがヤコブを殺そうとしなければ、決して旅立つことのなかった命がけの旅である。

旅の途中、日が暮れたので、ヤコブは石を枕に眠りにつこうとした。

ある所に着いたとき、ちょうど日が沈んだので、そこで一夜を明かすことにした。彼はその所の石の一つを取り、それを枕にして、その場所で横になった。（創世28・11）

ハランへ向かう旅の途中、「ある所に着いたとき、ちょうど日が沈んだ」とあるが、ヤコブをそこの場所に留めるために日が沈んだかのような印象を与える。神の見えざる導きが示唆されている。夜になると暗闇と静寂が支配した。獣の遠吠えの声に怯えながら、ヤコブは孤独の意味を深く心に刻み込んだに違いない。

天と地をつなぐはしご

疲労困憊したヤコブは深い眠りについた。すると、不思議な夢を見た。

見よ。一つのはしごが地に向けて立てられている。その頂は天に届き、見よ、神の使いたちが、そのはしごを上り下りしている。（創世28・12）

重なり合うことのない天と地が「一つのはしご」によってつながっている。ヤコブは天と地がはしごでつながり、そのはしごの上を神の使いが上り下りしていること、すなわち、彼の人生において神が生きて働いていることに目が開かれなければならなかった。ヤコブにとって天と地はつながってはいなかった。神の約束は父を騙し、兄を押しのけても自分の力で成就させなければならないとの思い込みがあった。神が自分の人生の中で生きて働いているとは思いもしなかった。しかし、神はヤコブが生まれる前から、約束を成就するために昼夜を問わずに働いていた。その現実はヤコブの生涯だけに当てはまるのではない。

「まことに、まことに、あなたがたに告げます。天が開けて、神の御使いたちが人の子の上を上り下りするのを、あなたがたはいまに見ます。」（ヨハネ1・51）

イエスは、ご自身こそがヤコブが夢で見た「天と地をつなぐはしご」であることを告げた。イエスを救い主と信じ、受け入れる者の人生には、イエスご自身が天と地をつなぐ、新しい契約の仲介者となる。

こういうわけで、キリストは新しい契約の仲介者です。それは、初めの契約のときの違反を贖うための死が実現したので、召された者たちが永遠の資産の約束を受けることができるためなのです。（ヘブル9・15）

キリスト者の人生は、もはや天と地が断絶しているのではなく、仲介者なるイエスによって結ばれている。神が何もしてくださらないと思える時でも、神は見えないところで働いていることを心に留めなければならない。

主の臨在と約束された相続地

そして、見よ。主が彼のかたわらに立っておられた。そして仰せられた。「わたしはあなたの父アブラハムの神、イサクの神、主である。わたしはあなたが横たわっているこの地を、あなたとあなたの子孫とに与える。」(創世28・13)

次にヤコブが見た幻とは、かたわらに立つ主の御姿である。ヤコブにとっては、初めて経験した主の臨在である。

父イサクが好物の煮物が予想以上に早く運ばれてきたことに驚いたとき、ヤコブは「あなたの神、主が私のために、そうさせてくださったのです」と、「父の神」と語っている。天地創造の神は父イサクの神であって、彼の神ではなかった。しかし、この神との個人的な出会いを通して、天地創造の神が「私の神」となる。クリスチャン家庭に生まれた子どもは、「父や母の神」が個人的な神との出会いを通して「私の神」となることを、ヤコブと同じように経験することになる。父イサクも神との個人的な出会いを経験している。

かたわらに立った主はヤコブに、「わたしはあなたの父アブラハムの神、イサクの神、主である」

と、契約の神としてご自身を現した。それは、ヤコブが契約の相続者であると告げたことに等しい。ヤコブは自分が神に選ばれた器であるとの確信を得た。

そして、神は、「わたしはあなたが横たわっているこの地を、あなたとあなたの子孫とに与える」と約束した。「あなたが横たわっているこの地」とは、神がアブラハムに約束された相続地である。

主がアブラムに現れ、そして「あなたの子孫に、わたしはこの地を与える」と仰せられた。アブラムは自分に現れてくださった主のために、そこに祭壇を築いた。（創世12・7）

ハランへ向かう旅の途中、日が暮れて石を枕に身を横たえた場所こそが、神の契約によって与えると約束された相続地であった。ヤコブがその地に身を横たえたのは、日が沈んだからにすぎない。しかし神は、アブラハムとの契約で与えた「あなたの子孫に、わたしはこの地を与える」との約束を成就するために、ヤコブをその地へと導かれた。ヤコブが相続地に横たわったのは偶然ではない。この出来事は、逃亡する彼の人生が神の御手の中にあることの揺るがない証拠である。

神との出会いの場所

「あなたが横たわっているこの地」とは、彼の人生のどん底も示唆しているのではないだろうか。ヤコブが石を枕にして身を横たえたのは、父の家を追われてすべてを喪失した結果であり、自業自得と言わざるをえなかった。しかし、快適な天幕の中ではなく、冷たい地こそが約束の相続地であった。人生のどん底に身を横たえたとき、その底が神との出会いの場所となった。ヤコブが人生のどん底で神と出会った経験は、神は決して見捨てることのないあわれみ深いお方であることの内的な証しとして、後世への霊的財産として受け継がれていくことになる。

「見よ。わたしはあなたとともにあり、あなたがどこへ行っても、あなたを守り、あなたをこの地に連れ戻そう。わたしは、あなたに約束したことを成し遂げるまで、決してあなたを捨てない。」（創世28・15）

神はヤコブに「あなたをこの地に連れ戻そう」と約束した。ヤコブは、殺意を抱く兄のエサウが待つ父の家には二度と戻れないと諦めていた。しかし、神はヤコブに約束の地を必ず受け継がせると約束してくださった。神との劇的な出会いによってヤコブの旅が終わったわけではなく、これから困難や試練が待ち構えている。しかし、彼の心に希望の光が射し込んだ。「わたしは、あなたに約束したことを成し遂げるまで、決してあなたを捨てない」、神ご自身が、アブラハム契約の相続者となる約束――「兄が弟に仕える」――を必ず成就してくださるとの確信が与えられた。ヤコブは夢を通して与えられた悟り――神ご自身が働いてくださること、自分の人生が神の御手の中にあること、そして、神ご自身が約束を成就されること――を心に深く刻み、前途多難な旅を前に、神への期待感を抱くようになっていたのではないだろうか。

キリスト者の希望とは、録画されたスポーツの試合を再生して視聴するようなものである。応援しているチームが終了間際に逆転したことを知らされた上で視聴するなら、相手から何点奪われてもあまり気にならない。それどころか、点差が開けば開くほど、最後の瞬間に訪れる大逆転への期待だけが膨らんでいく。神がヤコブに「あなたをこの地に連れ戻そう」と告げたとき、すでに約束の言葉は成就している。

イエスは、弟子たちのもとを離れるとき、不安を隠せない弟子たちに向かって、「あなたがたは、世にあっては患難があります。しかし、勇敢でありなさい。わたしはすでに世に勝ったのです」（ヨハネ16・33）と、十字架の死と復活を前に「勝利した」と完了形で語った。パウロは、「神の約束はことごとく、この方において『しかり』となりました。それで私たちは、この方によって『アーメン』と言い、神に栄光を帰するのです」（Ⅱコリント1・20）と、契約の仲介者であるイエスによってすべての約束は成就しており、現実が神の現実に追いつくだけである。

神への畏怖の念

ヤコブは眠りからさめて、「まことに主がこの所におられるのに、私はそれを知らなかった」と言った。彼は恐れおののいて、また言った。「この場所は、なんとおそれおおいことだろう。ここここそ神の家にほかならない。ここは天の門だ。」翌朝早く、ヤコブは自分が枕にした石を

取り、それを石の柱として立て、その上に油をそそいだ。（創世28・16―18）

夢から覚めたヤコブは、「まことに主がこの所におられるのに、私はそれを知らなかった」と告白した。これは、ヤコブに限った問題ではない。神の臨在に対するすべての人の告白である。キリスト者が困難の中で神の不在を嘆く時がある。病気で既に亡くなっていたラザロを見舞いに来たイエスに向かって、姉のマルタは「主よ。もしここにいてくださったなら、私の兄弟は死ななかったでしょうに」（ヨハネ11・21）と、イエスの不在が弟を死に至らせたかのように責め、悲しみをぶつけた。

なぜ、神がおられるのに不幸な出来事が起こるのか。私の父は、山で徹夜の祈りをささげながら帰らぬ人となった。なぜ、神は守ってくださらなかったのか。マルタと同じように神の不在を責め、悲しみをぶつけた。しかし、時間の経過とともに悲しみが慰めに包まれていったとき、「まことに主がこの所におられるのに、私はそれを知らなかった」と、神が父を見捨てたわけではないことを悟るようになる。すべての命は神のいのちの中に生かされている。

「私たちは、神の中に生き、動き、また存在しているのです。」（使徒17・28）

ヤコブは、神との出会いを経験したことで恐れおののいた。そして、「この場所は、なんとおそれおおいことだろう。ここここそ神の家にほかならない。ここは天の門だ」と告白した。ヤコブが「畏怖の念」を抱いた瞬間である。

父イサクを騙し、「あなたの神、主が私のために、そうさせてくださったのです」と平気で嘘をついた彼の心には、神への畏怖の念はない。神に対して畏怖の念を抱くことは教えられない。ヤコブが神への畏怖の念を抱くようになったのは、奇跡を経験したわけでも、肉眼で神を見たわけでもない。日が暮れたので枕した場所が約束の相続地であったこと、そして人生のどん底が「天の門」となることへの啓示による。偶然に思えたことが必然、起こるべくして起こったことであり、神の不在と思える失望や落胆の中に神の臨在を認めるとき、神への畏怖の念がおのずと生じる。

預言者ミカは、「多くの異邦の民が来て言う。『さあ、主の山、ヤコブの神の家に上ろう。主はご自分の道を、私たちに教えてくださる。私たちはその小道を歩もう。』それは、シオンからみおしえが出、エルサレムから主のことばが出るからだ」（ミカ４・２）と、ヤコブが個人的に神と出会った場所が神の家となり、異邦の民が神の道を学ぶために集ってくると預言した。父の家を追われたヤコブが旅の途上で神の家の啓示を受けたことは、示唆に富んでいる。

一途な思い

ヤコブは、東の人々の国にたどり着いたとき、井戸端で将来の妻となる叔父ラバンの娘ラケルと運命的な出会いを果たした。父イサクがヤコブを送り出すとき、「さあ、立って、パダン・アラムの、おまえの母の父ベトエルの家に行き、そこで母の兄ラバンの娘たちの中から妻をめとりなさい」（創世28・2）と命じていた。ヤコブは、井戸で出会った人から、叔父ラバンの娘ラケルが羊に水を飲ませるために井戸に向かっていると告げられた。ラケルが到着すると、ヤコブは羊の群れに水を飲ませ、「ラケルに口づけし、声をあげて泣いた」（創世29・11）。ヤコブの涙は何を意味したのか。見知らぬ地での従姉妹ラケルとの出会いは、彼の人生が神の御手の中にあることを深く印象づけた。ヤコブにとって親類ラケルの存在は神の恵みとしか言いようがない。ヤコブは、神の恵みによって心砕かれる経験をしたのではないだろうか。キリスト者をへりくだらせるのは、神の厳しさではなく、神の寛大さである。

その日以来、ヤコブは叔父ラバンの二人の娘のうち、妹のラケルに一途となり、妻に迎えたいと切望した。しかし、ラバンはラケルを妻として与える条件として、七年間の下働きを要求した。ヤコブは愛するラケルのためにラバンに七年間真面目に仕えた。しかし、ラバンはヤコブを欺き、妹のラケルではなく、姉のレアを妻として与えた。父イサクを騙したヤコブは、叔父ラバンによって騙されるはめになった。ラバンがラケルを妻として与える条件として、さらに七年間の下働きを求めたのは、明らかに不当な要求でしかない。しかし、ヤコブはラケルを深く愛していたので、ラバンの理不尽な要求を受け入れた。ヤコブは愛するラケルのために、しゃにむに働くことに身を投じた。ヤコブはラケルのために、十四年間という歳月をラバンに仕えることにささげた。一杯の煮物で長子の権利を半ば強引に横取りしたヤコブが、ラケルを妻として迎えるために、身を粉にして十四年間下働きしたことは、彼の内面に変化が起こっていることの現れである。

叔父ラバンは決して神を恐れる人ではなかったが、彼にはヤコブの人生において果たすべき役割があったことは否めない。ヤコブはラバンのもとで合計二十年間下働きしたことで、父の家で暮らしていた時には得ることのできなかった貴重な経験を積むことになる。ラバンは意図しなかったかもしれないが、ヤコブに願うものを手に入れるために骨折ることとの必要性を徹底的に叩き込んだ。しかし、ヤコブは逃げ出さなかった。この時点で、ヤコブは「押しのける者」との汚名を返上してもおかしくなったが、新しい名が与えられるには最後の取り扱いが待っていた。

神の選びの計画の確かさ

ヤコブはラケルとの結婚のために、実に十四年もの歳月をラバンに仕えることに費やした。問題は、愛してもいない姉のレアを押しつけられたことだ。ヤコブにとって、騙され、押しつけられたレアは不本意な存在でしかなかった。

しかし、神は姉のレアをイスラエルの族長の母として選んでいた。ヤコブ自身も弟でありながら神の選びの器とされたように、神はヤコブに愛されないレアをイスラエルの族長の母として選んでいた。神がレアの胎を祝されたので、夫のヤコブのために、ルベン、シメオン、レビ、ユダ、イッサカル、ゼブルンを産んだ。レアが長男を出産したとき、その子をルベンと名づけたのは、「主が私の悩みをご覧になった。今こそ夫は私を愛するであろう」（創世29・32）との期待を込めたからである。だが、ヤコブがレアを心から愛することはなかった。しかし、夫のヤコブに愛されなかったレアは、イスラエルの十二部族の祖となった六人の息子の母となった。彼女の産んだユダの血筋から、ダビデ、そして救い主イエスが誕生した。

神は弟のヤコブを選び、愛されなかった姉のレアの胎を通して、ユダ、ダビデ王、救い主イエスを全人類に与えた。拒絶に苦しんだ二人、ヤコブとレアの存在が神の選びの計画の確かさを証明した。人生における拒絶の経験が必ずしも「神の拒絶」ではない。それどころか、拒絶の経験の裏返しが「神の選び」となるかもしれない。

「あなたがたは、次の聖書のことばを読んだことがないのですか。『家を建てる者たちの見捨てた石。それが礎の石になった。これは主のなさったことだ。私たちの目には、不思議なことである。』」（マタイ21・42）

神は、ヤコブが愛したラケルの胎も祝し、彼女はヨセフを産んだ。ヨセフという名には、「主がもうひとりの子を私に加えてくださるように」（創世30・24）との願いが込められた。不妊で苦しんだラケルが産んだヨセフの生涯においても、「兄が弟に仕える」との神の約束が成就することになる。

帰郷の時

ヤコブは、ラケルに子どもが生まれたことを機に、「私を去らせ、私の故郷の地へ帰らせてください」（創世30・25）とラバンに願い出た。ラバンは、神がヤコブのゆえに自分の家を祝福していることを認めていたので、強く反対した。しかし、神がヤコブを大いに祝福したので、所有する家畜の繁殖力が増し加わり、その数は増えていき、富む者となった。すると、ラバンの息子たちが嫉妬の目を向けるようになった。ラバンの息子たちは、ヤコブの家畜が著しく増えたのは父の家畜を盗んでいるとの疑念を抱くようになった。ラバンの息子たちの疑惑は濡れ衣に過ぎなかったが、ヤコブが身の潔白を証明しても、ラバンの疑念を払拭することはできなかった。ラバンとの関係が悪化し、行き詰まったとき、神はヤコブに父の家に帰るようにと命じられた。

主はヤコブに仰せられた。「あなたが生まれた、あなたの先祖の国に帰りなさい。わたしはあなたとともにいる。」（創世31・３）

神はヤコブに、殺意を抱く兄エサウが待つ父の家に帰ることを命じた。ラケルがヨセフを産んだとき、ヤコブは帰郷することを願ったが、望みは叶わなかった。まだ、神の時ではなかった。しかし、神が「あなたをこの地に連れ戻そう」との約束の成就の時が訪れようとしていた。

父の家に帰る決意を固めたヤコブは、自分の弱さと真正面から向き合うことを余儀なくされた。

それは、ヤコブが真の強さを経験するために弱さの中に身を置かなければならなかったからである。

「わたしの力は、弱さのうちに完全に現れるからである。」（Ⅱコリント12・9）

逃亡奴隷オネシモ

この箇所を読むと、主人のもとから逃げ出した奴隷オネシモに対するパウロの態度が思い出される。

獄中で生んだわが子オネシモのことを、あなたにお願いしたいのです。彼は、前にはあなたにとって役に立たない者でしたが、今は、あなたにとっても私にとっても、役に立つ者となっています。そのオネシモを、あなたのもとに送り返します。彼は私の心そのものです。（ピレモン10—12）

パウロは逃亡奴隷のオネシモを「獄中で生んだわが子」と呼んでいる。パウロがローマ帝国内で投獄されていたとき、囚われの身となったオネシモに福音を宣べ伝えたことで、彼はイエスを救い主として受け入れ、罪赦されてキリスト者となった。パウロはオネシモをわが子同然に愛しただけでなく、役立つ者として育て上げた。

パウロはオネシモの主人ピレモンに宛てた手紙の中で、「彼は、前にはあなたにとって役に立たない者」であったと記している。オネシモは主人の金を盗んで、主人の家から逃げ出したことがうかがい知れる。パウロが言うとおり、オネシモは役立たずな者であったが、回心してキリスト者となり、訓練を受けたことで、「今は、あなたにとっても私にとっても、役に立つ者となっています」と太鼓判を押した。

パウロはオネシモを主人のピレモンに胸を張って推薦した。パウロは霊の子オネシモに父の愛による承認を与えた。オネシモが霊の父パウロから受けた「役に立つ者」との承認は、劣等感を退け、健全な自尊心を与える。主人のもとから逃亡したオネシモの心には、困難に立ち向かう勇気が欠如していた。しかし、霊の父パウロがオネシモの心に健全な自尊心を育んだことで、彼は役立つ者となった。この「役立つ者」とは、困難な現実と真正面から向き合える人格を備えた者と言える。

霊の父パウロが子として受け入れたオネシモを訓練したのは、困難な現実と向き合える内面の強さ、人格を形成することであった。それは、父なる神がヤコブに与えた訓練でもあり、肉の父が子に与えるべきことである。すべての父親の責任は、子どもの内面に困難な現実が突きつける要求と真正面から向き合う強さ、人格が形成されることに深く関わる。アダムの原罪、責任転嫁という逃避の連鎖を断ち切らなければならない。

オネシモの償い

そしてパウロは、主人ピレモンのもとへ逃亡奴隷のオネシモを送り返すことが最善の選択であるとの結論に達した。オネシモは救い主イエスと出会い、神の恵みによって罪の赦しを受け取った。彼の過去、現在、未来の罪はすべて赦された。しかし、神の罪の赦しには主人ピレモンに与えた損害に対する償いは含まれていない。それは、オネシモ自身が償わなければならないものである。パウロはわが子同然に愛したオネシモに、主人ピレモンに与えた損害を償うことを命じた。

ヤコブの母リベカは、呪いを自分が引き受ける代わりに、愛する息子が父の祝福を手に入れるようにと肩を強く押した。しかし、パウロはオネシモに、主人のもとへ帰り、与えた損害を償うようにと肩を強く押した。「もし彼があなたに対して損害をかけたか、負債を負っているのでしたら、その請求は私にしてください」（ピレモン18）と、損害請求は自分にするようにと申し出ている。パウロはオネシモを「役立つ者」と育てただけでなく、彼の負債を引き受けている。しかし、オネシモにも償いを求めている。パウロはオネシモを主人ピレモンから贖うこともできたかもしれない。パウロには「彼を私のところにとどめておき」（ピレモン13）たいとの願いがあったが、主人のもとへ送り返し、損害を償わせることを何よりも優先させるべきだと考えた。

父の愛は、愛する子の苦しみを自らが引き受けることで寄り添うのではなく、子自身に引き受けさせることに伴う苦しみを引き受けることで、苦しみにおいて子どもと連帯する。

父なる神は、ひとり子イエスが十字架の上で苦しむ姿を見届ける苦しみを引き受けた。ひとり子イエスが十字架の上で罪の償いをすべて終え、「完了した」（ヨハネ19・30）と口にした瞬間、父なる神はイエスの霊を受け取った。

オネシモが新しく生まれ変わって人生をやり直すためには、逃げ出した場所に戻り、そこから歩み出さなければならなかった。パウロのかたわらにいて、忠実なしもべとして歩むこともできたはずである。しかし、過去の逃げ出した弱い自分と向き合い、弱さを克服する必要があったのではないだろうか。パウロはオネシモを切り捨てたわけではない。オネシモはパウロから主人のもとへ帰るようにと言われたとき、拒絶感を抱いたのではないだろうか。「なぜ、あなたのかたわらで仕えることができないのですか」と食い下がったのではないか。しかし、逃げ出した過去の自分と向き合うことは、オネシモの人生にとって大切な課題である。私の父が過去の罪を悔い改めただけでなく、曽根崎警察にひとりで出頭したことが新しい歩みに果たした役割は計り知れない。

キリスト者にとって、自分の過去とどのように向き合うべきか、意見が分かれるところである。ある人はキリストにあって新しくされたのだから、過去は忘れ去るべきだと教える。またある人は、過去の傷が癒されないと新しい人として生きることに支障を来すと考えている。そして、過去の傷こそがキリスト者が否定的な感情に支配される主要因であるとのセオリーに基づき、内的な癒しに重点を置く。大切なことは、セオリーに頼りすぎず、今現在の神の導きに敏感になることである。神がヤコブに父の家に帰ることを命じ、パウロがオネシモに主人ピレモンのもとへ帰ることを勧めたように、神の導きに従うことが何よりも重要である。

絶体絶命の窮地へと導く神

神が兄エサウの待つ父の家にヤコブを帰らせたのは、ヤコブの召命が全うされるためであった。叔父ラバンの家でどれだけ成功を収めても、彼の生涯に与えられた召命が全うされることはない。兄エサウの待つ父の家に戻ることを恐れているヤコブに、父なる神は「わたしはあなたとともにいる」と約束した。「あなたとともにいる」との約束は、神が連帯保証人となってくださるとの意味である。パウロがオネシモを主人のもとへ送り返したとき、損害請求のすべてを引き受けると約束したのと同じ意味である。

もし、ヤコブと叔父ラバンとの関係が非常に良好であったなら、ヤコブは父の家に帰る決断を下さなかったかもしれない。ラバンの息子たちが神に祝福されたヤコブに嫉妬し、追い出す目的で疑惑を投げかけなかったなら、ラバンが疑惑を払拭していたなら、二人の妻を説得してまで家族との別れを決断させることをためらい続けたことは想像に難くない。しかし、ヤコブにとっては、すべてが裏目に出たことで、二人の妻を説得し、家族との別れを決断するよう聞き入れてもらうしか選択肢がなくなった。

神の摂理を理解するためには、「行き詰まり」こそが新しい導きへの道先案内人であることを忘れてはならない。残された道がどんなに険しく思えても、神は道なきところに道を設ける専門家である。

ヤコブは神の言葉に従い、家族、男女の奴隷、すべての家畜を連れて父の家へと旅立った。しかし、その旅は決して心躍るものではなく、恐れと不安に押し潰されそうであった。ヤコブにとって父の家に帰ることは、殺意を抱く兄エサウとの対面を意味していた。

長子の権利と父の祝福を横取りされた兄エサウの憎しみは、時間の経過とともに忘れ去られるどころか、反対に増幅していた。しかしヤコブは、父の家から単身で逃げ出したようには、今は逃げ出せない状況の中に置かれていた。愛した家族の存在がヤコブから逃げ道を奪っていた。もはや逃げ隠れできない。

ヤコブのもとへ、一族皆殺しが現実味を帯びる知らせが届けられた。兄エサウが四百名の者を引き連れて、こちらに向かって来ているという。四百名という人数は、兄エサウの殺意の大きさである。しかし、ヤコブが退却という選択肢を持たなかったのは、叔父ラバンの家には気まずくて戻れないという理由ではなく、「あなたが生まれた、あなたの先祖の国に帰りなさい。わたしはあなたとともにいる」（創世31・3）との神の臨在の証しが彼を支えたからである。ハランへの旅の途中、ベテルの地で暗闇が支配する静寂の中、孤独の寂しさを抱えながら石を枕にして身を横たえた彼の魂に刻まれた神の臨在の証しは、いかなる恐怖によっても消え去ることはなかった。

ヤコブには、「わたしはあなたとともにいる」との神の約束を信頼し、前進するしか残された道はなかった。今までの人生では、機転を働かせて自分にとって都合の良い状況を作り出してきたが、今回ばかりは窮地に追い込まれてしまった。ヤコブが絶体絶命の窮地に置かれたことも神の導きであった。

神がキリスト者を導くとき、信仰によって「前進あるのみ」という選択肢しかない窮地に置くことがある。神がキリスト者を窮地へと導くのは、悪意からではない。「神の救い」に全幅の信頼を置くこと、神のあわれみに身を投じさせるためである。しかし、窮地に陥るとき、神に見捨てられたと落胆し、神を非難してしまうことはないだろうか。イスラエルの民も、窮地に陥るたびに、神のあわれみにではなく、絶望に身を投じた。

ヤコブの恐れ

そこでヤコブは非常に恐れ、心配した。それで彼はいっしょにいる人々や、羊や牛やらくだを二つの宿営に分けて、「たといエサウが来て、一つの宿営を打っても、残りの一つの宿営はのがれられよう」と言った。（創世32・7―8）

兄のエサウが四百人の者を従えて向かって来ているとの知らせを聞いたヤコブは非常に恐れ、家族の身を案じた。ヤコブはエサウの部下たちに一網打尽にされることを恐れ、宿営を二つに分けた。彼は自分の知恵によって脱出の道を備えようとした。彼はしもべと家畜を三つのグループに分け、互いに間隔を空けさせ、しもべたちに五百五十頭の家畜を持たせて自分の前に進ませた。もし、エサウが贈り物を受け取らず、しもべや家畜を打つなら、その間に家族を連れて逃げる備えをしている。神に全幅の信頼を置かず、不測の事態のために周到に脱出の道も用意した。ヤコブらしい最後の悪あがきである。

日が暮れて、宿営地が暗闇と静寂で包まれたとき、ヤコブは不安で眠れない夜を過ごしていた。疲れ果てて、身を横たえても、殺意を抱いて向かって来ているエサウの足音が聞こえてくるようであった。

「私はあなたがしもべに賜わったすべての恵みとまことを受けるに足りない者です。私は自分の杖一本だけを持って、このヨルダンを渡りましたが、今は、二つの宿営を持つようになったのです。」（創世32・10）

ヤコブが父イサクの家から兄のエサウの殺意を恐れて逃げ出した時は一人だけであったが、今の彼には二人の妻と十一人の子ども、大切な家族がいた。杖一本だけでヨルダン川を渡ったヤコブは、今や二つの宿営を持つまでに富む者とされた。大切な存在が増えると、失うことへの心配も募る。ヤコブにとって家族の存在は神の祝福だったが、大切な存在であればあるほど、重圧となって彼の心を強く圧迫していた。

神との格闘

ヤコブは朝が明けるのを待ちきれず、二人の妻と二人の女奴隷、十一人の子どもを起こし、ヨルダン川へと流れ込むヤボク川の渡しを渡らせて避難させ、自分ひとりだけが残った。兄のエサウとの問題はヤコブ個人の問題であり、家族は無関係である。ヤコブは自分自身が蒔いたものの結果と向き合うことを決意した。

すると、ある人が夜明けまで彼と格闘した。（創世32・24）

ヤコブが自分自身の問題から逃げ続けることをやめ、真正面から向き合う決断を下したとき、神との格闘が始まった。そもそも、なぜ神はヤコブと格闘したのか。それは、実のところ、ヤコブが向き合うべき相手は兄のエサウではなく、神ご自身であったからである。ヤコブの前に立ちはだかるのは、神ご自身である。

こういうわけですから、私たちは、おのおの自分のことを神の御前に申し開きすることになります。（ローマ14・12）

ヤコブが本気で神と格闘したことで、神との関係が形式的なものから生身のものに変わった。放蕩息子の弟は父と対決し、家を出て行った。しかし、兄は父と生の感情をぶつけ合わなかった。兄は父と形式的な関係を持ち続けた。父はそのような関係は願わなかったが、兄は一度も本心を口にすることはなかった。しかし、弟の帰郷によって、兄は怒りをあらわにし、「ご覧なさい。長年の間、私はお父さんに仕え、戒めを破ったことは一度もありません。その私には、友だちと楽しめと言って、子山羊一匹下さったことがありません」（ルカ15・29）と本音をぶつけた。兄が自分の生の感情を父にぶつけたこと自体は、必要なことであった。兄は父を従うべき社会規範の象徴としてではなく、生身の人間として知ることになった。

キリスト者は本気で神にぶつかっていくことが求められる。本音をぶつけるごとに形式的な関係が打ち破られていく。

罪の代価の重さ

また、ヤコブは本気で神と格闘したことで、彼自身が父となっていったのではないだろうか。ヤコブは家族のことを心配し、安全な場所へ避難させた。これは母性的な行動である。父イサクと希薄な関係しか持たなかったことで、彼の内面には父性が育まれていない。しかし、それはヤコブだけの問題ではない。

西欧のきびしい父性というのは、個人主義をつくるための根本原理です。言い換えれば、「個人で生きる力のない者は死ね」というのが父性原理です。ですから、きびしい父性というものは、日本人はなかなか持ちにくいわけです。その意味では、日本人はほんとうの父性というものを理解できていません。「父親を強くしろ」と言っている人は、「怖い父親」のことばかり思い描いています。怖い父親というのは、父性原理ではなく、母性原理の体現者として怖かっただけです。父性の存在感というものは、殺すか生かすかという生殺与奪の権力と、それを行使する判断力や勇気を持っていなければ出てきません。（河合隼雄『父親の力　母親の力』、九〇頁）

神がヤコブと格闘したのは、ヤコブが死ぬか生きるかの瀬戸際に立たされたからである。ヤコブは兄のエサウと生半可な気持ちで向き合おうとしていた。四百人の男たちを従えたエサウがヤコブと家族を皆殺しにするつもりであったことは、想像に難くない。しかし、ヤコブには危機意識が欠如していた。しもべに五百五十頭の家畜を持たせたぐらいで、エサウの怒りが鎮まるはずがない。エサウは何が何でもヤコブを殺したかったのである。ヤコブにとって五百五十頭の家畜は少なくはなかったが、兄のエサウにとって無きに等しかった。

ヤコブの未熟さは、自分の犯した罪の代価を少なく見積もることによって露呈されている。父なる神がイスラエルに徹底的に教え込まれたのは、罪の代価の重さであった。日本人にとって、いけにえの動物の血を祭壇に注ぎかける贖罪、神の御子イエスが十字架の上で血を流して死なれるという救済の方法に抵抗を覚えるのは、罪の代価をあまりにも軽く見積もるからである。しかし、聖書は「血を注ぎ出すことがなければ、罪の赦しはないのです」（ヘブル９・22）と教えている。神がヤコブと格闘したのは、兄エサウに対して犯した罪の重さを悟らせるためであったのではないだろうか。そして、事の重大さを悟ったヤコブは、人生で初めて真剣に神を求めるようになった。

ヤコブは人生でいったい何と戦ってきたのだろうか。兄のエサウのかかとをつかんだ瞬間から、兄を打ち負かすこと、屈辱を晴らすことが、彼の生きる原動力になってきたのではないだろうか。どれだけ多くの人が、屈辱を与えた人をいつか見返したいとの強い思いを生きる力にしながらも、本来戦うべきでない相手と独り相撲をして、人生を無駄に費やしていることだろうか。独り相撲の勝敗は、戦う前からすでに決まっている。全戦全敗。相手を打ち負かしたと誇らしげになっても、相手は痛くもかゆくもないからである。そして、激しい虚しさに襲われることになる。「私はいったい誰と戦っているのか?」と自問しなければならない。

ヤコブとヨハネの願い

ある時、ゼベダイの子、ヤコブとヨハネが母親を伴い、他の弟子たちに気づかれないようにイエスのもとを訪ねた。二人の母親は、「お願いがあります」(マタイ20・20)とイエスの前でひれ伏した。イエスが彼女に「どんな願いですか」と尋ねると、「私のこのふたりの息子が、あなたの御国で、ひとりはあなたの右に、ひとりは左にすわれるようにおことばを下さい」(20・21)と、二人の息子にイエスに次ぐ「高い地位」を確約してほしいと嘆願した。イエスはこの願いが二人の息子、ヤコブとヨハネの願いであることを見通していた。ヤコブとヨハネは母親を説き伏せ、「母の願い」

ならイエスが聞き入れてくださると踏んだのだろう。しかし、母親をイエスの御前でひれ伏させ、自分たちはイエスの右と左の座を求める神経に驚かされる。彼らは母親を踏み台にしても平気だった。ヤコブが母リベカに呪いを引き受けてもらい、父イサクの祝福を求めたことが思い出される。

ヤコブとヨハネにとって、「偉くなること」は「高い地位」「人の上に立つこと」を意味していた。母親が「あなたの御国」と言ったのは、イエスがイスラエルの新しい王、世の権力者となることへの期待感からだ。それは、当時イエスに従った人々の共通の期待感であり、少なくとも十二弟子たちがイエスに従った、主たる動機であった。ヤコブとヨハネは、イエスに従うことの見返りとして、「偉くなること」「高い地位」を求めた。イエスは彼らに、「あなたがたは自分が何を求めているのか、わかっていないのです」（20・22）と答えられた。二人はイエスの右と左の座が何を意味しているのかわかっていなかった。彼らが求めたのは世の権力の座であったが、イエスの右と左の座は「キリストの苦しみにあずかる」、苦しみの座であった。

そもそも、ヤコブとヨハネが母親を説き伏せ、イエスの御前にひれ伏させてまで、イエスの右と左の座に固執したのには、ただ「偉くなりたい」との願望以上のものがあったのではないだろうか。イエスの最初の弟子になったのは、ペテロと兄弟のアンデレである。次にイエスが声をかけたのが、ヤコブとヨハネの兄弟であった。ほんの僅差で、ヤコブとヨハネはペテロとアンデレの兄弟に先を越された。ヤコブとヨハネは、ペテロとアンデレの後塵を拝することが屈辱でしかなかったのだろう。互いの兄弟が元漁師であったこともライバル心を助長したのかもしれない。彼らは、直前に話された「ぶどう園の労働者のたとえ」の大切な真理をまったく理解していなかった。

「あとの者が先になり、先の者があとになるものです。」(20・16)

弟子たちにとっての真理は、「あとの者はいつまでも後になり、先の者はいつまでも先になる」であった。最初の弟子となったペテロこそ、他の弟子たちに仕える「しもべ」として召されていた。ペテロや他の弟子たちがその真理を悟ったのは、イエスの死と復活の後である。ヤコブとヨハネがイエスの右と左の座に固執したのは、ペテロとアンデレの兄弟だけには渡したくない、ただそれだけの理由であったのかもしれない。きっとそうだと思う。

偶像を生み出す妬み

「あなたの隣人の家を欲しがってはならない。すなわち隣人の妻、あるいは、その男奴隷、女奴隷、牛、ろば、すべてあなたの隣人のものを、欲しがってはならない。」(出エジプト20・17)

「十戒」の最後の戒めは、「すべてあなたの隣人のものを、欲しがってはならない」と、「妬み」を人生の原動力として生きることを諌めている。「妬みの心」ほど「偶像」を生み出すものはない。

「妬みの心」は偶像の製造工場である。神がそれぞれに「割り当てられたもの」以上を欲すること、すなわち「他者のものを欲すること」によって、「他者の才能、人間関係、家族、結婚、仕事、所有物」といった、いかなるものも偶像となる可能性がある。聖書が「隣人の家、妻、男奴隷、女奴隷」だけでなく、「牛やろば」まで引き合いに出すのは、いかなるものも偶像となることへの警告である。妬みから隣人のろばを欲するようになると、やがて、ろばでさえ偶像となり、拝する者の全生涯を「いけにえの供えもの」として要求するようになる。

偶像礼拝の恐ろしさは、人生をささげる価値のないものに自らの人生を「いけにえの供えもの」として差し出すことに、まったく躊躇しなくなることにある。自分が何を求めているのかわからなくなる。人生を振り返って、「自分はこんなもののために人生をささげてきたのか」と愕然としてしまう。人は本当に自分が心から願っているものを願って生きているだろうか。それとも妬むことによって、本当は願ってもいないものを欲して人生をささげてはいないだろうか。ヤコブは本当に長子の権利、祝福を心から願っていたのだろうか。それとも、兄エサウの後塵を拝していることに屈辱を覚え、長子の権利と祝福が兄のエサウに渡ることが許せなかっただけなのかもしれない。神が割り当てたものを感謝して受け取ることをせず、他者が受け取った祝福を妬ましく思うなら、神の祝福でさえ偶像となる。ペテロとアンデレに妬みを抱いたヤコブとヨハネにとって、イエスの右と左の座は偶像になっていたのではないか。

万能感と母性原理

イエスが二人に「わたしが飲もうとしている杯を飲むことができますか」（20・22）と尋ねると、「あなたがたは自分が何を求めているのか、わかっていないのです」と指摘されたにもかかわらず、「彼らは『できます』と言った」（20・22）。ヤコブもヨハネも、自分たちが何を求めているのかわかっていないと指摘されていながら、自信を持って「できます」と言い切った根拠は何だろう。彼らが根拠のない「父の承認」を十二分に受けたことによる健全な自信からだろうか。決してそうではない。彼らが「できます」と言い切ったのは、健全な自信からではなく、「万能感」からに過ぎない。

健全な自信と万能感の違いを理解することは大切である。健全な自信は根拠のない承認によって自信のなさを克服し、困難を乗り越えたり、課題を成し遂げることによって築かれる。健全な自信は実績に基づいた自己価値観と言える。万能感は、根拠のない承認の欠如による自信のなさを他者からの承認（承認欲求）で埋め合わせようとする結果、等身大以上の自分に付与された過大評価を自己価値観として取り込むことによって築かれる。それゆえ、万能感は実績に基づかない自己価値観と言える。会社を辞めた中年男性が漫画家を目指す姿を描いた漫画「俺はまだ本気出していないだけ」は、そのタイトルを万能感を持つ人の常套句から取っている。悪戦苦闘の末、漫画の主人公は漫画家として認められるようになるが、現実社会では、いつまでも「まだ本気出していないだけ」と言いわけを言い続けることになる。万能感とプライドの違いは、プライドには実績が伴うことにある。健全な自信は実績に対して謙虚になるが、プライドはその実績を自分の能力や努力によるものとして自己を賞賛する。

ヤコブとヨハネが母親を伴い、イエスの右と左の座を願わせたことからも、母の存在は万能感の暴走の歯止めになっていない。ペテロが、「主よ。ごいっしょになら、牢であろうと、死であろうと、覚悟はできております」（ルカ22・33）と断言したとき、イエスは「ペテロ。あなたに言いますが、きょう鶏が鳴くまでに、あなたは三度、わたしを知らないと言います」（22・34）とペテロの言葉を退けた。

万能感（全能感）については、モーセの特徴としても取り上げているが、ゼベダイの子ヤコブとヨセフにも見受けられる。モーセの場合も「パロの娘の子」として母性原理が働く環境で育ったことが影響している。父性の出現によって子どもの万能感は退けられる。しかし、母性が強い環境下では、万能感は退けられることなく温存される。

いつまでたっても子ども時代の「全能感」から卒業できず、自分一人の力ではまったくどうしようもないのだという現実を受け入れられずに大人になった人は、救い主の必要を感じません。そういう人は、「もう少しがんばれば、次はうまくいくはずだ」と考えてしまいがちです。しかし聖書は無力さは祝福であると教えています。（『聖書に学ぶ子育ちコーチング』、一五六頁）

ヤコブやヨハネにとっては、イエスとの出会いが真の父性との出会いとなった。彼らの願いは退けられたが、彼らの可能性が頭ごなしに否定されたわけではない。イエスは、彼らがご自身の御名のために苦しみの杯を飲みはします」（マタイ20・23）と語った。イエスは、二人を真の弟子として承認している。

そして、イエスは「わたしの右と左にすわることは、このわたしの許すことではなく、わたしの父によってそれに備えられた人々があるのです」（20・23）と、神の摂理、神の割り当てに言及した。彼らが万能感から脱却し、自分の十字架を負ってイエスに従うためには、イエスの右と左の座は父なる神によって決定済みであることを受け入れること、すなわち自我を神のご計画に明け渡すこと、そして「神の割り当て」を感謝して受け取ることが求められた。肥大化した願望が退けられたことによって、ペテロ、ヤコブ、ヨハネは、イエスの願いを自らの願いとする忠実な弟子となり、神の栄光を現す者となっていった。彼らは互いに相手を妬みの対象、ライバルとしてではなく、主にある兄弟として愛するようになっていった。

かたくなな心が砕かれるために

「兄が弟に仕える」との約束がヤコブの身に成就するには、兄のエサウではなく、ヤコブ自身が新しく生まれ変わり、かたくなな心が砕かれなければならなかった。ヤコブは叔父ラバンのもとで苦労したことで謙虚さは身についていたが、まだ心のかたくなさが砕かれてはいなかった。古い人、

「押しのける者」が見え隠れしていた。自分の奴隷たちを前に行かせ、十分な間隔を空けながら自分のために脱出の道を備えるといった悪あがきが、そのしるしである。

ところが、その人は、ヤコブに勝てないのを見てとって、ヤコブのもものつがいを打ったので、その人と格闘しているうちに、ヤコブのもものつがいがはずれた。（創世32・25）

神の人とヤコブとの格闘は、なかなか決着がつかず、神の人は「ヤコブに勝てないのを見てとって」とある。それは、神の力がヤコブと互角であったからではない。力の差は歴然としている。ヤコブは穏やかな人であったが、その心は頑迷を極め、神までも押しのけようとする人物であった。神はヤコブの頑迷さに手を焼いた。ヤコブは自我の強い人物であった。

神は人に自由意志を保証したゆえ、人の意志に反した強権的な介入はされない。神の人がヤコブの頑迷さに手を焼いたのは、そのためである。力でねじ伏せるわけにはいかない。人の心の頑迷さは、全知全能の神にとっても厄介な問題である。神がイスラエルの民を導く上で手を焼いたのは、彼らが「うなじのこわい民」であったこと、すなわち頑迷な民であったことにある。約束の地に向かうイスラエルの民に、神はモーセを通して、「あなたがたは、心の包皮を切り捨てなさい。もううなじのこわい者であってはならない」（申命10・16）と命じた。約束の地を相続するために、心の割礼を民に命じたのである。

預言者エレミヤも、「ユダの人とエルサレムの住民よ。主のために割礼を受け、心の包皮を取り除け。さもないと、あなたがたの悪い行いのため、わたしの憤りが火のように出て燃え上がり、消す者もいないだろう」（エレミヤ4・4）と、神の裁きから救われるために心の割礼を受けるようにと命じた。その前節では、「耕地を開拓せよ。いばらの中に種を蒔くな」と命じている。農夫にとって耕地を開拓し、いばらの中に種を蒔かないのは当たり前のことである。なぜ、神は当たり前のことを命じたのか。それは、頑迷な心が耕地を開拓することを拒み、いばらの中に種を蒔き続けるからである。実りが期待できないことを知りながらも、虚しい生き方を固持する。素直になれない。素直になって耕地を開拓すれば、神は人生に多くの実りを与えてくださる。しかし、ユダの人々は心からかたくなさを取り除かず、最終的に国家の滅亡を刈り取ることになった。国が滅びても、かたくなさを取り除かなかった。

もものつがい

神の人はヤコブの頑迷さに勝てないと見ると、ヤコブのもものつがいを打った。すると、格闘しているうちに、ヤコブのもものつがいがはずれた。「関節がはずれる」とは、骨と骨を適切につないでいる関節を構成する骨が外れて、正常な状態に戻らないことだ。骨と骨が適切につながっていることで、力を発揮することができる。もものつがいとは股関節である。股関節がはずれてしまうと、踏ん張ろうとすると激痛が走り、踏ん張りがきかなくなる。すなわち、強さを発揮できなくなる。神の人はヤコブを傷つけることはせず、ただ強さを発揮するための踏ん張りをきかなくした。ヤコブの強さそのものが失われたわけではない。強靭な肉体を持つ格闘家であっても、関節技による痛みには耐えられない。ギブアップしかない。

神は人の強さを否定しない。才能や能力は神からの賜物である。ただ、自分の肉の強さを誇る高ぶりは退ける。神が人の高ぶりを退けるとき、強さでねじ伏せるという、屈辱感を与える方法を用いることはない。神はヤコブの股関節をはずしたように、人が誇った強さを発揮するための踏ん張りがきかなくなるようにする。

神の人がヤコブの股関節をはずしたように、神は強さを発揮するための踏ん張りがきかなくするために、「不適合」という方法を用いられる。成功を収めたのは、力を発揮できる状況が整っていたからである。「適材適所」という言葉があるが、人は自分の力を発揮する適所に置かれるなら、成功を収めることになる。しかし、置かれた場所が適所でなく、最も適していない場所だと、まったく力を発揮できない。自分がまったく無力な存在に思えるようになる。

ある球団で大活躍した野球選手が他球団に移籍し、先シーズンと同じような活躍を期待されながらも不振にあえぐことがある。自分の持つ力を発揮すれば、どこでプレーしても必ず成功するとの満ちあふれた自信が、木っ端微塵に打ち砕かれる。鳴り物入りでヘッドハンティングされた経営者が、知らぬ間に解雇されていたりもする。一世を風靡した芸能人も、時代の流れで表舞台から姿を消してしまう。どれだけ才能があっても、環境が整わないと持てる力を発揮できない。

成功を収めるとき、自分の努力を評価するとともに、努力が報われたのは神の配慮によって環境が整えられたからであることを覚えなければならない。そして、神に栄光を帰すべきなのである。

するとその人は言った。「わたしを去らせよ。夜が明けるから。」しかし、ヤコブは答えた。「私はあなたを去らせません。私を祝福してくださらなければ。」（創世32・26）

股関節がはずれたヤコブは、踏ん張ると激痛が走るため、自分の足で立つこともままならぬ状態となった。もはや神と格闘どころではなくなり、しがみついた。自分の強さに頼って生きてきたヤコブが、弱さを覚えたことで神にしがみついた。無様な姿であったが、ヤコブが真の強さを得た瞬間であった。

「わたしの力は、弱さのうちに完全に現れるからである。」（Ⅱコリント12・9）

キリスト者が神の恵みに対して取るべき態度である。キリスト者が神の恵みを受け損じるのは、信仰が足りないからではなく、へりくだりが足りないからである。恥を捨てて、神にしがみつかないからである。

神にしがみつく

イエスがエリコの町を出ると、物乞いをする二人の目の不自由な人が「主よ。私たちをあわれんでください。ダビデの子よ」（マタイ20・30）と叫び始めた。すると、群衆が彼らを黙らせようとした。なぜなら、目が不自由であることは犯した罪に対する神の裁きであり、自業自得であると考えられていたからである。彼らには憐れみを求める資格などないと見なされた。「恥を知れ」との叱責にそれまで二人は沈黙してきたが、この時ばかりは恥を覚悟で叫び続けた。イエスは彼らの叫びを聞き、二人の目を開いた。

神の恵みにしがみつかないで、神が望みのものを与えてくださるのを待つ態度こそが、神の恵みを遠ざける。神がしがみつくヤコブに「わたしを去らせよ。夜が明けるから」と命じたところ、ヤコブは「私はあなたを去らせません。私を祝福してくださらなければ」とその手を離そうとしなかった。ヤコブが祝福を受け取るまで手を離さなかったのは、決して貪欲からではない。ようやく彼の目が神の本当の祝福に開かれたからである。ヤコブにとって祝福とは、父イサクと兄のエサウを騙して奪い取った、父の祝福であった。彼は弟として生まれたことを悔しがり、長子の権利を一杯の煮物で獲得し、父イサクを騙してまで横取りした祝福は、彼を丸裸にした。何もかも失い、父の家から逃げ出さなければならなくなった。叔父ラバンの家でヤコブを富む者としたのは、神の恵みであったことは言うまでもないが、真面目に一生懸命に働いたからでもある。しかし、真面目に働いたことで手にした富も、彼を窮地から救ってはくれなかった。ヤコブは、神の祝福こそが自分に必要であることに目が開かれた。

主の祝福そのものが人を富ませ、人の苦労は何もそれに加えない。(箴言10・22)

ヤコブは、「神の祝福」そのものが人を富ませることにやっと気づいた。労苦の象徴である五百五十頭の家畜に救いを求めた彼が、ようやく神の祝福そのものに救いを求めるようになった。ヤコブにとって神の祝福は長子の権利であり、父の祝福であったが、それらを手にしても、祝福を追い続ける日が終わることはなかった。十四年の歳月を下働きしてラケルを妻として得たことは、祝福とは言い難かった。そして、身を粉にして働いて得た祝福すべてを失いかけていた。誰から脅かされることも、奪い取られることもない神の祝福を心から慕い求め、神にしがみついた。神はその瞬間をずっと待ち続けてきた。神だけを頼みの綱とする瞬間が訪れた。

新しい名前

その人は言った。「あなたの名は何というのか。」彼は答えた。「ヤコブです。」その人は言った。「あなたの名は、もうヤコブとは呼ばれない。イスラエルだ。あなたは神と戦い、人と戦って、勝ったからだ。」(創世32・27―28)

神はヤコブに名前を尋ね、彼は「ヤコブです」と答えた。すると、神は彼に新しい名前を与えた。聖書において、新しい名が与えられるのは、内的な刷新が起こり、使命に向けての歩みが踏み出されたことへの神の承認である。神はヤコブの内側で「押しのける者」であった古い人が死んだことを認めた。そして、新しい人にイスラエルという名が与えられた。

アブラハムからイサク、イサクからヤコブが誕生し、そしてヤコブからイスラエルの十二部族の父祖が誕生した。そして、イスラエルという名には、「神と戦い、人と戦って、勝った」との意味が込められていた。しかし、ヤコブは股関節をはずされ、激しい痛みから格闘することができなくなり、神にしがみついた。それなのに、なぜ「神と戦い、人と戦い、勝った」と言われたのか。それは、ヤコブが神の力を誇る者とされたからである。

私が弱いときにこそ、私は強いからです。（Ⅱコリント12・10）

神はヤコブの砕かれた魂を喜んだ。「主の祝福そのものが人を富ませ、人の労苦は何もそれに加えない」との真実をへりくだって受け入れる心こそが、「砕かれた魂」のしるしである。

ヤコブが、「どうかあなたの名を教えてください」と尋ねると、その人は、「いったい、なぜ、あなたはわたしの名を尋ねるのか」と言って、その場で彼を祝福した。（創世32・29）

神はヤコブの願いを聞き届け、彼を祝福した。神の祝福とは、神の好意と言い換えられる。好意は奪い取ることも、騙し取ることもできない、ただ一方的に付与されるものである。神の好意は砕かれた魂に向けられる。

主は心の打ち砕かれた者の近くにおられ、霊の砕かれた者を救われる。（詩篇34・18）

兄との和解

ヤコブ自身は、彼らの先に立って進んだ。彼は、兄に近づくまで、七回も地に伏しておじぎをした。エサウは彼を迎えに走って来て、彼をいだき、首に抱きついて口づけし、ふたりは泣いた。（創世33・3―4）

股関節がはずれたままのヤコブは、足をひきずりながら一歩一歩、痛みに顔を歪めながら歩き続けたことだろう。ヤコブの人生の中で最も弱々しい姿となった。しかし、「ヤコブ自身は、彼らの先に立って進んだ」とあるように、自らが先頭に立ち、苦痛に耐え、足をひきずりながらも、兄のエサウと四百人の者たちに向かって歩いて行く姿に、真の強さを垣間見ることができる。

その姿は、十字架を背負ってゴルゴダへの道を歩んだイエスの姿を彷彿させる。鞭打たれて肉が裂けた背中に荒削りの十字架を背負い、何度も膝をつきながら、ご自分の死に場所へと歩まれるイエスの姿はあまりにも弱々しく、イエスに従った者たちはその姿に深く失望した。しかし、別の視点から見ると、イエスがたったひとりで全人類の罪を背負い、父なる神の拒絶の苦しみを受けるために、十字架に向かって歩き続ける姿にこそ、真実な強さが示されている。

ヤコブは、兄のエサウがまだ遠くにいるとき、「七回も地に伏しておじぎした」。すると、エサウはヤコブのもとへ走り寄り、彼を抱きしめ、口づけし、二人は声を上げて泣いた。予期せぬ劇的な和解の瞬間が訪れた。

エサウは、殺すつもりでいたヤコブと和解し、ともに涙を流している自分自身に戸惑いを覚えたのではないだろうか。それとも、ヤコブが誠意を示し、心から謝罪したら赦そうと心に決めていたのだろうか。もしそうなら、四百人もの部下を従えてヤコブを迎えることはなかったのではないか。殺意に燃えたエサウが、地にひれ伏すヤコブの姿を見て、かわいそうに思い、赦すことを決意したとは思えない。

格闘の末、神がヤコブに与えた神の祝福、すなわち神の好意が、兄エサウの心から憎しみを取り去った。ヤコブのもとへ走り寄る兄のエサウの姿は、放蕩息子のもとへ駆け寄る父の姿と重なる。父を放蕩息子のもとへ駆け寄らせたのは、父の内側から生じたあわれみであった。兄のエサウをヤコブのもとへ駆け寄らせたのもあわれみであったが、しかしそれは、エサウの内側からではなく、神から注がれたあわれみであったのではないか。ヤコブが地にひれ伏すことを拒んでいたら、神のあわれみが心に注がれても、エサウは心閉ざしたかもしれない。その意味では、ヤコブ自身が砕かれることは必要であった。それとともに、神がエサウの心にあわれみを注いでいてくださらなかったら、ヤコブとその家族は皆殺しにされていたのではないだろうか。しかし、「見よ。わたしはあなたとともにあり、あなたがどこへ行っても、あなたを守り、あなたをこの地に連れ戻そう。わたしは、あなたに約束したことを成し遂げるまで、決してあなたを捨てない」（創世28・15）との約束を、神が忘れられることはない。

枝であること

二人の兄弟の物語は、最後はハッピーエンドだが、神の摂理を思うとき、なぜヤコブが兄として生まれてこなかったのだろうか。双子の兄弟であったわけだから、ヤコブが最初に取り上げられたなら、何もこれほどの苦しみを経験することはなかったのではないだろうか。兄のエサウは長子の権利を軽んじるような男であったし、その権利を何よりも欲したのは弟のヤコブであったことを考えると、なぜ神はヤコブを長男とされなかったのだろうか。

私たちには、神の摂理のすべてを知り尽くすことはできない。ただ、ヤコブがイスラエルとなるため、十二部族の父となるためには、弟として生まれたことで経験したすべての苦しみが生みの苦しみとして用いられることは否めない。そして、彼自身の愚かさから招いた苦しみまでもが、生みの苦しみに変えられた。

ヤコブは兄のエサウと和解した後も、エサウとは旅をともにせず、父の家に帰らなかった。彼はシェケムの町の近くに土地を購入し、定住することを選択した。神が連れ戻すと約束された地ベテルには向かわなかった。「ベテル」――ヤコブが神と個人的に出会った場所、人生のどん底に落ちても、決して見捨てることなくともにいてくださる神の存在こそが、帰るべき場所、魂の故郷であった。神はヤコブに「あなたがどこへ行っても、あなたを守り、あなたをこの地に連れ戻そう」と約束した。しかし、ヤコブはベテルに移り住まなかった。なぜだろうか。神の約束を忘れていたのだろうか。彼は神の約束を忘れていたわけではなかった。神の約束は彼の心に刻まれていたにもかかわらず、シェケムの町の近くに土地を買った。

ヤコブは、殺意を抱いていた兄のエサウと和睦できたことで満足したのではないだろうか。ヤコブの関心は、神の約束の成就ではなく、兄エサウとの対立関係の解消にあったようである。キリスト者も、神に問題の解決を求め、神の臨在を慕い求めないでいるなら、問題の解決とともに神との関係は疎遠になる。

「わたしにとどまりなさい。わたしも、あなたがたの中にとどまります。枝がぶどうの木についていなければ、枝だけでは実を結ぶことができません。同様にあなたがたも、わたしにとどまっていなければ、実を結ぶことはできません。」（ヨハネ15・4）

ぶどうの木なるイエスに、枝であるキリスト者はとどまらなければならない。どのような実を結ぶのかは、基本的には枝であるキリスト者の関知するところではない。神との関係において枝であることを自覚しないでいると、神のみこころとは異なった、自分の願望の具現化としての実を慕い求めてしまう。そして、その実を手に入れた途端、神への渇きが満たされてしまう。自己満足に陥ってしまう。あるいは、願いと異なった実が結ばれると失望してしまう。

キリスト者にとって、人生の目的は自己実現ではない。しかし、神との人格的な交わりを持たない宗教の目的は自己実現にある。その意味において、キリスト者が神との人格的な交わりを信仰の中心に据えていなければ、自己実現が信仰の目的にすり替わってしまう。キリスト者がビジョンを持って生きることは大切であることを認めつつ、「わたしにとどまりなさい」との至上命令に従うとき、詳細なビジョンを描くことには慎重にならなければならない。キリスト者は枝でいることに徹しなければならない。

悲劇と報復

ヤコブが定住地として移り住んだ場所で、悲劇が家族を襲った。土地を売ってくれたハモルの子シェケムが、娘のディナを辱めるという強姦事件が起こったのである。シェケムは父ハモルに、ヤコブの娘ディナを自分の妻にしたいと強く願った。父ハモルは息子の願いを退けず、聞き入れた。ハモルはヤコブのもとへ、娘のディナを息子の嫁に迎えたいとの旨と、言い値で花嫁料を支払う心備えがあると伝えてきた。妹が辱められたことに激怒したヤコブの息子たちは、結婚の条件として町の男全員に割礼を施すことを要求した。ハモルとシュケムは要求を快諾し、町のすべての男たちに割礼を施した。その傷が癒えない間に、ヤコブの息子、シメオンとレビが町を襲い、その町の男すべてを皆殺しにした。常軌を逸した報復行為である。

ヤコブは、何の相談もなく報復行為に及んだ二人の息子に向かって、「あなたがたは、私に困ったことをしてくれて、私をこの地の住民カナン人とペリジ人の憎まれ者にしてしまった。私には少人数しかいない。彼らがいっしょに集まって私を攻め、私を打つならば、私も私の家の者も根絶やしにされるであろう」（創世34・30）と、カナン人との関係悪化を嘆いた。すると、二人の息子たちは、「わたしたちの妹が遊女のように取り扱われてもいいのですか」（34・31）と反論した。シメオンとレビには反省の色がまったくうかがえない。

シメオンとレビが、常軌を逸した報復行為を正当化したとき、ヤコブは沈黙した。妹の名誉を回復するために、町の男たち全員を皆殺しにしたとの論理は通用しない。父であるヤコブの責任は、生きていくための規範を体現することであるが、彼は息子たちに規範を示すことはできなかった。

シメオンとレビの怒りが尋常ではなかったのは、「わたしたちの妹が遊女のように取り扱われてもいいのですか」との言葉に見え隠れしている。ヤコブが母のレア、そして、その子どもである自分たちを愛していないとの拒絶感が、抑えがたい怒りとして爆発したのではないか。ヤコブが沈黙したのは、拒絶の怒りを息子たちの反論の言葉に感じ取ったからではないだろうか。「お父さん、あなたが母レアを愛し、その子である私たちを愛していてくれたら、ディナの件を委ねることができたのです。しかし、あなたが事件に対して目をつむることがわかっていたので、私たちの手で復讐を果たしたのです。」反論の言葉には、そのような怒りが込められていた。ヤコブが妻のレアをいつまでも「押しつけられた」と拒み続けたことで、レアの子どもたちは拒絶に苦しみ続けた。神の摂理を悟るとは、人生で望まなかった出来事と和解すること、人生の一部分として受け入れることである。

神の決意

ヤコブは、その地域を実効支配しているカナン人やペリシテ人からの報復を恐れた。もはや、今いる場所にいることができなくなったとき、神はヤコブにベテルへ行くようにと命じた。

> 神はヤコブに仰せられた。「立ってベテルに上り、そこに住みなさい。そしてそこに、あなたが兄エサウからのがれていたとき、あなたに現れた神のために祭壇を築きなさい。」（創世35・1）

ヤコブが息子たちの思慮を欠いた報復行為によって窮地に陥ったとき、神がヤコブに現れてくださった。ヤコブは神の約束を思い出し、どれだけ慰めを受けたことだろう。

「見よ。わたしはあなたとともにあり、あなたがどこへ行っても、あなたを守り、あなたをこの地に連れ戻そう。わたしは、あなたに約束したことを成し遂げるまで、決してあなたを捨てない。」（創世28・15）

兄のエサウと和解を果たし、神を忘れて生きてきたヤコブにとって、約束を成し遂げるまで「決してあなたを捨てない」との神の決意こそが、救いそのものであった。神の決意が揺らぐことはない。忘れ去られることもない。救いの確信は、神の決意に基づいている。

ヤコブは、自分の願いを成し遂げたことで自己満足し、神の言葉に従わずに定住地を購入し、自分の家族を治める責任を果たせなかったことで窮地に陥った。自業自得である。しかし、神はヤコブを見捨てず、「立ってベテルに上り、そこに住みなさい」と命じた。ヤコブの身に起こった災いとも思える出来事が、彼を窮地に陥れたことは間違いない。娘の一件も、息子たちの報復行為も、決して肯定されるべきではない。しかし、人生で起こるさまざまな問題に対して、神は嘆くだけでなく、それらすべてを用いて、ご自身の計画を成し遂げる。もし、ヤコブが窮地に陥らなかったなら、ベテルへ上ることを決断しなかったかもしれない。

父親の霊的な役割

ヤコブはベテルへと向かうとき、家族や奴隷の者たちに向かって、「あなたがたの中にある異国の神々を取り除き、身をきよめ、着物を着替えなさい」（創世35・2）と命じた。ヤコブがベテル、神の約束の地に心を向けたとき、父としての本当の責任感が芽生えた。「あなたに現れた神のために祭壇を築きなさい」との命を受けて、霊とまことの礼拝を神にささげるために家族を聖別した。父親の霊的な役割は、家族に対して祭司の務めを果たすこと、「神を第一とすること」を最優先事項として高く掲げることである。ヤコブはこの悲劇を通して、約束を成し遂げるために働いている神の決意に自分の人生を委ねることを決断した。ヤコブは神の言葉に従い、買い取った土地を手放し、ベテルへと上り、神の命じたとおりに祭壇を築いた。

「あなたをこの地に連れ戻そう」との神の約束は成就した。暗闇の中、石を枕にして横になった場所、人生のどん底が、神との出会いの場所、そして神への礼拝の場所となった。涙で濡らした石は、祭壇を築く石となった。神はキリスト者の人生における苦しみや悲しみを、神への賛美に変えてくださる。

「そうして私たちは立って、ベテルに上って行こう。私はそこで、私の苦難の日に私に答え、私の歩いた道に、いつも私とともにおられた神に祭壇を築こう。」（創世35・3）

第5章　ヨセフの生涯——神の摂理と赦し

父の偏愛

イスラエルは、彼の息子たちのだれよりもヨセフを愛していた。それはヨセフが彼の年寄り子であったからである。それで彼はヨセフに、そでつきの長服を作ってやっていた。（創世37・3）

ヤコブには二人の妻、レアとラケルがいた。ヤコブはラケルだけを愛した。ヤコブと二人の妻の間には十二人の息子が与えられた。父ヤコブは十一番目の息子ヨセフを兄弟の誰よりも深く愛した。ヤコブがヨセフを溺愛したのは、愛する妻ラケルが不妊に苦しんだ末に、最初にヤコブに産んだ子どもだったからだろう。ヤコブがレアを愛していないことは、その子どもたちにも伝わった。父と母が互いに愛し合うことの中に、子どもは自分が愛され、受け入れられていることを実感する。父ヤコブが母レアを愛さなかったことで、レアの子どもたちは父からの拒絶を敏感に感じ取っていた。

ヨセフには誕生した瞬間から、父ヤコブの惜しみない愛が注がれた。兄たちはヨセフが父から溺愛されていることに激しい嫉妬を抱いていた。兄たちも父の愛を慕い求めていたからである。兄たちが求めていた父の愛とは、父の承認、父に認められることである。

今日、社会的な成功が父の承認の代替となっている。父に認められることよりも、職場での評価が重要とみなされている。しかし、家族の中での父の存在感が希薄になっても、父に認められることは子どもの魂の深いところでの渇望であり続ける。会社の上司が高い評価を与えてくれても、父の愛の代替でしかなく、魂の渇きを満たすことはできない。

ヤコブは長男ルベンにではなく、十一番目の息子ヨセフに「そでつきの長服」を作ってやった。ヤコブ自身、兄のエサウを妬み、長子の権利と父の祝福を横取りしたことで、家族に大きな痛みをもたらした苦い経験をしている。それなのにヤコブは、「彼の息子たちのだれよりもヨセフを愛していた」と、公然とえこひいきすることで、兄弟間に不協和音をもたらした。なぜ、ヤコブは兄弟間の争いの火種を自ら作り出したのか。

ヤコブにとって最後の最後まで、妻のレアは叔父ラバンから押しつけられた不本意な存在であり続けた。彼は、愛していないレアが産んだ長男ルベンを自分の跡取りとして認めることに、激しい葛藤を覚えていたのだろう。叔父のラバンが、命じられるままに七年間下働きをした自分を欺くような卑劣なことさえしなければ、自分の跡継ぎは愛する妻ラケルが産んだヨセフのはずであった。愛してもいないレアの子ども、ルベンを跡継ぎにすることは、ヤコブには耐え難いことであった。それは、ヤコブ自身が長子の権利に囚われた人生を歩んできたからだ。ヤコブがヨセフを偏愛したのは、人生の理不尽さに対する彼なりの抵抗、悪あがきであったのではないだろうか。

ヨセフへの愛を偏愛に変えた背景には、愛する妻ラケルの死も暗い陰を落としている。ヤコブはヨセフに亡き妻の面影を見たのだろう。ヤコブはヨセフに「そでつきの長服」を作ってやった。「そでつきの長服」とは、権威の象徴、父の承認の象徴である。十一番目の息子ヨセフを長子として承認したに等しい行為である。父ヤコブの突然の暴挙に、兄たちはヨセフに対して殺意を抱くようになる。父ヤコブに対する兄たちの怒りは、父が愛した対象、ヨセフに向けられることになる。ヤコブがレアを愛することに心を閉ざし、長男ルベンを退け、ヨセフを偏愛したことで、家族は内部崩壊していくことになる。

妬みが憎しみに

ヨセフはラケルの子として生まれたことで、父ヤコブから溺愛されるという恩恵を受けた。兄たちはヨセフが父から溺愛されることを妬んだ。しかし、父ヤコブの偏愛は、ヨセフの人生に幸運をもたらすどころか、大きな痛みと悲しみをもたらすことになる。父からの溺愛を受けたことでヨセフが支払うことになった代償の大きさを知れば、兄たちはヨセフを嫉妬しただろうか。ヨセフが歩む苦難の人生を知れば、誰がヨセフと代わりたいと思うだろうか。

「あなたの隣人の家を欲しがってはならない。すなわち隣人の妻、あるいは、その男奴隷、女奴隷、牛、ろば、すべてあなたの隣人のものを、欲しがってはならない。」（出エジプト20・17）

十戒の最後の戒めは、「他者のものを欲しがってはならない」と妬むことを禁じている。「他者を妬む」ことほど人生を惨めにするものはない。他者のものを妬ましく思えば思うほど、自分の人生を蔑《さげす》むことになり、惨めさが増幅していく。

妬む心の問題は、想像力の欠如にある。人生を単純化し、ある「モノ」が手に入れば幸せになれるとの稚拙な思い込みを抱いているにすぎない。幸せな結婚は理想の相手との結婚によってもたらされるのではなく、愛の犠牲によって築かれていくものである。

神の摂理に生きる人生とは、満ち足りた人生を生きることである。使徒パウロは、「乏しいからこう言うのではありません。私は、どんな境遇にあっても満ち足りることを学びました」（ピリピ4・11）と、人生の満足が境遇に左右されることはないと語った。人生が神の摂理によって導かれており、神の最善が保証されていることを信じるなら、どんな境遇にあっても神の最善が成されると確信することで満ち足りることができる。

> 彼の兄たちは、父が兄弟たちのだれよりも彼を愛しているのを見て、彼を憎み、彼と穏やかに話すことができなかった。（創世37・4）

父ヤコブが「そでつきの長服」をヨセフに与えたことで、兄たちの妬みは憎しみとなり、「彼と穏やかに話すことができなかった」。妬みが憎しみに変わるのは、他者の幸せが自分の犠牲の上に成り立っているとの被害者意識を抱くことによる。兄たちは「そでつきの長服」を身にまとったヨセフを見たとき、その長服が自分たちに強いられた犠牲によって編まれたものに映ったのではないだろうか。長服を見るたびに憎しみが増幅していく。

ヤコブは父イサクから愛されない、拒絶の苦しみを経験していながら、自分の子どもたちに同じ苦しみをさせている。ヤコブ自身は、兄息子たちを拒絶しているつもりはない。しかし、ヨセフへの偏愛が兄たちの拒絶感を深めていることに気づいていない。

ヨセフが見た夢

ある日、ヨセフが見た夢の詳細を兄たちに話したことで、関係は修復不能に陥った。ヨセフが見た夢とは、兄たちがヨセフの前でひれ伏す夢である。

「見ると、私たちは畑で束をたばねていました。すると突然、私の束が立ち上がり、しかもまっすぐに立っているのです。見ると、あなたがたの束が回りに来て、私の束におじぎをしました。」兄たちは彼に言った。「おまえは私たちを治める王になろうとするのか。私たちを支配しようとでも言うのか。」こうして彼らは、夢のことや、ことばのことで、彼をますます憎むようになった。（創世37・7―8）

ヨセフの見た夢は、ヨセフの野心の表れではなく、神の摂理的な計画を示唆している。その夢は、ヨセフが父の家の者を絶体絶命の窮地から救い出す、神の救いの幻であった。ヨセフが見た別の夢も、太陽と月と十一の星が彼を拝んでいる。この夢もヨセフが栄光を受けているようである。しかし、栄光を受けているのは、ヨセフではなく神ご自身である。本来、ヨセフの見た夢は、兄たちに屈辱感を与えるものではなく、救いの喜びをもたらすものである。しかし、ヨセフを妬ましく思っていた兄たちは、夢のことでヨセフに激しい憎悪を抱くようになる。

神の摂理は、高ぶる者にはつまずきとなる。「兄が弟に仕える」と神が弟のヤコブを選ばれたことも、兄のエサウにとってはつまずきであった。それは、この世界の選びの基準を覆すからである。

ヨセフの命運とルベンの後悔

ある日、父ヤコブはヨセフに、羊の群れの番をしている兄たちの様子をうかがいに行くようにと頼んだ。「ヨセフは彼らの悪いうわさを父に告げた」（創世37・2）とあるように、ヨセフは父から頼まれなくても、兄たちの様子をうかがい、悪いうわさを父に告げ口していた。しかし、今回、父ヤコブがヨセフに兄たちの様子をうかがいに行くようにと頼んだのは、彼らがシェケムの地で羊の群れを放牧していたからである。その場所は、ヤコブの娘ディナがハモルの子シェケムに乱暴されたところであり、兄のシメオンとレビの報復行為によって町の男たちを虐殺したところであった。父ヤコブは兄たちが報復されることを心配し、無事を確認するためにヨセフを遣わした。父ヤコブは見えざる敵の脅威に怯え、兄たちの心に渦巻いていた殺意にはまったく気づかなかった。

兄たちが野で父の羊の群れの世話をしているところへ、父からのことづけで兄たちや羊の様子をうかがうためにヨセフが訪ねて来た。兄たちは互いに「見ろ。あの夢見る者がやって来る。さあ、今こそ彼を殺し、どこかの穴に投げ込んで、悪い獣が食い殺したと言おう。そして、あれの夢がどうなるかを見ようではないか」（創世37・19－20）と、ヨセフを殺害することを企んだ。兄たちの関心は、ヨセフ自身よりも、彼の見た夢に向けられていた。兄たちは神の摂理と対決したと言える。兄たちにとって、ヨセフ自身は取るに足りない存在でしかなかった。ヨセフが殺害されれば、神の摂理、選びの計画は成就せず、神の約束は虚しくなる。神の選びの確かさが否定される。ヨセフの命運、そして神の摂理は、兄たちの手の中に握られているかのようであったが、彼らの策略も神の御手の中に置かれていた。

長男ルベンがヨセフに直接手を下してはならないと厳しく諭し、深い穴の中に投げ入れることを命じた。長男ルベンにとって、ヨセフの存在は自分の立場を危うくしていたにもかかわらず、ヨセフに手を下してはならないと命じた。長男ルベンがヨセフの殺害に反対しなかったら、他の兄弟が阻止しても、ヨセフは間違いなく殺されていた。

ルベンはヨセフを深い穴から助け出すつもりでいた。しかし、ルベンがその場所を離れた隙に、エジプトへ向かう奴隷商人が通りかかった。もしルベンがその場にいたなら、ヨセフを奴隷商人に売り飛ばすことに猛反対しただろう。ユダの提案で、ヨセフは銀二十枚で奴隷商人に売り飛ばされた。ルベンがヨセフを助け出すために穴に戻ったところ、そこにヨセフの姿はなかった。兄弟たちがヨセフを奴隷商人に売り飛ばしたことを長男ルベンが聞いたとき、時すでに遅しであった。ルベンは、その場を離れたことを悔やんでも悔やみ切れなかった。ルベンは後悔の念を抱いて生きることになる。

神の召し

十七歳の少年ヨセフは奴隷として売り飛ばされ、異国の地エジプトへと連れて行かれた。父から溺愛されたヨセフの人生は一変した。家族と過ごした幸せな日々は永遠に失われたかのように思え、深い絶望と憤りが彼の心を圧倒したに違いない。「私がいったい何をしたと言うのか」「なぜ、私だけがこんな目に遭わなければならないのか」と、ヨセフは自分の身に起こった悲劇的な出来事を受け止め切れずにいたことだろう。毎朝、目を覚ますたびに、夢であってほしいとの願いが過酷な現実によって打ちのめされた。すべてを剝奪されて、名もない奴隷として生きていかなければならなかった。

父ヤコブは、兄のエサウに命を狙われ、父の家から逃げ出したとき、ベテルで神と出会い、「あなたをこの地に連れ戻そう」との神の約束を受け取った。そして、たどり着いた先は母の兄、叔父ラバンの家であった。エジプトへ連れて行かれるヨセフが神の約束をいただいたとの記述はない。そして、彼がたどり着いたのは異教の地エジプトであり、奴隷として生きていかなければならなかった。

ヨセフはパロ王の廷臣、侍従長ポティファルの奴隷として買い取られた。自暴自棄に陥ってもおかしくない絶望的な状況下で、ヨセフはエジプト人の主人に真心から仕えた。それは、彼が良い処遇や地位を求めたからではなく、神の計画の全容がわからぬままでも、自分の人生が神の摂理の中にある事実を受け入れたからである。父に溺愛されたことで兄たちから妬まれ、殺されそうになったにもかかわらず、長男ルベンの機転によって命拾いしたことも、深い穴に投げ込まれたとき、エジプトへ向かう奴隷商人が通りかかったことも、偶然ではなかった。エジプトへの長い道中、自分の人生が神の見えざる手に導かれていることを少しずつ認めるようになったのではないだろうか。

神の摂理に対するキリスト者の態度は、徹底したへりくだりである。ヨセフの生涯を立身出世のサクセスストーリーと結論づけてはならない。ヨセフがエジプト人の主人ポティファルに真心から仕えたのは、自分の利益のためではなかった。それは、奴隷の身である自分の人生が神に見捨てられたのではなく、神の御手の中にあることを認め、異邦人の主人に仕えることが神ご自身に仕えることになると悟ったからである。

奴隷たちよ。あなたがたは、キリストに従うように、恐れおののいて真心から地上の主人に従いなさい。（エペソ６・５）

キリスト者にとって召しとは、牧師、伝道者になることに限られるのではなく、自分の置かれている場所こそが神によって召された場所であると受け止め、日々の仕事の一つひとつがイエスご自身から嘱託されていることを自覚し、イエスご自身に仕えることである。

しもべの心

米国での学びを終え、ケニー・カールトン師のもとで働き始めた時のことであった。老朽化した教会堂の外壁のペンキ塗りを頼まれた。一日中、ペンキ塗りの仕事に従事し、ようやく、頼まれた仕事を終えた。疲れ切っていたので、早く片づけて帰宅したかった。使用した刷毛に付着した塗料を洗い流し、乾かすために道具箱の上に置いて帰宅した。次の日、ケニーさんから声をかけられた。昨日のペンキ塗りの奉仕への感謝の言葉を述べてくださった後、毛の部分に付着した塗料が固まった状態の刷毛を手渡された。そしてケニーさんは、「豊田さん。神様はあなたが塗った教会の外壁ではなく、この刷毛の手入れの仕方をご覧になられると思います」と一言だけおっしゃった。内心、少し憤慨した。一日中、脚立に上って教会の外壁にペンキを塗る作業は重労働であったのに、刷毛の洗い方が不十分であると言われたことが腑に落ちなかった。

その時の私は、目に見える働きこそ評価されるべきであり、目に見えない働きはそこそこの評価を受けるべきとの思いを抱いていた。私に欠けていたのは、しもべの心であった。忠実な奉仕が必ずしも心の現れではない。一般的に日本人は勤勉であると言われている。それは、勤勉さが評価されるからである。もし徹底した成果主義になると、勤勉さへの評価価値が下がると同時に、勤勉さは失われていくことになる。真のしもべの心は、自分への評価を働きの基準とはしない。真のしもべの心は、主人の喜びを働きの基準とする。

「その主人は彼に言った。『よくやった。良い忠実なしもべだ。あなたは、わずかな物に忠実だったから、私はあなたにたくさんの物を任せよう。主人の喜びをともに喜んでくれ。』」（マタイ25・21）

このたとえ話に登場する主人は、しもべが「わずかな物に忠実だった」ことを非常に喜んだ。それは、しもべの働きの動機が自分への評価にではなく、主人の喜びに置かれていることが明らかにされたからである。

もし、私がイエスご自身からペンキ塗りの奉仕を要望され、刷毛を手渡されたと受け止めていたなら、一日の仕事を終え、どんなに疲れていても、もっと心を込めて刷毛の手入れをしただろう。イエスの喜ばれる顔を見たいとの願いは、仕事の細部にまで心を配るようになる。

神の栄光は、現された奇跡よりも、隠れた所でのキリスト者の誠実な働きによってもたらされる。

「あなたの施しが隠れているためです。そうすれば、隠れた所で見ておられるあなたの父が、

あなたに報いてくださいます。」（マタイ6・4）

幸運な人

主がヨセフとともにおられたので、彼は幸運な人となり、そのエジプト人の主人の家にいた。（創世39・2）

実の兄たちから売り飛ばされて、異邦人の国エジプトの地で奴隷の身となっても、ヨセフは不幸な人にはならず、幸運な人となったとある。常識的に考えても、ヨセフの身に起こった悲劇的な出来事を鑑みると、彼が幸運であったとは到底言えない。誰の目にも彼ほど不運な人はいない。しかし、聖書はためらいもなく、ヨセフを幸運な人であると断言している。

日本人の宗教観は現世利益に深く根づいているため、ヨセフがキリスト教の幸運の象徴であるなら、多くの人はキリスト教に入信することをためらうだろう。しかし、聖書の教える幸運とは、環境や状況に依存していない。ヨセフが幸運な人となったのは、「主がともにおられた」ことに尽きる。成功も名声も、人を成功者にしても幸運な人にはしない。本当の幸運とは、天地創造の神がキリスト者の人生の全責任を引き受けてくださり、導いてくださることにある。

「人は、たとい全世界を手に入れても、まことのいのちを損じたら、何の得がありましょう。

そのいのちを買い戻すのには、人はいったい何を差し出せばよいでしょう。」（マタイ16・26）

全世界を手中に収めるような大成功を収めても、「まことのいのちを損じたら」、永遠のいのち（神とともに歩む人生）をその代価として支払ってしまったなら、本末転倒になってしまう。家族を幸せにするために一心不乱に仕事に没頭し、家族を顧みないことを代価として支払い続けた結果、家族関係が崩壊するという結末を迎えるようなものである。不幸とは、辛く悲しいことに人生が支配されることではなく、本末転倒的な結末を招くことである。家族を心から愛しているのに家族を失うこと、労苦が報われないことにある。

苦しみの意味

神がともにいてくださる、神の摂理に導かれる人生とは、豊かな実を結ぶ人生となる。なぜなら、すべての苦しみが生みの苦しみに変えられるからである。キリスト者の人生が、置かれている状況や環境とは関係なく、幸運だと聖書が断言するのは、無駄な苦しみがいっさいなくなるからである。一粒の涙も無駄に流されることはない。神がともにおられるキリスト者の人生は、すべての労苦が必ず報われる人生となることが約束されているのである。

神を愛する人々、すなわち、神のご計画に従って召された人々のためには、神がすべてのこ

とを働かせて益としてくださることを、私たちは知っています。(ローマ8・28)

神を愛する者とされた人は、一人の例外もなく、「神のご計画に従って召された人々」であり、神の摂理に導かれた人生を歩ませていただいている。この自覚をしっかりと抱くことで、人生に対する態度が能動的に変えられていく。被害者意識とは無縁の人生となっていく。人生が完成へと向かっていくことを確信するようになる。それは、自己実現との意味ではなく、神のご計画の中にある人生としての完成である。

そして、神の摂理に導かれた人生における最大の約束は、「神がすべてのことを働かせて益としてくださる」、すべての苦しみが「益」を生み出す「生みの苦しみ」に贖われることにある。この益とは、自分にとっての利益ではなく、神の栄光を現すことを意味している。キリスト者の人生だけに限らず、あらゆる人の人生にとって最大の益は、神の栄光を現すために用いられることにある。人生が神の栄光を現すために用いられることが、最大の益を受ける道である。この「すべてのこと」の中には、挫折、喪失、過失など、人生にとって損失とみなされるものも含まれている。悔いても悔やみきれない罪や重大な過失さえも、神は「益」を生み出す「生みの苦しみ」に贖われる。それは、蒔いたものの刈り取りが必要ないとの意味ではない。蒔いたものを刈り取る苦しみまでも、生みの苦しみとして贖い、神の栄光を現してくださる。また、「益」とは人生のすべての出来事が無駄にはならない、それどころか、人生にとってなくてはならないものとなるとの意味である。

使徒パウロは、神の恵みが罪を凌駕することを、「罪の増し加わるところには、恵みも満ちあふれました」（ローマ5・20）と述べている。それは、彼の人生の生きた証しである。「このことさえなければ幸せになれたと思える辛い出来事」が、「この出来事のゆえに今の私がある」と言えるように変えられる。神の摂理に導かれた人生には、「意味のない苦しみ」がなくなる。生き物の中で人間だけが意味を生きる糧にしている。無意味な苦しみは人の精神を破綻させる。戦時下で、捕虜に対して行われた拷問の一つに、無意味な作業に従事させることがあった。捕虜は無意味な作業に耐え切れなくなり、精神に破綻をきたした。意味のない苦しみと無縁な人生は、幸運な人生としか言いようがない。

神の祝福をもたらす存在

彼の主人は、主が彼とともにおられ、主が彼のすることすべてを成功させてくださるのを見た。それでヨセフは主人にことのほか愛され、主人は彼を側近の者とし、その家を管理させ、彼の全財産をヨセフの手にゆだねた。主人が彼に、その家と全財産とを管理させた時から、主はヨセフのゆえに、このエジプト人の家を、祝福された。それで主の祝福が、家や野にある、全財産の上にあった。（創世39・3－5）

神がヨセフとともにおられたので、エジプト人の主人ポティファルの家は大きな恵みを受けた。

主人はヨセフを信頼し、家の全財産の管理を託した。

「地上のすべての民族は、あなたによって祝福される。」（創世12・3）

神はイスラエルの父祖アブラハムとその子孫は「祝福の基」となると約束された。神は祝福を直接与えるのではなく、キリスト者の存在によって与えると約束された。神は祝福を誰も介さずに与えられるが、キリスト者を介して与えることを喜ぶ。その約束は、奴隷の身となったヨセフの生涯においても成就した。人生のどん底にいても、キリスト者には同じ約束が与えられている。

異教徒エジプト人の家は、ヨセフのゆえに祝福された。キリスト者は、自分が置かれていることで神の祝福がもたらされていることを、しっかりと自覚しなければならない。神の祝福は、必ずしも数値化できるわけではない。悲しむ人に寄り添うだけで、神の慰めが満ちあふれてくる。絶望する人の手を握るだけで、望みが生じてくる。そこに、あなたがいることが大切なのである。

主人の妻の誘惑

主人に重宝されたヨセフの存在は、主人の妻の目に留まることにもなった。ヨセフは体格も良く、美男子であった。贅沢三昧の暮らしに暇を持て余していた主人の妻は、ヨセフを執拗に誘惑するようになった。彼女は何度断られても懲りることなく、執拗に誘惑し続けた。罪の誘惑の力は、いつまでも諦めない執拗さにある。姦通の罪は彼女にとっては退屈しのぎでしかなかったが、神を恐れるヨセフは死に値する重罪とみなした。神の目に罪であるだけでなく、主人の妻との情事が主人に知られれば、ヨセフは間違いなく殺されることになる。

ある日、ヨセフが仕事の用事で主人の家に入ったとき、家の者やしもべの姿は見当たらなかった。聖書はそれ以上記していないが、主人の妻がヨセフと二人きりになるために、口実をつくって家の者やしもべたちを家から追い出したのだろう。二人きりになった家で、主人の妻はヨセフに「私と寝ておくれ」と迫った。何の保証もない奴隷の身であるヨセフにとって、主人の妻のお気に入りになることで後ろ盾を得ることになる。主人の妻の誘惑は、性的なものよりも、目に見えない神よりも身近な権力者の加護を求めることへの霊的な戦いである。もし、ヨセフが神を心の拠り所、避け所としていなければ、主人の妻の誘惑に屈したかもしれない。神がイスラエルを嘆いたのは、強国への依存を断ち切れなかったことにある。

ああ。助けを求めてエジプトに下る者たち。
彼らは馬にたより、多数の戦車と、非常に強い騎兵隊とに拠り頼み、
イスラエルの聖なる方に目を向けず、主を求めない。（イザヤ31・1）

主人の妻がヨセフの上着をつかんだとき、彼は上着を脱ぎ捨て、部屋の外へ逃げ出した。すると、

主人の妻は叫び声を上げて助けを求めた。その声を聞いて駆けつけてきた家の者やしもべに向かって、彼女は「ご覧。主人は私たちをもてあそぶためにヘブル人を私たちのところに連れ込んだのです。あの男が私と寝ようとして入って来たので、私は大声をあげたのです」(創世39・14)と嘘をついた。彼女の非難の言葉には、主人への怒りがにじみ出ている。彼女は、主人がヨセフを連れて来たのは悪意の仕業であると非難した。主人の妻が無実のヨセフを犯罪者に仕立て上げたのは、誘いを何度も断られたことに対する腹いせからではなく、夫への復讐を果たすためであったのではないだろうか。妻の辛辣な言葉から、夫婦関係が破綻していたことがうかがい知れる。妻は夫への復讐を果たすために、主人が絶大な信頼を寄せていたヨセフを利用したのだろう。主人は、全幅の信頼を寄せたヨセフから裏切られたことで、面目を潰された形となった。妻の思惑どおりである。

公然と批判する妻の辛辣な言葉と、信頼したヨセフから裏切られたことで、主人は面目丸潰れとなり、激昂した憤りの矛先は無実のヨセフに向けられた。主人はヨセフの言い分も聞かず、問答無用で投獄した。夫婦間の醜い争いにヨセフは巻き込まれ、利用され、捨てられた。ヨセフは、自分の身の潔白を主人に訴えようとしたに違いない。冷静さを取り戻した主人は、神を恐れるヨセフに限って、自分を裏切り、妻に対して暴行を働くようなことは絶対にありえないと、ヨセフの無実を確信したことだろう。彼は自分の妻の素性を誰よりも知っていた。妻がヨセフを誘惑したと考えるほうが納得がいく。しかし、愛してもいない妻であっても、奴隷のヨセフの言葉を信じて、妻が偽証したと責めるわけにはいかない。

主人はヨセフを投獄したが、処刑することはなかった。本来なら、奴隷の身であるヨセフが主人の妻への暴行未遂で捕らえられたなら、投獄後に処刑されるはずである。主人への甚だしい裏切り行為は厳罰に処せられる。他のしもべへの示しがつかないからである。しかし、主人はヨセフを処刑せず、自分の管理下にある監獄に投げ込んだ。主人はヨセフの潔白を信じていたが、投獄するしか選択肢がなかった。それは、長男のルベンがヨセフを助けるために穴に投げ込むようにと命じたように、苦渋の選択であったのだろう。そして、長男のルベンがヨセフを穴から助け出すことができなかったように、エジプト人の主人ポティファルもヨセフを監獄から助け出すことができなかった。しかし、神はヨセフを助けようとした二人の良い意図を退けることなく、用いられた。人は他者を苦しみから助け出すことはできないが、苦しむ者に差し伸ばされた手を神は用いてくださる。

神の訓練所の入り口

ヨセフは兄たちから嫉妬され、奴隷として売り飛ばされ、エジプト人の主人の妻からは、夫への腹いせに犯罪者に仕立て上げられて投獄された。二度も同じような目に遭い、理不尽な苦しみを無理やり背負わされたヨセフが自暴自棄になっても、誰も責めることはできない。しかし、彼は理不尽な苦しみを押しつけられても、被害者として生きることを拒み、その苦しみの中に神の計画を見いだそうとした。監獄の入り口は神の訓練所の入り口でもあった。

ヨセフが自暴自棄になり、自己憐憫に陥らなかったのは、人生に対する能動的な態度が果たした役割が大きい。兄たちや主人の妻からの理不尽な仕打ちによって人生を狂わされても、憤り、嘆き悲しむことはあっても、いつまでも被害者として生きることには終止符を打った。彼は苦しみの中に神の計画を見いだそうとした。ヨセフは、「なぜ、このようなことが起こったのか」とは自問しないで、「神は何をなそうとしておられるのか」と神のみわざに目を向け、望みを抱いた。

「なぜ?」と自問を繰り返しても将来は開かれない。なぜなら、「なぜ?」という疑問には神の無関心への失意が隠れているからである。「なぜ、愛の神がこのような悲惨な出来事を許されるのか」、この問いかけを発する時点で、神の無関心への失望がある。「神は何をなそうとしておられるのか」、この問いかけによって神の無関心への失望を乗り越え、強い決断をもって、すべての人の人生に深く関わっておられる神への望みを抱くことが大切である。これは、決して自己暗示ではない。神がすべての人の人生に深い関心を抱いていることの証しとして、イエスは「あなたがたの頭の毛さえも、みな数えられています」(マタイ10・30)と教えられた。人は自分の髪の毛の分量を心配しても、髪の毛の総数を数えようとは思わない。心配しても、そこまではしない。しかし、神の関心は一本の髪の毛にまで至る。一本の髪の毛も神の関心からもれることはない。

神の賠償責任

ヨセフの戦いは、自己憐憫との戦いと言える。彼は自分の魂を自己憐憫に明け渡すことを拒み続けた。もし彼が自己憐憫に陥ったなら、兄たちや主人の妻を恨み続け、監獄の中で被害者意識に苛まれながら、惨めな人生を過ごしたに違いない。しかし、彼は理不尽な苦しみを押しつけた人々を赦すことで、被害者として生きることを拒んだ。なぜなら、兄たちも主人の妻も、ヨセフが受けた苦しみを償うことができないからである。もし、ヨセフの受けた苦しみが完全に償われるなら、被害者の苦しみを訴え続けることにも意義がある。

公害による健康被害を被った人々が国を相手取り訴訟を起こす場合、その裁判は長期化するのが常である。被害者は健康被害に対する国の補償を長期間にわたって求め続けることになる。健康を損なったことで失ったものは金銭では補償されることはないが、被害者の心の救済という意味では国が過失を認めることは非常に大きな意味を持つ。キリスト者が赦すことを命じられているとは、原告団に加わることを拒み、損害賠償を訴えることを放棄するとの意味ではない。公害の直接的原因となった工場が賠償の負担で倒産するなら、責任能力のある国に賠償を求めることは正当な行為である。しかし、倒産した会社の社員に賠償を要求すべきではない。

ヨセフが兄たちや主人の妻を赦さなければならなかったのは、彼らには道義的責任があっても、賠償する能力がないため、賠償責任が免除されているからである。ヨセフが兄たちや主人の妻に賠償責任を追及し続けることは彼の自由であるが、いくら追及しても、自分の罪の償いもできない者に他者の罪を償うことはできない。ない袖は振れないのである。

もし人が自分の犯した罪や他者に犯した罪を賠償できるなら、イエスが十字架で身代わりとなって死ぬ必要性は消滅する。しかし、犯した罪を心から悔い、苦しみを与えた相手に心から謝罪しても、苦しみが償われることはない。賠償能力において破綻した者の賠償責任は神に移ることを覚えなければならない。しかし、神には兄たちや主人の妻がヨセフに対して犯した罪の道義的責任はない。神はいっさい関与していない。すべての罪は人の自己責任の下で自己判断によって犯されている。しかし、神は主権者であるゆえ、ヨセフの人生に対して最終責任を負っている。すなわち、神ご自身がヨセフに対して賠償責任を負っている。反対に、ヨセフが他者に苦しみを与えた場合、神はヨセフの最終責任者として他者に対して賠償責任を引き受けられる。

キリスト者が神につまずくのは、自分の人生に起こった不幸な出来事の責任を神に追及しながらも、神が自分の人生の最終責任者であることをへりくだって認めないことにある。神が最終責任者としての責任を果たしてくださることに期待を寄せず、神との関係を切ってしまう。

魂の監獄

ヤコブの娘ディナがハモルの子シェケムによって乱暴されたとき、ヤコブは悲劇的な出来事を嘆いたが、ハモルの子シェケムの罪に対して断固たる態度を示さなかった。父ヤコブは娘を辱められた苦しみから救済しようとはしなかった。なぜなら、ハモルの子シェケムに罪を償わせることで関係が傷つくことを恐れたからである。シェケムは悪びれることなく、娘を妻として迎えたいと申し出た。ヤコブはシェケムの罪を見過ごし、花嫁料を受け取ることで平和的な解決を図ろうとした。父ヤコブの弱腰の態度に深く失望したシメオンとレビが報復行為に及んだ。彼らの報復行為は、最終責任者である父ヤコブに対する失望によって増幅され、助長された。

　赦せない思いは、最終責任者である神への失望に深く関与している。神が人生の最終責任者であることをへりくだって認め、神の摂理に人生を委ねるには、赦しが不可欠となる。ヨセフが自分の人生を狂わせた兄たちや主人の妻を憎み続けるなら、神の摂理に人生を委ねることはできない。被害者意識から自らを解放しないかぎり、狂わされた人生に対して嘆くばかりである。ヨセフは誰の目にも被害者である。しかし、彼がいつまでも被害者意識を抱き続けたなら、永遠に自己憐憫という牢獄に閉じこもることになる。監獄の中にいても、ヨセフは自己憐憫という魂の監獄に閉じこもることは拒み続けた。イエスは他者を赦さない者に対して、「獄吏に引き渡した」（マタイ18・34）と言われたが、赦さない心は自己憐憫、憎しみの監獄に内側から鍵をして閉じこもる。監獄の錠を開ける鍵は、赦しという鍵しかない。赦しだけがヨセフに自由を与える。

　無実の罪で投獄されたヨセフが哀れに思えるが、自己憐憫という魂の監獄に、赦さないという固い意思によって自らを閉じ込めている人は少なくない。ヨセフが監獄にいたのは十数年であったが、多くの人はヨセフの身を哀れみながら、自分自身はそれ以上の歳月を魂の監獄で過ごしているのではないか。赦しという鍵は自分の手の中に握られている。神の摂理に導かれる人生へ踏み出すために、監獄の扉を内側から開かなければならない。

ともに苦しむ神

ヨセフの主人は彼を捕らえ、王の囚人が監禁されている監獄に彼を入れた。こうして彼は監獄にいた。しかし、主はヨセフとともにおられ、彼に恵みを施し、監獄の長の心にかなうようにされた。（創世39・20―21）

無実の罪で投獄されたヨセフと、神はともにおられた。神は理不尽な苦しみをヨセフから遠ざけず、その理不尽な苦しみの中にご自身を現した。キリスト者は神が愛してくださっているなら、理不尽な苦しみは遠ざけられると考えてしまう。しかし、神の愛は、理不尽な苦しみがどれだけ遠ざけられるかによって証明されるわけではない。神の愛は、苦しむ者といつまでもともにおられる決意の強さによって証明される。

高さも、深さも、そのほかのどんな被造物も、私たちの主キリスト・イエスにある神の愛から、私たちを引き離すことはできません。（ローマ８・39）

天地万物を創造した神は、苦しむ者とともに苦しむ神である。十字架の前夜、ゲッセマネの園で苦しみ悶えるイエスの姿こそが、愛の神の真実な姿である。

それから、ペテロとゼベダイの子ふたりとをいっしょに連れて行かれたが、イエスは悲しみもだえ始められた。そのとき、イエスは彼らに言われた。「わたしは悲しみのあまり死ぬほどです。ここを離れないで、わたしといっしょに目をさましていなさい。」（マタイ26・37―38）

イエスは十二弟子の中からリーダー格の三人、ペテロとヤコブ、ヨセフを連れて、ゲッセマネの園と呼ばれた場所へ祈るために出かけた。すると、イエスは彼らの前で悲しみ悶え始め、苦しみ悶える自身の姿から目を離さないようにと命じた。イエスは悶え苦しむ姿を弟子たちに隠さず示した。イエスは自身の悲しみ、苦しみを、弟子たちと分かち合うことで魂の連帯を求めた。

十字架の死の直前、イエスが弟子たちに悲しみ悶える姿を示したのは、人間の罪深さを思い知らせるためではない。苦しみ悶える自身の姿を通して、弟子たちに「罪の重さ」をわからせようとしたのでもない。イエスが三人の弟子たちに苦しみ悶える姿を示したのは、苦しみの中に神がおられることを悟らせるためである。

神が苦しむのはキリスト教だけだということをご存知でしょうか。宗教はみな神をできるだけ慈悲深く崇高に描こうとします。崇敬すべき神、幸せを与える神、言うなれば完全な神を示そうとします。ところが、キリスト教はその点全然違うんですね。苦しむ神、病人ひとりひとりと共に苦しむ神、苦しむ病人につきっきりの神、ひとりひとりの病人の苦しみを共に苦しむ神を示すからです。「神もあなたの病気で苦しんでおられる」、これこそ病める人々に対するキリスト教の偉大なメッセージなのです。（ポール・トゥルニエ『人生を変えるもの』、一一三頁）

イエスは多くの病人を癒し、その苦しみから解放したが、すべての人を癒したわけではない。金持ちとラザロのたとえでは、ラザロの病が癒されることはなかった。しかし、イエスはラザロの不信仰を責めたり、神に見捨てられた存在とみなしたりはせず、彼が神の慰めを受けたことを強調した。病自体は神の祝福ではないが、神の呪いでもない。ラザロが病に苦しんだのは、神に呪われたからではない。罪によって死が入ったとき、病の苦しみも一緒に入った。復活によって死が滅ぼされる日まで、死の悲しみも病の苦しみも終わることはない。すべての人が死を迎えるように、病の苦しみから逃れることはできない。病が癒されないのは、神に見捨てられたからでも、信仰が足りないからでもない。キリスト者にとって、苦しみは神に見捨てられたしるしではなく、神との絆を強めるものとして贖われている。

人間としての苦悩は、私たちが心から願っている喜びと平安へ向かうのをじゃまする障害物である必要はなく、むしろ、そこに向かうための手段になり得るというところに、深い真理があります。（ヘンリ・ナウエン『愛されている者の生活』、一〇五頁）

献酌官と調理官

それで監獄の長は、その監獄にいるすべての囚人をヨセフの手にゆだねた。ヨセフはそこでなされるすべてのことを管理するようになった。（創世39・22）

監獄の長は、ポティファルがそうであったように、ヨセフに全幅の信頼を置き、すべての囚人の世話係に任命した。ヨセフが監獄の長の心に留まったのは、彼が権威者に媚びることなく、純粋な心で他の囚人たちの世話をする姿に感銘を受けたからだろう。ヨセフは神に仕えるように、監獄の長や他の囚人たちに仕えた。しかし、ヨセフが忠実に仕えても、彼への容疑が晴れる保証はまったくなかった。

ある日、王の側近の二人、献酌官と調理官が投獄された。二人は他の囚人たちと異なり、エジプトの王に仕える身であり、奴隷のヨセフにとっては雲の上の存在である。しかし、彼らに何かしらの嫌疑がかかり、投獄されたことで、ヨセフの管理下に置かれた。外国人の奴隷であり、囚人のヨセフは、エジプト国内で最も低い立場にあったにもかかわらず、エジプトの王に対して多大な影響力を持つ献酌官と調理官が彼の管理下に置かれたことは、人知を超えた神の摂理による。

献酌官は王に献上されるお酒の毒見役であり、王が命を託した人物である。王から最も信任を受けた人物であり、王の相談役の役割も担った。エルサレムの城壁を再建したネヘミヤも、ペルシャ帝国のアルタシャスタ王の献酌官として仕えた。

ある時、献酌官と調理官は、見た不思議な夢のことで思い悩んでいた。ヨセフは二人の異変に気づき、夢について、それぞれから詳細を聞いた。献酌官が見た夢の解き明かしは、三日後に嫌疑が晴れて献酌官の職に復職するというものだったが、調理官は嫌疑が晴れず、三日後に処刑されるという内容であった。

三日後、パロ王の誕生日が盛大に祝われた。特別の日、王の恩赦によって四人の解放が慣例的に行われていたようである。

能動的な態度

ヨセフの解き明かしどおり、監獄から出された献酌官に、ヨセフは無実の身で投獄されている自分の存在を王に話してほしいと嘆願した。普通なら頼めない相談であった。ヨセフは、エジプトの王が監獄にいる外国人の奴隷の身を案じてくれると本気で考えたのだろうか。奴隷の人権などなきに等しい。

神の摂理に人生を委ねるとは、何もしないでじっと待つことではない。ヨセフはできる限りのことをして、自分の身の潔白を証明しようとした。人生に対して能動的な態度を取り続けることで、自暴自棄や自己憐憫になって神への望みを投げ捨てることをしなかった。神を待ち望むには、自分の人生に対して能動的な態度を取り続けることが不可欠である。

人生に対して能動的な態度を取ることと、人生を思いどおりに生きようとすることの違いは、自分の益のために他者に頼み事をする手段によって明らかになる。能動的な態度は他者の善意に一任するが、自我を通そうとする態度は他者の弱みにつけこむ。ヨセフは献酌官の善意に願いを託した。しかし、ヨセフの身の潔白は思いにも浮かばない方法で証明されることになる。ヨセフが解き明かした言葉のとおり、献酌官は復職し、調理官は木につるされた。

ところが献酌官長はヨセフのことを思い出さず、彼のことを忘れてしまった。（創世40・23）

献酌官はヨセフの存在を「忘れてしまった」とある。献酌官は嫌疑をかけられ、投獄され、処刑されることを恐れ、不安の日々を過ごしていた。しかし、ヨセフが解き明かした夢に希望を見いだした献酌官が、ヨセフの存在を忘れることなど考えられない。神が献酌官の思いの中でヨセフの存在を隠された。

献酌官が復職して二年の歳月が過ぎ去った。ヨセフは献酌官に望みを託したが、何週間、何か月が経過しても音沙汰がない。神はこの二年間でヨセフに何をなそうとしたのか。ヨセフが献酌官に自分の身の潔白の証明を嘆願したのは能動的な生き方によるが、神への望みと能動的な生き方が織り成されるためには時間を必要とした。ヨセフにとって、神への望みを抱いて生きることが、彼の生き方そのものとなっていた。

もしまだ見ていないものを望んでいるのなら、私たちは、忍耐をもって熱心に待ちます。
（ローマ8・25）

ヨセフが冤罪で監獄に入れられてから、十年以上の月日が経過していた。いよいよ、ヨセフの生涯においても兄たちやエジプト人の主人の妻から受けた理不尽な苦しみの意味が明らかにされる瞬間が訪れようとしていた。

夢の解き明かし

エジプトの王パロは、恐ろしい夢を見たことで心を騒がせた。その夢は、国家の将来に暗い影を落としているようであった。パロは不吉な夢の解き明かしを求め、エジプト全土から呪術者たちを招集させた。パロは自分が見た夢を呪術者たちに告げたが、彼らの解き明かしに満足することができなかった。王の心には胸騒ぎが残った。

王がエジプト国内には見た夢の解き明かしができる者はいないと諦めかけたとき、突如、献酌官長がヨセフの存在を思い出した。この瞬間のために、ヨセフの存在は隠されていた。彼は忘れられた存在ではない。献酌官長は王に、大切なことづけを伝えることを忘れていたと告白した。

二年前、ヨセフは監獄から解放された献酌官に、冤罪で投獄されている自分の存在をパロ王に知らせてほしいと願った。もし復職した献酌官が囚人ヨセフの件をパロ王に申し上げても、一顧だにしかしされなかったことだろう。囚人のヨセフが苦しみをいくら訴えても一蹴されるだけだった。しかし献酌官の夢を解き明かした一件によって、彼の存在が王の心に留まることになった。もし、ヨセフが仕える心を持っていなかったなら、自分の苦しみだけを吐露することに終始していたなら、彼の存在が王の心に留まる時は永遠に訪れなかった。神がキリスト者の人生の何を用いられるのか、その時になるまでは何もわからない。

ヨセフは監獄から呼び出され、身なりを整え、パロ王の前に連れて来られた。外国人の奴隷であり、囚人の身であったヨセフがエジプトの王の前に立てたのは、夢の解き明かしを求められたからである。ヨセフの人生は、夢を見たことで歯車が狂い始めた。しかし、その夢がヨセフを監獄から救い出した。夢によって売り飛ばされ、夢によって救われた。過去の痛みが救いとなった。神はヨセフの過去の痛みを救いの手段として用いられた。多くの人は、過去の痛みを通して救い主イエスのもとへと導かれている。

パロ王の見た夢は、七年間の大豊作の後、七年間の大飢饉に襲われることを告げていた。ヨセフは、七年間の大豊作による余りある穀物を食べ尽くさずに、七年間の大飢饉に備えて備蓄することを進言した。パロ王は、ヨセフの解き明かしと賢明な進言の言葉を聞いて非常に感銘を受け、ヨセフを食料管理の責任者に大抜擢した。

ヨセフの管理能力

外国人の奴隷であり、囚人の身であったヨセフに、エジプト全土の食料計画の全権が託された。ヨセフの管理手腕が十二分に発揮された。七年間の大飢饉に備えて十分な食料を備蓄したことで、一人の餓死者も出すことなく、エジプトは国家的危機から救われた。

神はヨセフの管理能力を用いて、エジプトを壊滅的な危機から救った。ヨセフの管理能力を発掘したのは、奴隷として買い取られた家の主人、パロの廷臣の侍従長ポティファルである。ヨセフの才能はポティファルによって発掘され、開花した。ヨセフが父ヤコブの家にいたとき、上の十人の兄たちの存在によって、ヨセフの才能は完全に埋もれていた。父ヤコブはヨセフを溺愛したが、彼の生涯の上にある神の召しに関心を寄せることはなかった。ヤコブはヨセフの見た夢のことは心に留めていたが、それ以上のことは何もしなかった。ヨセフが神に用いられる器となるには、第三者によって才能が発掘され、開花する助けを受ける必要があった。

ヨセフは父から溺愛され、「そでつきの長服」を作ってもらったが、「父の心に適う者」とされているという父の承認は受け取らなかった。パロ王の侍従長ポティファルがヨセフを買い取ったのは、神の摂理である。ポティファル自身、非常に能力が高く、王から信任された人望の厚い人物であり、大勢の部下を従えていた。ポティファルがヨセフの才能、能力に目を留めるのには、時間を要さなかった。

ヨセフがエジプト全土の食料管理の責任者という立場を怖気づかずに引き受け、重大な責任を十二分に果たすことができたのは、ポティファルから全財産の管理を信任されることを通して健全な自信が育まれていた点に留意すべきである。もし、ヨセフが健全な自信を欠いていたなら、パロ王の任命を恐れて断っただろう。しかし、彼はエジプト全国民の命に関わる重責から逃げることをせず、真正面から受け止めた。

人の成長は、託された信頼を裏切らないという不断の決意によって促進する。毎日、託された信頼を裏切らない決意の一つひとつが、ヨセフの人格を築いていった。監獄でも、その生き方は変わらなかった。その結果、パロ王からエジプト全土の食料管理の責任を命じられたとき、ヨセフは尻込みしなかった。エジプトへ奴隷として売られた日から、神はヨセフをエジプトの統治者として立たせるために、彼の内面を整えていた。

過ぎ去る悲しみ

ヨセフの功績は非常に高く評価され、パロ王に次ぐ、エジプトの第二の地位を得た。パロ王はヨセフに、祭司ポティ・フェラの娘アセナテを妻として与えた。

ヨセフとアセナテとの間に、二人の子どもが生まれた。ヨセフは長男にマナセと名づけた。マナセという名には「神が私のすべての労苦と私の父の全家とを忘れさせられた」（創世41・51）との意味が込められている。自己憐憫に陥ると、悲しみがいつも心の最前列に陣取り、時間の経過とともに過ぎ去らない。ヨセフが自己憐憫に陥ることを拒み続けたので、理不尽な苦しみや兄たちの卑劣な行為は少しずつ過去の出来事となり、望郷の念だけが残った。

神の慰めは、悲しみを忘れさせる。ヨセフは自分の身に起こった出来事を記憶には留めていたが、もはや彼の思いの最前列に陣取ることはなくなった。充実した仕事や新しい家族が、悲しみを過去のものへと過ぎ去らせた。キリスト者の人生にも多くの苦しみや悲しみが伴うが、「古いものは過ぎ去って、見よ、すべてが新しくなりました」（Ⅱコリント5・17）との宣言どおり、神の慰めは苦しみや悲しみを忘れ去らせる。神の新しいみわざに目を留めることで、過去の辛かった出来事が過ぎ去っていく。ヨセフの心の傷が完全に癒えたわけではないが、過去の辛い出来事が思いの最前線に陣取ることがなくなり、神の新しいみわざへの期待感があふれるようになった。キリスト者は他者の罪ではなく、神の新しいみわざに目を留めるべきである。

ヨセフは次男にエフライム、「神が私の苦しみの地で私を実り多い者とされた」（創世41・52）と名づけた。ヨセフにとってエジプトは苦しみの地でしかなかった。エジプトは「なぜ自分の身にこのような理不尽なことが起こるのか」との苦悩の地であったが、神は苦悩の地でヨセフを祝福された。

しかし、神の計画は、ヨセフの立身出世が目的ではない。キリスト者の人生に対する神の摂理は、「神の祝福の管」となることにある。人生の労苦が報われることが最終目的ではなく、労苦した一つひとつが他者の祝福に変えられていくことこそが神の摂理である。ヨセフの苦しみはエジプト人の救いとなった。もし、ヨセフが監獄に投げ込まれなかったなら、献酌官の夢を解き明かすこともなく、パロ王の夢が解き明かされることもなく、七年間の大飢饉でエジプト人の大半が餓死しただろう。しかし、ヨセフの苦しみはエジプトの救いのためだけではなかった。

夢が現実に

大飢饉は近隣諸国にも甚大な影響を及ぼした。イスラエルも飢饉で深刻な食糧難に陥っていた。ヤコブは息子たちにエジプトへ食料の買い出しに行くようにと頼んだ。イスラエルが飢饉で食糧難に陥らなければ、兄たちが異教徒の地エジプトに足を運ぶことは生涯なかった。十人の兄たちは、食料の買い出しのためにエジプトにやって来た。兄たちはエジプトの食糧担当者の前でひれ伏し、食料を譲っていただけるよう嘆願した。

> ヨセフには、兄弟たちだとわかったが、彼らにはヨセフだとはわからなかった。ヨセフはかつて彼らについて見た夢を思い出して、彼らに言った。「あなたがたは間者だ。この国のすきをうかがいに来たのだろう。」（創世42・8―9）

ヨセフはひれ伏しているイスラエル人が兄たちだとすぐに気づいたが、自分の素性を知らせようとはしなかった。なぜ、ヨセフが素性を明かさなかったのかはわからない。兄たちは自分を奴隷商人に売り飛ばしたことなど、もうとっくの昔に忘れているかもしれない。もはや自分の存在など、家族の会話にも上らず、完全に忘れ去られた存在となっていることへの不安と恐れがあったのではないだろうか。それなら、今さら名乗る必要もない。自分がいなくなっても、父や兄たち、末の弟が楽しく、仲良く暮らしているのなら、今さら素性を明かすまでもない、忘れ去られた存在のままでいることが互いのためだと考えたのだろう。

また、兄たちが自分を奴隷商人に売り飛ばしたことを父に隠していることは自明のことであった。もし素性を明かすなら、兄たちの罪が白日のもとへ晒《さら》されることになり、幸せな家族の関係に大きな亀裂が生じることを憂慮したのかもしれない。

ヨセフは沈黙を貫き通し、自分ひとりが我慢すれば済むことだと自分に言い聞かせようとしていた。しかし、自分の目の前でひれ伏す兄たちの姿を見たとき、十七歳の時に見た夢を思い出した。

「見ると、私たちは畑で束をたばねていました。すると突然、私の束が立ち上がり、しかもまっすぐに立っているのです。見ると、あなたがたの束が回りに来て、私の束におじぎをしました。」（創世37・7）

ヨセフは十七歳の時に見た夢が目の前で現実となったことで、兄たちによって奴隷としてエジプトの地に売り飛ばされたことが、兄たちの一方的な悪行によるのではなく、神の摂理、すなわち神の計画が成し遂げられるためであるとの確信を深めることになった。

兄たちから売られてエジプトの地に連れて来られなければ、主人の妻からの酷い仕打ちを受けなければ、監獄で献酌官と出会うこともなく、パロ王の夢を解き明かすこともなければ、食糧担当者としてひれ伏す兄たちの前に立つこともなかった。自分の身に起こった一つひとつの苦しみがなければ、夢が現実となることは絶対になかった。ヨセフは夢が現実となったのを目の当たりにして、自分がエジプトの統治者とされたことも神の摂理であったと悟り始めた。ヨセフの癒しは、今までも人生の歩みが神の見えざる御手の中で導かれていたと認めることで、決して「忘れ去られた存在」ではないと悟ることによる。

ヨセフの慰め

ヨセフは兄たちに向かって、「あなたがたは間者だ。この国のすきをうかがいに来たのだろう」と挑発的な言葉を投げかけた。ヨセフが素性を明かすことをためらったのは、拒絶感への恐れであったかもしれないが、夢が現実となったことで勇気づけられた。兄たちを試すことで本心を探ろうとした。拒絶を深めることになるかもしれなかったが、もはや黙って身を引くことが神のみこころではないと悟った。

兄たちは嫌疑を晴らすため、「しもべどもは十二人の兄弟で、カナンの地にいるひとりの人の子でございます。末の弟は今、父といっしょにいますが、もうひとりはいなくなりました」（創世42・13）と自分たちの素性を正直に明かした。彼らは自分たちのことについては真実を語ったが、ヨセフについては真実の半分しか語らなかった。「もうひとりはいなくなりました」と自分を売り飛ばした兄たちが平然と語るのを聞いたとき、ヨセフは「私はここにいる」と叫びたかったのではないだろうか。兄たちの言葉からは悔恨の情は感じられなかった。兄たちが自分の存在を忘れようとしていることは明らかであった。

ヨセフは兄たちへの複雑な思いを脇に置き、末の弟ベニヤミンとの再会を切望した。もはや、ヨセフにとって家族と呼べる者は、父と末の弟のベニヤミンだけであった。ヨセフはシメオンを監禁し、残りの兄たちに食料を渡し、末の弟を連れて来るようにと命じた。兄たちは食料を買い求めに来ただけなのに、シメオンを人質に取られ、末の弟のベニヤミンを連れて来なければならなくなった事態に、非常に困惑した。近隣諸国が食糧難に陥っているので、法外な値段を要求されることは覚悟していたが、スパイ容疑で兄弟のひとりが拘束されることになるとは予想だにしなかった。

彼らは互いに言った。「ああ、われわれは弟のことで罰を受けているのだなあ。あれがわれわれにあわれみを請うたとき、彼の心の苦しみを見ながら、われわれは聞き入れなかった。それでわれわれはこんな苦しみに会っているのだ。」ルベンが彼らに答えて言った。「私はあの子に罪を犯すなと言ったではないか。それなのにあなたがたは聞き入れなかった。だから今、彼の血の報いを受けるのだ。」（創世42・21―22）

兄たちは、自分たちの身に突如として降りかかった災難が、弟のヨセフに対して犯した罪への刑罰に違いないと、互いに言い合った。ヨセフは兄たちの会話に耳をそばだてた。兄たちはヨセフが必死にあわれみを請うたとき、その苦しみを見ながらも、あわれみの心を閉ざしたことを悔いる言葉を口にした。ヨセフは長男のルベンが他の兄たちを責める言葉を聞いた。ヨセフの知らなかった事実が明らかにされた。ルベンが自分を助けようとしてくれた事実は、ヨセフの心に慰めをもたらした。そしてルベンから、自分たちは犯した罪の報いを受けるべきであると罪を悔いる言葉を聞いたとき、ヨセフは心の奥底から込み上げてくるものを抑えきれなくなり、遠く離れたところで泣いた。

ヨセフは彼らから離れて、泣いた。(42・24)

ルベンの悔恨の情に触れたとき、ヨセフは自分が「忘れ去られた存在」ではなく、ルベンの心の中では痛恨の念とともに覚えられてきたことに深い慰めを受けた。

赦されるという経験

イエスは、悪霊を追い出す権威が与えられたことに大喜びする弟子たちに向かって、「悪霊どもがあなたがたに服従するからといって、喜んではなりません。ただあなたがたの名が天に書きしるされていることを喜びなさい」（ルカ10・20）と教えた。神の御前で覚えられていることが、キリスト者の喜びの源泉である。ヨセフも、痛恨の念と結びついていても、自分の存在が忘れ去られることなく、覚えられていたことに深い慰めを受けた。家族から引き離された十数年間、彼は寂しさを封印して生きてきたが、もはや家族への懐かしい思いを押し殺すことができなかった。

ヨセフは、エジプトでの奴隷生活を強いた兄たちを、信仰においては赦していたに違いない。しかし感情面では、まだ完全には赦せていなかった。ヨセフが兄たちを心から赦せるようになるには、ヨセフ自身の心が癒しを必要としていた。感情面の癒しが完全な赦しに先立つ。

赦すことが神のみこころであると頭ではわかってはいても、感情がついていかないことがある。傷ついた感情が癒され、神の慰めを受ける必要を自覚することが赦しへの一歩となる。

私の場合、父の突然の死による深い悲しみが、やがて神に対する憤りとなって心の奥底に鬱積した。「なぜ父を守ってくださらなかったのか」、心の奥底に鬱積した憤りは、一歳年下の次男との兄弟喧嘩の中で暴力となって噴出した。普段から仲が悪かったわけではないが、いったん喧嘩になって怒りが爆発すると、自制が効かなくなり、次男を殴りつけた。「いつか兄を殺そう」と次男が本気で考えていたことを、ずいぶん後になってから聞かされた。

月日が過ぎ去り、私が献身して牧師となった頃、牧会する教会に次男が集うようになった。会衆席に座る次男の姿が目に入ると、神の愛と赦しを大胆に語ることにためらいを覚えた。兄弟喧嘩した日々からは十数年の歳月が経過していたが、正式に謝罪できずにいた。ある日の礼拝直後、突然、次男が席から立ち上がり、講壇のほうへ近づいて来た。一瞬、私は殴りつけられると思い、身構えた。すると、彼は私を強く抱きしめ、「赦してほしい」と泣き始めた。私は動転し、言葉に窮した。赦しを請うべきなのは私であって、次男ではない。しかし、彼が加害者の私を抱きしめ、涙を流しながら、赦しを請うてくれた。赦しを請う次男の姿に心打たれ、「僕も赦してほしい」と今までの酷い扱いを心の底から謝罪した。

その時、赦しについて大切なことを教えられた。神は加害者の私の説教を通して次男の心の傷に触れ、傷ついた感情を癒してくださった。神は傷ついた者を通して傷ついた者を癒し、傷ついた者が傷つけた者を罪責の苦しみから解放させた。彼は信仰によって私を赦し、抱きしめてくれたのではない。癒された感情からあふれ出た赦しの愛が私を包み込んだ。彼に抱きしめられているとき、神の赦しに包まれているように感じた。傷つけた次男によって赦されるという経験は、ヨセフが傷つけた兄たちの姿を通して慰めを受け、やがて兄たちを赦し、受け入れる姿と重複した。

ヨセフは抑圧してきた深い悲しみを、涙と一緒に流し出した。涙は、心の憂いや悲しみを流し出してくれる神の賜物である。ヨセフは涙を流すことで、抑圧してきた本心を素直に受け入れ、父ヤコブの子である自分のアイデンティティを取り戻した。

二種類の悲しみ

ヨセフはシメオンを監禁した。他の兄たちは、買い取った穀物をろばに背負わせて家路に着いた。

ヨセフは部下に命じて、兄たちが食糧の代金として支払った銀を穀物の袋に戻すようにと命じた。旅の途中、宿泊所で穀物の袋を開けてみると、食糧の代金として支払ったはずの銀がそっくりそのまま戻されていた。兄たちは身震いしながら「神は、私たちにいったい何ということをなさったのだろう」（創世42・28）と互いに言い合った。この時点で、兄たちも、ようやく一連の出来事が偶発的なことではなく、神が意図をもって深く関与しておられることに気づき始めた。そして、兄たちが戻された銀を見て身震いしたのは、弟のヨセフを奴隷商人に銀二十枚で売り飛ばしたことが脳裏をかすめたからではないだろうか。二十枚の銀貨で弟のヨセフの人生を破滅させてしまったことに、今さらながら、自分たちの犯した罪の重さを思い知らされたのだろう。この時点では、兄たちにはヨセフの生死について、何ひとつ手がかりがなかった。

兄たちも拭い切れない罪責感を抱えながら、ヨセフの存在を忘却の彼方へ追いやって生きてきたのだろう。穀物の袋の中に食糧の代価として支払ったはずの銀がそのまま戻されていたのを見たとき、ヨセフに対して犯した罪の償いは、罪責感で苦しむぐらいでは済まされない、神の現実を突きつけられたように感じたのではないだろうか。ヨセフの兄たちが身震いし、心責められる経験をしたのは、悔い改めを通して神の救いへと至らせるためである。

神のみこころに添った悲しみは、悔いのない、救いに至る悔い改めを生じさせますが、世の悲しみは死をもたらします。（Ⅱコリント7・10）

聖書は、自分の罪を悲しむ行為には、まったく異なった結果をもたらす二種類があると教えている。「神のみこころに添った悲しみ」と「世の悲しみ」である。「神のみこころに添った悲しみ」とは、聖霊なる神によって心責められることで生じる悲しみである。その悲しみは悔い改めを促し、神の赦しを受け取らせる。神は罪を悔い改める者を赦してくださる。それゆえ、神は赦しを与えるために罪を責められる。罪の責めなしに罪の赦しはない。神の愛の象徴である十字架は、神の裁きの象徴でもある。神は人を救いに至らせるために罪を責められる。

しかし、「世の悲しみ」は自責の念である。キリスト者が罪を犯すとき、良心の呵責によって自責の念を抱くことは自然な反応である。しかし、自責の念が悔い改めを通して神の赦しを受け取らせることはない。自責の念によって心責められるとき、必ずしも神が責めておられるわけではないことを覚えなければならない。自責の念イコール神の責めではない。

聖書は「弱い良心」の問題を扱っている。パウロは、偶像にささげた肉を食べることは信仰的にはまったく問題ないとしたが、弱い良心を持つ人は偶像にささげた肉を食べることで心責められるので、つまずきを与えてはならないと教えた。キリスト者が自責の念を抱くことは不可避ではあるが、自責の念を鵜呑みにすべきではない。ダビデは、「神よ。私を探り、私の心を知ってください。私を調べ、私の思い煩いを知ってください。私のうちに傷のついた道があるか、ないかを見て、私をとこしえの道に導いてください」（詩篇139・23－24）と祈った。キリスト者は自責の念を覚えるたびに、他者から責められるとき、何よりもまず、神の御前で心探っていただかなければならない。

「私をとこしえの道に導いてください」と神の赦しへと導いてくださることを求めるのである。

聖霊なる神によって心責められているのか、自責の念かを区別する方法は、その責めが神の御顔を慕い求めさせるのか、神の御顔を避けさせるのかによる。

母性的な愛は子の苦しみを自ら引き受けることで発揮され、父性的な愛は子自身に苦しみを引き受けさせるのを耐え忍ぶことで発揮される。父なる神はすべての人を愛するために、御子イエスの苦しむ姿を耐え忍んだ。父なる神は、ヨセフに対して兄たちが犯した罪を不問にはしなかった。それは、食糧難に陥り、死の危険から家族が救われるには、自分たちの過去の罪と向き合うことを避けては通れなくなったからである。

父ヤコブの責任

家路に着いた兄たちは、事の一部始終を父ヤコブに告げ知らせた。食糧を管理するエジプト人の責任者が自分たちにスパイ容疑をかけ、シメオンの身柄を拘束し、真実を語ったことの証明として末の弟ベニヤミンを連れてくるように命じたことを父ヤコブに告げた。ヤコブは「あなたがたはもう、私に子を失わせている。ヨセフはいなくなった。シメオンもいなくなった。そして今、ベニヤミンをも取ろうとしている。こんなことがみな、私にふりかかって来るのだ」（創世42・36）と、災いが降りかかったと嘆いた。すべてのことが神の摂理の内にあるとヤコブが悟るまでは、彼が経験した喪失の苦しみは、神の呪い、災いでしかなかった。

父ヤコブにとって、ヨセフを失い、シメオンも囚われの身となり、その上に末の子ベニヤミンまでも失うことは、耐え難い苦しみである。ヤコブはベニヤミンをエジプトへ行かせることをかたくなに拒んだ。親にとって子を失うことほどの悲しみはない。しかし、ベニヤミンをエジプトへ行かせなければ、家族全員が餓死してしまう。ヤコブにとっては、進むも地獄、退くも地獄である。父の責任は、矛盾した状況で難しい決断を下すことにある。父こそが子を失うことの重大な責任を引き受けるべきである。

父ヤコブが責任を引き受けようとしないのを見かねた長男のルベンが、「もし私が彼をあなたのもとに連れて帰らなかったら、私のふたりの子を殺してもかまいません。彼を私の手に任せてください。私はきっと彼をあなたのもとに連れ戻します」（創世42・37）と、ベニヤミンの命の責任を引き受けることを申し出た。ルベンには、ヨセフを救い出せなかった過去の過ちに対する償いの意味があったのかもしれない。しかし、それでも父ヤコブがベニヤミンをエジプトへ行かせることをかたくなに拒んだのは、親が子を失うことを恐れる以上の理由があったのではないだろうか。

しかし、ヤコブはヨセフの弟ベニヤミンを兄弟たちといっしょにやらなかった。わざわいが彼にふりかかるといけないと思ったからである。（創世42・4）

ヤコブは息子たちをエジプトへ食糧の買い出しに行かせるとき、妻ラケルの二番目の子ベニヤミンに災いが降りかかることを恐れて、彼だけは行かせなかった。ヤコブは、溺愛したヨセフがいなくなってからは、ベニヤミンを溺愛するようになっていた。ヤコブは妻ラケルの子ベニヤミンを十人の息子以上に愛し、重んじた。ヤコブはシメオンとベニヤミンを天秤にかけている。長男ルベンの二人の子どもを加えても、ベニヤミンを失いたくなかった。

しかしヤコブは言った。「私の子は、あなたがたといっしょには行かせない。彼の兄は死に、彼だけが残っているのだから。あなたがたの行く道中で、もし彼にわざわいがふりかかれば、あなたがたは、このしらが頭の私を、悲しみながらよみに下らせることになるのだ。」(創世42・38)

「私の子は、あなたがたといっしょには行かせない」、ヤコブはベニヤミンだけが自分の本当の子であると言い放っている。なんという拒絶の言葉だろうか。しかし、ユダが父の拒絶の言葉に過剰反応することもなく、信じ難い申し出をすることになる。

ヤコブの決断

さて、その地でのききんは、ひどかった。彼らがエジプトから持って来た穀物を食べ尽くしたとき、父は彼らに言った。「また行って、私たちのために少し食糧を買って来ておくれ。」

（創世43・1―2）

イスラエルの飢饉は長く続いたので、エジプトで買い求めた穀物を食べ尽くしたとき、父はエジプトへの食糧の買い出しを願った。もし、飢饉が深刻化していなかったら、父の心は愛する息子ヨセフがいるエジプトに心を閉ざしたままでいたことだろう。父ヤコブがヨセフと会うことは二度となかっただろう。しかし、背に腹は代えられない状況に陥り、父ヤコブはエジプトへ買い出しに行かせることを余儀なくされた。その時、ユダが「もし、あなたが弟を私たちといっしょに行かせてくださるなら、私たちは下って行って、あなたのために食糧を買って来ましょう。しかし、もしあなたが彼を行かせないなら、私たちは下って行きません。あの方が私たちに、『あなたがたの弟といっしょでなければ、私の顔を見てはならない』と言ったからです」（43・4―5）と、父ヤコブと対決した。ユダは餓死することを覚悟した。

ヤコブはベニヤミンを連れて行くことに反対の態度を崩さなかったが、ユダがベニヤミンの保証人になることを誓った。ユダは、ヨセフを奴隷商人に売り飛ばすことを提案した張本人である。父ヤコブから愛するヨセフを引き離したユダ自身がベニヤミンの保証人になることを申し出たのは、償いの気持ちからだろうか。ヨセフが奴隷として売り飛ばされることに至った経緯の中で深く関与したルベンとユダが自己犠牲的な申し出をしていることに、神の回復の働きを覚える。ヨセフがいなくなった日から、神は彼らの心に働きかけ、父からの拒絶の痛みを癒し、それぞれがイスラエルの族長、父となる訓練をなしていた。

父ヤコブはユダの申し出を渋々受け入れ、二倍の銀と戻された代金の銀の返済と贈り物を携えて行くことを条件に、ベニヤミンが同伴することを認めた。ヤコブは「全能の神がその方に、あなたがたをあわれませてくださるように。そしてもうひとりの兄弟とベニヤミンとをあなたがたに返してくださるように。私も、失うときには、失うのだ」（創世43・14）とベニヤミンの命を神に託した。父ヤコブが神の摂理を受け入れた瞬間である。

喪失体験の普遍化

父ヤコブは愛するヨセフを失った悲しみに打ちひしがれ、末の子ベニヤミンをエジプトへ行かせることをかたくなに拒み続けたが、やがて「失うときは、失うのだ」と喪失体験を普遍的な経験として受け入れた。

大切な人を失う「喪失体験」は、誰にとっても受け入れ難く、辛く悲しい経験である。喪失経験からの回復には、「被害者意識からの脱却」が不可欠である。自死で息子さんを失った柳田邦男氏が、ご自身の喪失体験からの回復に喪失体験の普遍化が果たした役割について述べている。

記者時代や作家になってから、様々な事件や人間の取材をとおして、あまりにも多くの悲惨な例に出会ってきたので、「なんで自分だけがこんな不幸を背負わなければいけないのか」といった〝悲劇のヒーロー〟意識あるいはみじめさの谷底にすべり落ちる〝自己憐憫〟の感情にひたることがなかった。（『突然の死とグリーフケア』、八頁）

「どうして自分だけがこんな不幸を背負わなければいけないのか」、この自己憐憫の谷底にすべり落とす不毛な自問からの脱却は、「喪失体験」を普遍的な体験として受け入れることにある。被害者の会や遺族会などが結成され、苦しみや悲しみを共有することは、喪失体験を普遍的な経験として受け入れる大きな助けとなる。

父が亡くなって六か月が過ぎた頃、突然、母から「今日から献ちゃんは、ほかの家族のもとへ行くことになった」と告げられた。母の言葉を正確には思い出せないが、「ほかの家族」という言葉だけは覚えている。献児は静かに寝ていた。まだ、生後六か月だった。

父が亡くなる九日前に誕生した弟。私にとって、父がいなくなった喪失の悲しみを、生まれたばかりの弟の存在が癒してくれていた。母に「なぜ、ほかの家族のもとへ行かなければいけないの？」と何度も尋ねたように記憶している。しかし、答えは返ってこなかった。

玄関の扉が開き、関西聖書神学校の有賀喜一先生ご夫妻が入って来られた。母が献児を抱きかかえ、ご夫妻の手に渡したとき、私は弟を取り返そうとした。弟を追いかけて家の外に出たが、何もできなかった。家の前に停めてあった車がゆっくりと発進し、やがて視界から消えた。

父が亡くなって六か月、今度は弟の献児が目の前からいなくなった。私は呆然と道路で立ち尽くし、「神様、どうして？」と心の中で叫んでいた。しかし、神は父が亡くなった時と同じように、何も答えず、沈黙していた。

それからしばらくして、住み慣れた大阪府羽曳野市を離れ、母の新しい仕事先がある大阪府茨木市に引っ越した。担任の先生が私の引っ越しをクラスで報告した時のことを、今でも鮮明に覚えている。「えー」という声がいたるところで上がった。最初は嬉しく思ったが、学校の帰り道、深い悲しみに襲われた。仲の良かった級友たちとの別れも、私にとっては「喪失体験」の一つであった。

引っ越しの朝、近所の友達が大勢見送りに来てくれた。小さい時から基地ごっこや喧嘩もした幼馴染みたちとの別れも辛かった。家財道具を乗せたトラックの助手席から、手を振る友達の姿が涙でかすんで見えた。「なぜ僕だけが友達と別れなければならないのか」、自己憐憫の感情に襲われた。

父、献児、級友や幼馴染みたちとの別れは、九歳の私にとっては受け止めきれない喪失であったが、幸いに転校先の小学校ではすぐに多くの友達ができた。一人の友達の家は父子家庭だった。ある日、彼の家に遊びに行ったとき、父子家庭の現実を子どもなりに感じたのを今も忘れることができない。その友人は病気で母親を亡くしていた。母のいない家はどこか殺伐としていた。父のいない寂しさや悲しさは経験していたが、母のいない友達の寂しさを感じた瞬間だった。友人の喪失の悲しみに接した経験が、私の喪失体験が普遍的な経験へと脱却する大きな一歩となった。

その後、もう一つの喪失経験に接することになる。クラスの友人の家が全焼した。担任の先生が、その友達に必要な文具品などをプレゼントしましょうと提案され、教室にダンボール箱が置かれた。

新しい鉛筆を買って、プレゼント用のダンボール箱に入れた。友人の家族全員は無事であったが、何もかもが焼けてしまったことは衝撃的だった。幼少のころの写真、大切な宝物、すべてが灰となった。

クラスの友人たちの喪失体験に接したことが、私のグリーフワークの不可欠な過程、喪失体験の普遍化につながったと思う。牧師になった今も、父を亡くした喪失体験を語り続けるのは、私の喪失体験が誰かの癒しの過程の助けとなると信じているからである。

苦しみの意義の探求

日本における死生学の第一人者、上智大学名誉教授アルフォンス・デーケン氏は、グリーフワークにおける苦しみの意義の探求について記している。

私の恩師でもあったフランスの実存哲学者ガブリエル・マルセルは「問題」と「神秘」の次元をはっきりと区別しました。マルセルは、この世界は「問題」と「神秘」と名付けられる二つの領域から成り立っていると説きます。（中略）人生には、「問題」としては決して解決できない「神秘」の領域が、厳として存在します。苦しみの意義とか生と死、愛と別れなどは、「問題」のレベルではなくて、もっと深い「神秘」のレベルに属しています。つまり問題のレベルで物事を解決しようとする人は、神秘の次元に関してはどうしてよいかわからなくなりま

す。（一九二頁）

喪失体験を普遍的な経験へと脱却させた人は立ち直る。苦しみの意味を探求し、苦しみを通らされたことに何らかの意義を見いだした人は、これからの人生に使命が託されていると思えるようになる。これは、決して思い込みではない。苦しみを「問題」とみなす因果応報的な考え方からは、使命感が生まれることはない。自責の念だけが生じる。因果応報的な考えでは受け止め切れない苦しみは被害者意識を生み出し、自己憐憫の感情に浸らせるだけである。「喪失体験」を因果応報的な考えで受け止めるのではなく、説明のつかない「神秘」、神の摂理として受け止めることが大切となる。

父や弟がいなくなった寂しさに襲われるとき、いつも「神様、どうしてですか」と祈っていた。献児が養子に出されてから三、四年後、関西聖書神学校主催の聖会に家族全員で参加した。その時、三、四歳になっていた彼の姿を初めて見た。聖会中、四男の真一と献児が仲良く遊んでいる光景を見ながら胸が熱くなった。二人は互いに自分たちが本当の兄弟であることを知らないでいる。無邪気に遊ぶ二人の姿が切なすぎた。切なさという言葉も知らなかった。ただ、心がとても締めつけられた。なぜ、兄弟なのに一緒にいられないんだろう。なぜ、別々の家族として暮らしていかなければならないのだろう。彼を抱きかかえることもできず、ただ少し離れたところから弟の笑顔を見つめていた。そしてそれが、大人になって再会するまでに見た弟の最後の姿だった。弟の成長は、手紙に添えて送られてくる写真で見るだけだった。兄弟であることを知らずに遊ぶ二人の姿を見るのが忍びないとの祖母の一言で、聖会からも遠ざかってしまった。

家族写真の中で笑う弟の姿を見るたびに、悲しさは再会への願いへと少しずつ変わっていった。しかし、願いが実現するまでには、まだ長い歳月を必要とした。

一九九二年十二月五日、私と妻かなの結婚式に弟を招きたいとの願いが与えられた。当時、私は二十七歳だった。最後に弟を見た日から十数年が経っていた。結婚式の招待状を送ったが、返ってきたはがきには「欠席」にしるしがついていた。実の弟が結婚式に来てくれない。生後六か月の弟との別れの日から、彼のことを忘れたことはなかった。家族写真の中で品の良い服を着ている献児を指さして、「さすがやな。同じ兄弟やのに、家庭環境でこんなに品の良い子どもに育つんやな」と冗談交じりで笑っていても、心の深いところには「うめき」があった。

癒しの旅

父ヤコブと兄たちにとっての癒しの旅が始まろうとしていた。兄たちは末の子ベニヤミンを連れてエジプトへと旅立ち、再びヨセフの前に立った。ヨセフは兄たちを自宅での食事に招待した。スパイ嫌疑がかけられている自分たちが食事に招待されたことに当惑し、兄たちは騙され、奴隷にされてしまうことを内心恐れた。食料を買うために支払った銀が穀物の袋にそっくりそのまま返されていたことで、代金を盗んだと咎められることを危惧したからである。

兄たちが戻された銀のことをヨセフの家のしもべに打ち明けると、しもべは「安心しなさい。恐れることはありません。あなたがたの神、あなたがたの父の神が、あなたがたのために袋の中に宝を入れてくださったのに違いありません。あなたがたの銀は私が受け取りました」（創世43・23）と答えた。そのしもべ自身がヨセフに命じられて、受け取った銀を穀物の袋に戻したからである。

食事の席に着いている兄たちと一緒にいる弟のベニヤミンの姿を見たとき、ヨセフは懐かしさのあまり、涙をこらえ切れなくなり、奥の部屋で号泣した。

涙を拭ったヨセフは兄や弟と十数年ぶりに食卓を囲んだ。ヨセフはしもべに命じて袋に詰め込めるだけの食料を与え、代金の銀は受け取らなかった。

ヨセフはしもべに、ベニヤミンの袋に自分の銀の杯を入れるようにと命じた。翌朝、兄たちやベニヤミンはヨセフの家を発ち、ベニヤミンの帰りを心配して待っている父を安心させようと家路を急いだ。彼らがまだ町から遠くに行かないうちに、ヨセフはしもべに命じて彼らの後を追わせ、自分の大切な銀の杯を盗んだ嫌疑をかけさせた。ヨセフはしもべを通して、「なぜ、あなたがたは悪をもって善に報いるのか」（創世44・4）と言わせている。ヨセフはただ憤ったふりをしただけなのだろうか。ヨセフの責める言葉には、兄たちの悪行に対する憤りが込められているのではないだろうか。ヨセフは自分の素性を明かさなかったので、兄たちの悪行を責めることはできなかった。しかし、ヨセフが兄たちを本当に赦すためには、彼らの悪行を責めなければならない。兄たちの罪は責められることなしに赦されることはない。ヨセフが兄たちを責めなければ、兄たちの犯した罪はヨセフの心にいつまでも残る。

「なぜ、あなたがたは悪をもって善に報いるのか」、父に頼まれて兄たちの様子をうかがいに来ただけの自分を捕らえて、奴隷商人に売り飛ばしたことへの怒りが込められている。兄たちの罪を、直接ではないが、間接的に責めている。兄たちを責めたことが、赦しへの布石となっていく。

ユダの嘆願

ヨセフが弟のベニヤミンの袋に自分の銀の杯を入れさせて、盗みの嫌疑をかけたのは、ベニヤミンだけでも自分のそばに置いておきたかったからだろう。父の家へと帰って行くベニヤミンとの別れは、ヨセフの心に喪失の痛みと、エジプトの地にひとり残る深い孤立感を生じさせた。しかし、神の計画はヨセフの癒しだけでなく、家族の和解、イスラエル民族の将来にまで及んでいる。しもべが袋を調べ始めると、ベニヤミンの袋から銀の杯が見つかった。兄たちは、ベニヤミンの袋から銀の杯が発見されたことが信じられなかった。ベニヤミンに限って、銀の杯を盗むことなどありえない。支払った銀がそっくりそのまま袋に返されていたり、盗んでいない銀の杯がベニヤミンの袋から見つかったり、ありえないことが続いた。すべてはヨセフの思惑どおりであるが、神はヨセフの思惑を超えて、兄弟たちの和解のために働いておられた。

ユダが答えた。「私たちはあなたさまに何を申せましょう。何の申し開きができましょう。

また何と言って弁解することができましょう。神がしもべどもの咎をあばかれたのです。今このとおり、私たちも、そして杯を持っているのを見つかった者も、あなたさまの奴隷となりましょう。」（創世44・16）

ヨセフの前に連れて来られた兄弟たちは、地にひれ伏した。ヨセフが「あなたがたのしたこのしわざは、何だ。私のような者はまじないをするということを知らなかったのか」（44・15）と厳しく責めたところ、ユダが、ベニヤミンひとりを奴隷として残すことなど絶対にできない、兄弟全員がヨセフの奴隷になると申し出た。すると、ヨセフは「そんなことはとんでもないことだ。杯を持っているのを見つかった者だけが、私の奴隷となればよい。ほかのあなたがたは安心して父のもとへ帰るがよい」（44・17）と、ベニヤミンひとりだけを奴隷として返さないと告げた。すると、ヨセフを奴隷商人に売り飛ばすことを提案したユダが言葉をはさんだ。ユダは父ヤコブとのやりとりをすべてヨセフに明かし、ベニヤミンを無事連れて帰らないと、父ヤコブは悲しみのあまり、命を落としかねないと苦しい胸の内を明かした。ユダは、ベニヤミンの身代わりとなって、自分が奴隷になることを嘆願した。

ヨセフは、ユダが自分の実弟ベニヤミンの身代わりを申し出たことに深い慰めを覚えた。兄たちがベニヤミンを愛しているのを見たとき、ヨセフは込み上がってくる感情を制することができなくなった。ヨセフは兄たちと弟だけを残して、そのほかの者たち全員に部屋から出るように命じた。

そして、彼は声を上げて泣いた。傷ついた感情が深い慰めを受けたとき、赦せない思いは涙とともに流れ去った。

ヨセフの赦し

ヨセフは兄弟たちに言った。「私はヨセフです。父上はお元気ですか。」兄弟たちはヨセフを前にして驚きのあまり、答えることができなかった。ヨセフは兄弟たちに言った。「どうか私に近寄ってください。」彼らが近寄ると、ヨセフは言った。「私はあなたがたがエジプトに売った弟のヨセフです。今、私をここに売ったことで心を痛めたり、怒ったりしてはなりません。神はいのちを救うために、あなたがたより先に、私を遣わしてくださったのです。」（創世45・3―5）

突然大声で泣き始めたヨセフの姿を、兄弟たちは何事かと固唾《かたず》を飲んで見守った。ようやく落ち着きを取り戻したヨセフが正体を明かしたところ、兄たちは驚きのあまり言葉に窮した。消息不明のヨセフが生きていただけでも驚きなのに、奴隷として売られた彼がエジプトの高官となって自分たちの前に立っていることが信じられなかった。ヨセフは放心状態の兄たちに近づくようにと声をかけ、「私はあなたがエジプトに売った弟のヨセフです」と正体を明かした。兄たちは、目の前にいるエジプト人の高官が弟のヨセフであることを認めざるをえなかった。なぜなら、ヨセフを奴隷としてエジプトに売った事実を知るのは、兄たち以外にはヨセフ本人しかいない。

ヨセフは動揺する兄たちを見て、穏やかに語りかけた。ヨセフが兄たちを心から赦した瞬間である。ヨセフが兄たちを心底から赦せるようになったのは、兄たちからエジプトに売り飛ばされた悲劇的な出来事を神の摂理として受け入れたことによる。

ヨセフが人生を破滅させた兄たちを心から赦せるようになったのは、十七歳の時に見た夢が成就したこと、兄たちの悔恨の苦しみに接したこと、長男のルベンが助けようとした事実を知ったこと、奴隷商人に売り飛ばすことを提案したユダが弟のベニヤミンの身代わりを申し出たこと、そして何よりも飢餓で苦しむ家族を救える立場に名もなき自分が置かれている現実に、神の摂理を認めざるをえなかったからである。神が自分をエジプトに遣わされたのなら、自分をエジプトに売り飛ばしたと兄たちを責め続けることはできない。

ヨセフにとって赦しには、兄たちの罪を責めること、罪の償いを神に求めること、そして、兄たちが犯した罪の結果に神の摂理を見いだすこと、すなわち、売り飛ばされたのではなく、遣わされたと受け止めることが不可欠となる。そうして、最終的に兄たちの罪を赦すことができるようになる。

人生を支配する神の摂理

神は兄たちの犯した罪にいっさい関与していないが、ヨセフの生涯に対して支配権を有している。

兄たちがヨセフの殺害を企んだとき、「見ろ。あの夢見る者がやって来る。さあ、今こそ彼を殺し、どこかの穴に投げ込んで、悪い獣が食い殺したと言おう。そして、あれの夢がどうなるかを見ようではないか」（創世37・19－20）と、ヨセフの人生に対する神の摂理と対決している。兄たちは、ヨセフの人生に対する主導権争いを神としていることに気づいていない。

イエスの十字架の死は、理不尽な苦しみの極みであり、神に対する反逆行為の極みである。しかし、父なる神は、十字架で処刑された御子イエスの死をもって全人類の罪の償いとし、復活によって死の力を滅ぼした。十字架の死はイエスが神の御子であることを否定したはずであったが、死の力を打ち破り、復活したことで、十字架の死は救いの象徴となった。

「だから、今、私をここに遣わしたのは、あなたがたではなく、実に、神なのです。神は私をパロには父とし、その全家の主とし、また全エジプト全土の統治者とされたのです。」（創世45・8）

ヨセフは、今この場所にいるのは兄たちに売り飛ばされたからではなく、神の派遣によると確信を込めて語った。ヨセフの生涯同様、キリスト者も今置かれている場所に神によって派遣されたとの認識を持つことは、神の摂理に対する健全な態度である。神の摂理を悟るまでは、ヨセフにとってエジプトは売り飛ばされた地、強制的に連れて来られた場所でしかなく、エジプトに滞在していることは彼の意に反した。彼のたった一つの願いは、イスラエルにある父の家に帰ることでしかない。監獄もヨセフの意に反した、不本意な場所でしかない。しかし、神はヨセフをエジプトに遣わし、監獄にも遣わされた。今いる場所は不本意な場所、望まなかった場所であるかもしれないが、キリスト者の人生を支配するのは、この世の不本意な苦しみではなく、神の摂理である。今は、不本意な場所に置かれた苦しみに葛藤を覚えるかもしれないが、その苦しみが無意味なものではなく、何か意味があると思えるようになる。人生の一つひとつの出来事が偶発的に起こっているのではなく、新しい扉を開いていくことに気づき始める。

弟の苦悩

父の死後、母は家族を養うために仕事を求めて祈った。すると、母が子ども時代を過ごした孤児院での働き口が備えられた。幼馴染みや級友たちとの別れは喪失体験を重ねることになったが、引っ越さなければ今の教会の牧師になることはなかった。

ヨセフは家族全員をエジプトに呼び寄せ、土地や家畜を与えることを約束した。そして、彼は兄たちや弟のベニヤミンとの再会を喜び、涙した。ヨセフと兄たち、弟ベニヤミンとの再会の場面を読むたびに、生後六か月で養子として引き取られた五番目の弟献児との再会の場面を心に描きながら涙した。

弟の献児が自分の生い立ちを聞かされたのは、十七歳の時である。バイクの免許を取得する際、養子であることを知らされた。彼が書いた文章を引用したい。

私は小さい頃、三歳から八歳くらいまでだったと思いますが、何度も同じ夢を見たのを覚えています。それは、自分の体が爆弾に入れられて飛ばされるというもので、自分が犠牲になる、捨てられるという恐ろしい夢でした。幼心に「お前は捨てられた」というメッセージを受取っていました。当時も、赤ん坊でありながら自分の身に起こったことを感じ取っていたのかもしれません。乳飲み子に大人の事情など分かるはずもないのですが、母の手から離されたことを魂が感じ取っていたのでしょう。そして十七歳の時、一人っ子だと思っていた自分に血のつながった兄が四人もいて、自分は五番目の末っ子であったことを知りました。しかしその時は、自分の生い立ちを考えることに強い抵抗があり、兄弟と会うことはできませんでした。（『リバイバル・ジャパン』二〇一〇年十二月一日号「福音のチカラ」）

献児は幼少の頃から、周りの子どもたちから「もらわれてきた子」と言われ、「自分は本当の子ども」だと何度も自分に言い聞かせてきた。しかし、「もらわれてきた子」という言葉を心から払拭できなかった。養子である事実を告げられたとき、多感な思春期を迎えた弟にとって、その事実は深い拒絶感をもたらした。神学校の敷地内に校長の息子として暮らしていた彼の足が教会から遠ざかっていたころ、私たち夫婦の結婚式の招待状が届いた。彼が欠席するのも無理はない。四人の兄たちは実の母や祖母と一緒に暮らしているのに、なぜ自分だけが養子に出されなければならなかったのか、拒絶感に苦悩していた。返信された葉書の「欠席」のしるしから彼の苦悩が感じ取れた。家族から離れて暮らしてきた弟の苦しみに触れたとき、寂しさや懐かしさから再会を望むことに躊躇を覚えるようになった。

再会の日

それから六年の歳月が過ぎた、ある日の午後、教会の郵便ポストに一枚の紙切れが入っていた。何気なく手に取り、走り書きされた文字を見て目を疑った。その紙切れには「お兄さん。会いに来ましたが、留守のようなので、また連絡します。献児」と記されていた。献児が訪ねて来てくれた。彼からの連絡を待たず、こちらから電話をした。受話器の向こう側に弟がいることの不思議さ、何を話していいかわからず、再会の約束だけを交わした。

生後六か月の彼と別れてから、二十三年の月日が経っていた。大学の卒業式を終え、婚約者と一緒に自宅を訪ねてくれた。

目の前に立つ二十三歳の青年となった弟と再会しても、込み上げてくるものはなかった。生後六か月だった赤ん坊の弟が大学を卒業して、立派な青年として目の前にいることに、懐かしさというよりも不思議な気持ちになった。彼と過ごした時間は六か月間しかなかったので、懐かしく思える思い出は何もなかった。父が亡くなった喪失感で心が押しつぶされそうになっていた時期と重なったため、父に連れられて母と生まれたばかりの弟を病院に見舞いに出かけた日と、養子として家から出て行った日のことしか覚えていない。

しかし、二十三年ぶりに弟との再会を果たせたこと自体は大きな喜びであった。空白の二十三年間を埋めるために、互いの歩んできた人生を分かち合った。最も嬉しかったことは、弟が私たち家族を赦してくれているとわかったことだ。私も弟に、決して見捨てたわけではないことを伝えたかった。九歳の私が彼を追いかけて家の外に飛び出した時のことを話し始めると、彼の目から大粒の涙がこぼれ落ちた。その涙が彼の心に重くのしかかっていた「拒絶感」を押し流しているようだった。自分ひとりだけが養子縁組で家族から離されたのは、決して見捨てられたからではないことは、頭ではわかっていても、感情的に受け止めることができずに苦しみ続けていた。兄の私が、自分を追いかけてくれたことを聞いたとき、養子に出されたことをようやく神の摂理として受け入れることに心が開かれ始めたのだろう。

その後七、八年が経ち、一番上の兄（豊田信行）が大阪の島本町で牧師をしていることを知りました。そして一度会ってみたいという思いが与えられました。でも、一人では行く勇気がなかったので、婚約者に一緒に行ってくれないかと頼んで一緒に会いに行きました。劇的な再会になるかと思っていましたが、普通に会話をしてその場を後にしました。「この人が兄か……」という、冷静というか静かな交わりでした。この時点では、これから神がなそうとしていることなど知る由もありませんでした。一年後、中米グアテマラで開かれたカンファレンスに、その兄と一緒に参加する機会がありました。部屋も同室となり、約一週間を共に過ごす中で、「兄の牧会している教会に行きたい」という思いが湧き上がってきました。いま振り返ると、神からの語りかけだったと思います。翌年の春から兄が牧会する教会に行くことになりました。ニューライフキリスト教会に行き始めて二回目の礼拝メッセージの後、のぶさん（信行牧師）が「しばらく隣の人と祈りの時をもちましょう」と奨励しました。ちょうど横に兄の潔さん（二男）がいて、共に祈りの時を持とうとしました。しかし私は、言葉が出ず、ただただ涙が出てきて泣いていました。潔さんも何も言わず、私を抱きしめてくれました。なぜ泣いているんだろう。今まで背負ってきた自分の生い立ちという重荷、その緊張の糸が切れたんでしょうか。自分の帰るべき所、会わなければならない人との再会を果たしたからでしょうか……。次兄に抱きしめられている時、「よく帰ってきたな。今までよく頑張ったな」という無言の言葉を感じていたように思います。それは、天国のメッセージでもあるようにも感じました。地上での生活を終えて天に帰った時、天のお父さんが「よく帰ってきたね。よく頑張ったね」と語りかけてくれる、まさにそのメッセージであると感じました。（『福音のチカラ』）

因果応報という眼鏡

人生における喪失の苦しみは、嘆き悲しむことで人生の一部分となっていく。有名なニーバーの祈りは、変えることのできないものを受け入れる大切さを教えてくれる。

神よ。変えることのできるものについて、それを変えるだけの勇気をわれらに与えたまえ。変えることのできないものについては、それを受けいれるだけの冷静さを与えたまえ。そして、変えることのできるものと、変えることのできないものとを、識別する知恵を与えたまえ。

（ラインホールド・ニーバー［大木英夫訳］）

過去の出来事は変えることができない。楽しい過去は難なく人生の大切な思い出として受け入れられるが、喪失や挫折の経験、悲劇的な出来事を受け入れるためには十分に嘆き悲しむことが必要となる。しかし、間違った悲しみ方をすれば、喪失感は深まってしまう。「世の悲しみは死をもたらします」（Ⅱコリント7・10）とある。世の悲しみとは、人生における苦しみを因果応報的な捉え方をすることで、自責の念を負うことである。

父、豊田龍彦の死を多くの方々が嘆き悲しんでくださった。しかし、遺族を苦しめたのは、父の突然の死という喪失の苦しみだけではなく、父の死に対する偏見の言葉だった。父の死を災いであったかのように言う人々の言葉に、家族の者は深く傷ついた。因果応報、この思想が私たちの心に深く染みついているのではないだろうか。聖書には、「種蒔きの法則」が教えられている。

思い違いをしてはいけません。神は侮られるような方ではありません。人は種を蒔けば、その刈り取りもすることになります。(ガラテヤ６・７)

種蒔きの法則と因果応報には共通点があることから、混同される傾向がある。種蒔きの法則とは、自分が蒔いた種が結ぶ実を、良い実であっても、悪い実であっても、自己責任で引き受けることを教えている。人間関係で真実を語らず、嘘をつき続けるなら、やがて、嘘の代償を支払わなければならない。嘘を貫き通せるとの考えが思い違いであり、神を侮ることになる。神は私たちの隠れた罪を白日のもとへ晒《さら》される。神の目に隠し通せる罪は一つもない。しかし、因果応報は自分が蒔いた種の実ではないものまでも刈り取らせる。先祖の祟りや呪いといったようなものも含まれる。科学至上主義の現代社会においても、いまだにお祓いのような呪術的な儀式が執り行われているのは、災いとしか言いようのない苦しみの扱いがわからないからである。

因果応報という眼鏡で父の死を見つめるなら、父がいったい何をしたからと言って、他者のために祈りをささげている最中に家族を残して死ななければならなかったのか。そのような災いをもたらした先祖の罪とは何だろうか。因果応報の思想には救いはなく、自責の念や他責の念だけが深まっていく。一人子を失った祖母は、父が山に祈りに行くことを止めなかったと言って、母を責め続けた。「なぜ、行かせたのか」「なぜ、止めなかったのか」「なぜ、体の不調に気づかなかったのか」……。祖母もキリスト者であったが、一人息子の死を因果応報的な捉え方から脱して受け入れるのには長い時間を要した。しかし、神は祖母を慰め、心の傷を癒してくださった。

生まれつき目の不自由な人

イエスは道端で物乞いをする生まれつき目の不自由な人に目を留めた（ヨハネ９・１）。弟子たちは彼を見たとき、「先生。彼が盲目に生まれついたのは、だれが罪を犯したからですか。この人ですか。その両親ですか」（９・２）と、彼が生まれつき目が見えないのは誰の責任なのか質問した。弟子たちはその人の苦悩にあわれみを抱かず、興味本位に、苦しみをもたらした犯人について尋ねた。神の摂理の中で苦しみを見つめないと、「犯人探し」が行われる。

弟子たちはイエスに、「彼が盲目に生まれついたのは、だれが罪を犯したからですか。この人ですか。その両親ですか」とぶしつけな質問をした。その質問は彼らの思いつきではない。当時、新生児が重い障害をもって誕生した場合、その苦しみの原因を両親の罪、あるいは、子ども自身が母の胎にいる時に犯した罪だと断定した。障害をもって生まれた人は、苦しみの責任追及から一生逃れることができない。弟子たちの苦しみに対する理解が因果応報的な思想に影響されていることがわかる。

苦しみを因果応報的に捉えると、苦しみの責任追及が始まる。生まれつき目の不自由な人の魂は、肉体的な苦しみ以上に精神的な苦しみに押しつぶされそうになっていた。彼自身も自分の身に降りかかった災いを呪い、自分を産んだ親を呪い、自分の誕生を呪ったのかもしれない。彼は苦しみを罪の結果として押しつけられきた。人々が彼に求めたのは、苦しみを自業自得として黙って引き受けることである。憐れみを求める声を発してはならない。石のように沈黙することを強いられ続けた。イエスが近くに来られても、彼は声を上げなかった。

イエスは答えられた。「この人が罪を犯したのでもなく、両親でもありません。神のわざがこの人に現れるためです。」（ヨハネ9・3）

イエスは、生まれつき目の不自由な人の苦しみは、本人の罪でも、両親の罪でもなく、誰の責任でもないと断言した。彼の人生の中で、イエスひとりだけが誰の罪のせいでもないと断言した。苦しみに対して誰の責任でもないと断言できるのは、神だけである。イエスは彼の心を因果応報の思想がもたらす終わりのない苦しみから解放してくださった。イエスの言葉を聞いた弟子たちは、思考停止に陥るような衝撃を受けたに違いない。因果応報の思想では、イエスの言葉を理解することはできない。実際のところ、イエスの言葉に最も驚愕したのは、その目の不自由な人自身であったのではないだろうか。彼が一度も耳にしたことのない慰めに満ちた言葉であった。幼少の時から聞き続けてきたのは、両親の嘆きの言葉と「おまえが悪い」という責め立てる言葉、「誰が悪いことをしたのか」という犯人探しの言葉だけであった。

彼は両親が自分の存在を嘆き悲しんだように、自分自身でも自分の存在を嘆き悲しむようになっていった。「なぜ、自分は生まれてきたのだろうか」、自分が生きている意味を見いだせずにいた。しかし、イエスの口から語られた言葉は、彼の魂を絶望の淵から救い出した。「神のわざがこの人に現れるためです」、彼の思いに浮かんだことのない言葉である。因果応報の方程式では永遠に導き出されない、苦しみの目的である。彼が生まれつき目が不自由であった苦しみは、神の栄光が現されるために神から委託されたものである。神のみわざは彼の上に現され、目が見えるようになり、大胆に神をほめたたえる者となった。生まれつき目が不自由であった事実こそが、彼の目を開いたナザレ人イエスが待ち望んでいた救い主であることの絶対的な証言となった。パリサイ派の人々からイエスが救い主であることを否定するために、証言を改めるように脅されたとき、彼は「あの方が罪人かどうか、私は知りません。ただ一つのことだけ知っています。私は盲目であったのに、今は見えるということです」（ヨハネ9・25）と告白した。彼の存在が神の栄光を現した瞬間である。

兄たちはエジプトから戻り、「ヨセフはまだ生きています。しかもエジプト全土を支配しているのは彼です」（創世45・26）と父ヤコブに報告した。しかし、父は兄たちの報告を聞いても反応しなかった。あまりに良い知らせなので信じることができなかった。しかし、ヤコブはヨセフが自分を乗せるために送ってくれた車を見て、元気づいた。ヤコブとその家族は、エジプトの地で暮らし始めた。

第6章　モーセ

モーセの誕生と命拾い

エジプトの地で奴隷となったアブラハムの子孫たちをパロ王の束縛から解放し、約束の地へと導いたのは、モーセという人物である。

エジプトを大飢饉から救ったヨセフの功績を知らない王が、国内で勢力を増すヘブル人奴隷の存在に危機感を抱くようになった。そして、ヘブル人に生まれた男の子はナイル川に投げて殺さなければならないとの勅令を出した。しかし、神を恐れるヘブル人の助産婦シフラとプアたちは、王の命令に背いて、男の子を生かしておいた。パロ王の命令は絶対であり、背くと死刑に処せられる。しかし、彼女たちは自分の命を危険にさらしてでも、小さな命を守ろうとした。ここに、信仰だけでなく、母性の強さが用いられている。モーセはそのような女性たちの信仰と愛によって守られ、母のもとへ渡された。

しかし、母は泣き声が大きくなったわが子を隠し通すことに限界を覚えた。

しかしもう隠しきれなくなったので、パピルス製のかごを手に入れ、それに瀝青と樹脂とを

塗って、その子を中に入れ、ナイルの岸の葦の茂みの中に置いた。（出エジプト２・３）

母はわが子を遺棄したのではなく、祈るように神の御手に委ねた。すると、従者を連れてナイル川に水浴に来ていたパロの娘が、葦の茂みに置かれているかごに目を留めた。パロ王の娘に見つけられたことで、幼い子どもの命は絶体絶命の窮地に陥った。ナイル川は目と鼻の先である。従者がパロの娘のもとへかごを持って来た。パロの娘は、かごの中にヘブル人の男の子が置かれているのを見て、不憫に思い、自分の息子として育てることを決意した。

なぜパロの娘は、父が殺せと命じているヘブル人の男の子を自分の息子として育てることを決意したのか。パロの娘にとって、ヘブル人の男の子を育てるメリットは何もない。それどころか、ヘブル人の男の子を自分の息子として育てるには、父親と対決しなければならない。彼女がそのような苦しみを進んで受け入れたのは、ただかわいそうに思った、慈愛の心だけからではない。

その子が大きくなったとき、女はその子をパロの娘のもとに連れて行った。その子は王女の息子になった。彼女はその子をモーセと名づけた。彼女は、「水の中から、私がこの子を引き出したのです」と言ったからである。（出エジプト２・10）

「私がこの子を引き出したのです」、なんという決意の言葉だろうか。ナイル川に投げ込まれるべき子を、命がけで助けた決意がその名に込められている。彼女は、その子を自分の息子として育てることが自分の使命だと、強く感じたのだろう。実に神は、最も危険な人物パロ王の娘の子としてモーセを育てることを計画された。

一つの疑問は、その子が死の危険から救い出される場面で父親の存在が示されていないことである。神を恐れる助産婦シフラとプア。わが子を生かしておくことを決意した母ヨケベデ。葦の茂みに置かれたかごの様子をうかがい、機転を働かせてパロの娘に乳母として実母を勧めた姉ミリヤム。モーセがヘブル人の男の子であることを知りながら、父パロの命令に背いてまで自分の子として育てる決意を固めたパロの娘。彼女たちは「殺してはいけない」との神の命令に命がけで従い、「殺せ」とのパロ王の命令を退けた。「殺してはいけない」と命じたモーセの十戒が与えられる前、彼女たちの心には戒めが刻まれていた。モーセは、エジプトのパロ王を恐れずに立ち向かった女性たちの愛と勇敢な行動によって命拾いした。それにしても、モーセの父はどこにいたのだろう。

永遠の少年

ある日、成人したモーセは、エジプト人がヘブル人の奴隷を打ちたたいている場面に遭遇した。彼は辺りに人がいないのを確認した上で、エジプト人を殺害し、その遺体を砂の中に埋めた。同胞を苦役から救い出すとの使命感に燃えたモーセは、エジプト人をためらいもなく殺害した。なぜ、モーセは同胞を苦役から救い出すために、殺人という過激な手段に訴えたのだろうか。モーセはヘブル人ではあったけれども、エジプト人として育てられた。にもかかわらず、なぜエジプト人をためらいもなく殺害することができたのか。なぜ彼は、パロ王にヘブル人の苦役を軽くするよう直談判しなかったのか。なぜ、パロ王と正々堂々と向き合わなかったのか。

次の日、モーセはヘブル人たちが争っている場面に遭遇した。仲裁に入り、虐げている者を責めたとき、「だれがあなたを私たちのつかさやさばきつかさにしたのか。あなたはエジプト人を殺したように、私も殺そうと言うのか」（出エジプト2・14）と反論された。モーセは、エジプト人殺害の件がパロ王に知れたことを恐れ、何もかも捨ててミデヤンの地へと逃げ出した。彼は使命感に燃えていたはずなのに、あまりにもあっさりと使命を投げ出し、同胞を見捨てて逃げ出した。あまりにも両極端な行動に驚かされる。

パロの娘の子として育てられたモーセには、父の影響が欠落していたようである。モーセがあまりにも短絡的に殺人行為に走ったのは、彼の内面に社会的な規範が形成されていなかったからではないだろうか。母性が支配的な環境で育てられた子どもを「永遠の少年」と表現することがある。その特徴は、突飛な行動と困難からの逃避にある。その特徴はモーセの行動と類似している。

母性的な愛の中にどっぷりと浸かっていたモーセの心には、万能感が満ちていたのだろう。「自分は何をしても許される」、「自分にできないことなど何ひとつない」、万能感に背中を押されてエジプト人を殺害したモーセは、「だれがあなたを私たちのつかさやさばきつかさにしたのか」との拒絶の言葉によって打ちのめされた。等身大の自分の姿に目が開かれたモーセは、パロ王への恐怖に駆り立てられ、ためらうことなく同胞を見捨て、ミデヤンの地へと逃げ出した。母性的な愛で育てられたモーセの弱さは、拒絶に対する脆さにある。

逃亡先のミデヤンの地で祭司の娘チッポラと結婚したモーセは、羊を飼う者となった。

恐れを克服するために

エジプトから逃げ出して四十年の歳月が過ぎた頃、羊の群れを飼っていたモーセは、燃える柴に目を留めた。しかし、柴の燃え尽きないことに関心を抱き、近づいて行ったところ、自分の名を呼ぶ神の声を聞いた。初めての神との出会いである。神はモーセに、エジプトの地にいるご自分の民の苦しみを見たことを告げ、「今、行け。わたしはあなたをパロのもとに遣わそう。わたしの民イスラエル人をエジプトから連れ出せ」（出エジプト3・10）と、パロ王のもとへ派遣を命じた。神は私たちの苦しみを見てくださっている。するとモーセは、「私はいったい何者なのでしょう。パロのもとに行ってイスラエル人をエジプトから連れ出さなければならないとは」（3・11）と、神が人違いをしているかのような否定的な応答をした。「私はいったい何者なのでしょう」とは、八十歳のモーセの言葉である。モーセの当惑は、アイデンティティにではなく、自信喪失に根ざしている。「だれがあなたを私たちのつかさやさばきつかさにしたのか」との同胞の拒絶の言葉によって、万能感は打ち砕かれ、ひどい自信喪失に陥ったままである。

すると神は、「わたしはあなたとともにいる。これがあなたのためのしるしである。わたしがあなたを遣わすのだ。あなたが民をエジプトから導き出すとき、あなたがたは、この山で、神に仕えなければならない」（3・12）とモーセを遣わすことを命じた。モーセはエジプトの地へ行くことには同意したが、「ですが、彼らは私を信ぜず、また私の声に耳を傾けないでしょう。『主はあなたに現れなかった』と言うでしょうから」（4・1）と、同胞から拒絶されることを憂慮した。同胞の拒絶への恐れが、神に従うことの大きな妨げとなっている。

人を恐れるとわなにかかる。
しかし主に信頼する者は守られる。（箴言29・25）

モーセは、同胞に受け入れられるしるしを神に求めた。神はモーセに、「あなたの手にあるそれは何か」（4・2）と尋ねた。モーセが「杖です」（同節）と答えると、「それを地に投げよ」（4・3）と神は命じた。すると、「杖は蛇になった。モーセはそれから身を引いた」（同節）。

主はまた、モーセに仰せられた。「手を伸ばして、その尾をつかめ。」彼が手を伸ばしてそれを握ったとき、それは手の中で杖になった。（出エジプト4・4）

モーセは、地に投げた杖が蛇になったことに驚き、とっさに身を引いた。すると、神はモーセに、「手を伸ばして、その尾をつかめ」と命じた。なぜ、神は蛇の尾をつかむようにと言われたのか。母親なら、そんなことは言わない。「危ないから、絶対に触ってはいけません」と注意するだろう。モーセの母やパロの娘は、自分の身の危険は顧みないで、モーセをあらゆる危険から守り抜いてきた。母性が支配的な環境の中で育ったモーセは、「安全が何よりも大切なこと」と教え込まれていたのだろう。エジプトは命の危険が伴う場所でしかなく、一定の距離を置くことが賢明な選択である。しかし、神がモーセに、「手を伸ばして、その尾をつかめ」と命じたのは、危険に対して尻込みすることをやめさせるためであったのではないか。神がエジプトへ行くよう命じたので、モーセがそうすることは無謀行為ではないが、命の危険や同胞からの拒絶と直面しなければならない。ヤコブに殺意を抱く兄エサウが待つ父の家に帰るようにと命じた神はモーセにも、恐れをなして逃げ出したエジプトへ行くようにと命じた。

私の父が山での徹夜祈禱の最中に召されたことで、ひとり子を失った祖母は、危険なことに対して過剰反応を示すようになった。祖母が危険と感じたことは、すべて禁止となった。中学生の時、釣りに興味を持ったが、溺れる危険があるため禁止となった。何度かは祖母に隠れて釣りに出かけたが、危険に対して過敏にならざるをえなかった。

モーセが手を伸ばして蛇の尾をつかむと、彼の手の中で杖になった。この奇跡は、不思議なしるしの意味を持つだけではなく、父なる神がモーセの自信を回復させることを意図したのではないだろうか。モーセが恐れて身を引いた蛇をつかむとは、恐れを克服することへのチャレンジである。

蛇は、モーセが恐れたパロやエジプトの象徴ではないだろうか。神はモーセに、恐れて身を引くのではなく、手を伸ばしてつかむこと、克服することを求めた。モーセが勇気を振り絞って手を伸ばし、蛇の尾をつかんだ瞬間、それは手の中で杖となった。

本来、蛇を捕獲する際、絶対に尾をつかんではならない。蛇の頭をつかまないと、嚙みつかれてしまう。しかし、神がモーセに蛇の尾をつかむよう命じたのは、命の危険に直面する状況の中にあって神の命令に従うことこそが命の保証となることを教えるためであった。蛇はモーセの手の中で無害な杖となった。モーセが神の命令に従うとき、命を脅かしたエジプトも彼に指一本触れることができないと約束された。神は別の不思議なしるしも与えたが、それでも、モーセは「ああ主よ。私はことばの人ではありません。以前からそうでしたし、あなたがしもべに語られてからもそうです。私は口が重く、舌が重いのです」（出エジプト4・10）と、及び腰だった。

打ち砕かれた万能感

モーセは、「さあ行け。わたしがあなたの口とともにあって、あなたの言うべきことを教えよう」（4・12）との命を受けたとき、「ああ主よ。どうかほかの人を遣わしてください」（4・13）と懇願した。万能感が打ちのめされると、ひどく自信を喪失することになる。膨らんだ風船が破裂するようなものだ。大きく膨らんだ分だけ、勢いよく収縮する。万能感は自己吟味をしないまま、自分こそが適任者だと自己推薦する。モーセは解放者を気取り、エジプト人を殺害し、ヘブル人を助けた。

しかし次の日、ヘブル人同士の争いを仲裁しようとしたとき、「だれがあなたを私たちのつかさやさばきつかさにしたのか」（２・14）と予想外の反発を買った。モーセの万能感は打ち砕かれた。

一度自信を喪失すると、今度は自己批判によって自らを不適任者だと退け、他者を推薦するようになる。モーセは、彼の生涯に与えられた神の召命から辞退しようとした。神の召命とは、人が生まれてきた目的と言える。モーセは、その大切な神の召命を、雄弁さに欠けることを理由に断ろうとした。四十年間、朝から晩まで羊の群れの番をしていれば言葉数も減り、「ことばの人」でなくなるのは仕方がない。神は、モーセが自分の雄弁さに頼らなくなるのを待っていた。「わたしがあなたの口とともにあって、あなたの言うべきことを教えよう」（４・12）と言ったのは、そのためである。

モーセに求められたのは、神の臨在を自分の語る言葉において認めることだ。すなわち、自分の言葉に頼らず、神が語るべき言葉を備えてくださるよう待ち望むことである。私たちが自分の語る言葉において神の臨在を意識することは、容易なことではない。沈黙の修練を経験すると、いかに私たちが自分の言葉に頼っているかに気づかされる。

聖書は体の部分で制御が最も困難な部位が「舌」であると教えている。

> 私たちはみな、多くの点で失敗をするものです。もし、ことばで失敗をしない人がいたら、その人は、からだ全体もりっぱに制御できる完全な人です。（ヤコブ３・２）

神の子とされている内的現実が定着するのが最も困難な体の部位が舌であることは、周知のことである。言葉で失敗しない人は、からだ全体も立派に制御できる完全な人となる。裏返せば、言葉で失敗する人はからだの制御ができない人である。

しかし、舌を制御することは、だれにもできません。それは少しもじっとしていない悪であり、死の毒に満ちています。私たちは、舌をもって、主であり父である方をほめたたえ、同じ舌をもって、神にかたどって造られた人をのろいます。賛美とのろいが同じ口から出て来るのです。私の兄弟たち。このようなことは、あってはなりません。（ヤコブ3・8―10）

「舌を制御することは、だれにもできません。」人は、自分のからだの小さな器官にすぎない舌さえも制御できない事実を認めなければならない。自分の舌さえも制御できないのに、自分の人生や他者が自分の思いどおりになると考えるのは幻想にすぎない。「死の毒に満ちています。」人は自分の語る言葉が、偽り、誇大表現、誘導、皮肉、批判に満ちていることに愕然とする。

私たちは、限度を越えて誇りはしません。私たちがあなたがたのところまで行くのも、神が私たちに量って割り当ててくださった限度内で行くのです。（Ⅱコリント10・13）

パウロは世界宣教の幻を心に抱いていたが、万能感とは無縁であった。それは、彼が神の割り当てた限度を尊んだからだ。神が量って割り当てた限度を度外視して、「私は、私を強くしてくださる方によって、どんなことでもできるのです」（ピリピ4・13）と主張することはバランスを欠いている。私たちは確信を持ってこう言うべきだ。「私は、私を強くしてくださる方によって、神が量って割り当ててくださった限度内において、どんなことでもできるのです。」

沈黙の修練

霊的形成において、沈黙の修練が果たす役割は非常に大きい。沈黙という修練を会得しなければ、からだは制御不能に陥ることになる。舌を神への供え物としてささげるとは、「沈黙」することに尽きる。言葉巧みに自分の思いを成し遂げようとする欲求を放棄し、語るべき言葉が備えられる時を神を信頼して待つことが大切となる。

多くの人たちにとって「安息日」を達成する第一歩は、独りになり沈黙することです。注意深く求め、育み、その中に浸りましょう。それが自分の体と魂に定着したら、仲間と共に過ごしてもよいでしょう。しかしまず、いつも自分の思いどおりにしようとしたり、成果を上げようとしたり、満足を得ようとしたりする傾向から断ち切られなければなりません。そういう習慣的な傾向は、堕落した世界から学んだものです。そこから反対の方向に向かって成長するに

は、独り静まって沈黙する以外にありません。(『心の刷新を求めて』、三一四頁)

モーセに率いられてエジプトを脱出したヘブル人たちがエジプトの軍勢に追いつかれたとき、神はモーセを通して、「主があなたがたのために戦われる。あなたがたは黙っていなければならない」(出エジプト14・14)と命じられた。それは、彼らが神に向かって呪いの言葉を吐かないためである。ヨセフも十数年間、監獄の中で沈黙という神の訓練を受けた。それは、監獄内での生活で沈黙したとの意味ではなく、身の潔白の訴えが聞き届けられない間、ただ神を信頼して待ち望むという訓練である。イエスが大祭司に尋問されたとき、「沈黙」したのは、父なる神への全幅の信頼の表れである。イエスは自分の身の潔白を証言することを意図的にしなかった。沈黙を通して、神への信頼を深めていかなければ、自分の言葉への依存が深まっていく。

神の召命とは、自分のほうから自己推薦して獲得するものではなく、あくまでも「神から声をかけられること」に尽きる。それは、モーセのように直接的に声をかけられることもあれば、人を通して間接的に声をかけられることもある。しかし、「声がかかった」とき、モーセのように断る理由を並べるのではなく、過去の歩みを振り返るべきである。神はモーセに思いつきで声をかけたのではない。神はモーセを母の胎にいる時から選んでいた。そして、神の召命に生きるようにと導いてきた。神の召命を通して人生を振り返ることで、さまざまな出来事がつながっていく。凧の糸が切れたような人生に思えても、神がしっかりと手綱を握っていてくださる。

神は「ことばの人」ではないと難色を示したモーセに憤り、「あなたの兄、レビ人アロンがいるではないか。わたしは彼がよく話すことを知っている。今、彼はあなたに会いに出て来ている。あなたに会えば、心から喜ぼう」（4・14）と語った。神は必要な時に必要な人を備えてくださる。モーセの人生は、神が備え主であることの生きた証しそのものである。しかし、当人だけが疑い続けている。私たちの信仰に客観性が必要なのは、そのためである。誰の目にも神が生きて働いてくださっていることが明らかなのに、当人だけが疑いを抱き続けている。私たちは自らの人生を客観的に眺める時間を持つ必要がある。私たちの人生こそ、神が備え主であることの生きた証しであることに気づかされる。

モーセと杖

神はモーセに、「あなたはこの杖を手に取り、これでしるしを行わなければならない」（4・17）と命じた。なぜ神は、モーセが羊を飼う時に用いた杖によって、「しるしを行わなければならない」と命じたのか。モーセと杖は切り離せない。モーセの姿を想像するとき、彼の手にはいつも杖が握られている。しかし、モーセにとって、しゅうとイテロの羊を飼うことは不本意なことであり、生きていくためには仕方のないことだった。パロの娘の子として帝王学を叩き込まれたモーセにとって、羊の群れの番をすることは屈辱的な経験でしかなかったに違いない。生まれてからの四十年の努力が無駄に思えた。四十年間、彼は自分の羊ではなく、しゅうとイテロの羊を飼っていた。屈辱的な日々の歩みの中で、彼の手にずっと握られていたのが羊飼いの杖である。モーセにとって杖とは彼の誇りではなく、挫折の象徴でしかなかった。しかし、しゅうとイテロの羊を飼った四十年は、推定二百万のヘブル人を約束の地へと導くための神の訓練期間であった。四十年間、他者の羊を忠実にお世話したことこそ、神がご自身の民を約束の地へと導くリーダーに求めた不可欠な資質であった。神の目には、モーセの杖は挫折の象徴ではなく、忠実さの象徴に映った。神はモーセに雄弁さではなく、忠実さを求めていた。

モーセが神の家全体のために忠実であったのと同様に、イエスはご自分を立てた方に対して忠実なのです。（ヘブル3・2）

モーセはその杖を持ってパロ王の前に立ち、数々のしるしを行った。神はモーセにとって「挫折の象徴」でしかなかった杖を「神の臨在の象徴」とした。「神の不在」と思えるのは、神がなさっていることが大きすぎて、私たちの視界に入らないからである。

それで、モーセはしゅうとのイテロのもとに帰り、彼に言った。「どうか私をエジプトにいる親類のもとに帰らせ、彼らがまだ生きながらえているかどうか見させてください。」イテロはモーセに「安心して行きなさい」と答えた。（出エジプト4・18）

モーセはたった一本の杖と兄のアロンとともにエジプトへと向かった。四十年前、同胞を見捨てて逃げ出したエジプトへと出かけて行った。ヤコブが兄のエサウが待つ父の家へ、放蕩息子が父の家へ、逃亡奴隷オネシモが主人ピレモンのもとへ、そしてモーセは見捨てた同胞のいるエジプトへ、困難が待ち受けていることを承知しながらも、困難と向き合うことを決意した。人が困難と向き合うとき、神の取り扱いが始まる。モーセは偉大なリーダーへの大きな一歩を踏み出した。

責任転嫁

イスラエルの民がモーセに率いられて奴隷の地エジプトを脱出し、約束の地カナンを目指して旅を続けていた時のことである。神はモーセに、民を連れて引き返すようにと命じた。

「イスラエル人に、引き返すように言え。そしてミグドルと海の間にあるピ・ハヒロテに面したバアル・ツェフォンの手前で宿営せよ。あなたがたは、それに向かって海辺に宿営しなければならない。」（出エジプト14・2）

エジプトの王パロの怒りに怯え、少しでも遠くへ逃げたいとの恐怖心が、イスラエルの民を駆り立て、先へと急がせた。しかし、神はバアル・ツェフォンまで引き返し、海辺に宿営しなければならないと命じた。エジプトの追っ手の影に怯える民にとって、海辺での宿営は行き止まりの道に逃げ込むことにしか思えなかった。常識的に考えると、自らを窮地に置く愚行である。案の定、イスラエルの民がバアル・ツェフォンの手前の海辺で宿営しているとの知らせがエジプトのパロ王の耳に入ったとき、王は大喜びし、大軍勢を率いて追跡を始めた。イスラエルの民は、エジプトの大軍勢に背後を完全に取り囲まれたのを見たとき、恐怖心に襲われ、「エジプトには墓がないので、あなたは私たちを連れて来て、この荒野で、死なせるのですか。私たちをエジプトから連れ出したりして、いったい何ということを私たちにしてくれたのです」（出エジプト14・11）とモーセに文句を言った。奴隷の地エジプトから連れ出したのは荒野で死なせるためであったと、神に対して暴言を吐いたのである。そして彼らは、「『私たちのことはかまわないで、私たちをエジプトに仕えさせてください。』事実、エジプトに仕えるほうがこの荒野で死ぬよりも私たちには良かったのです」（14・12）と、エジプトを出たことは不本意であり、無理やり連れ出されたと、窮地に陥った全責任をモーセひとりに押しつけた。

イスラエルの民が抱えた問題は、責任転嫁である。これは、人類の父祖アダムの罪ののろいである。アダムが食することを禁じられた善悪の知識の木の実を取って食べたことについて神から説明を求められたとき、彼は「あなたが私のそばに置かれたこの女が、あの木から取って私にくれたので、私は食べたのです」（創世3・12）と、自分の罪の責任を妻と神に転嫁した。神が余計なことをしたのが罪を犯した誘因であると主張し、結果責任と向き合わなかった。

主の救いを見る

窮地や試練は、隠された神への反逆心や不信感を露呈させる。モーセは民に向かって、「恐れてはいけない。しっかり立って、きょう、あなたがたのために行われる主の救いを見なさい。あなたがたは、きょう見るエジプト人をもはや永久に見ることはできない。主があなたがたのために戦われる。あなたがたは黙っていなければならない」（出エジプト14・13－14）と、沈黙して、神の救いを待ち望むようにと語った。

イスラエルの民が窮地に置かれたのは、「主の救い」を見るためであった。「主があなたがたのために戦われる」、神が民に示そうとした自身の姿である。民は「黙って」、神に全幅の信頼を寄せ、自分の命を預けなければならない。それは、弱さの中に現される神の強さを経験するためである。神への信仰には決断が必要である。決断なき信仰は、信仰とは言い難い。無謀な決断は排除すべきであるが、信仰による決断の一つひとつが神の力強い救い、「主があなたがたのために戦われる」との経験をもたらす。

そのとき、モーセが手を海の上に差し伸ばすと、主は一晩中強い東風で海を退かせ、海を陸地とされた。それで水は分かれた。そこで、イスラエル人は海の真ん中のかわいた地を、進んで行った。水は彼らのために右と左で壁となった。（出エジプト14・21－22）

神はモーセに、手にした杖を海に向かって差し伸べるように言った。モーセが行く手を阻む海に杖を向けると、海が二つに分かれ、乾いた地が現れた。前進を阻んでいた海の底に道が備えられた。天地創造の神の専門は、道なきところに道を設けることにある。しかし、そのためには、杖を海の方向に向けてかざす必要がある。モーセの杖とは神の臨在の象徴である。

神がモーセに、目前に行く手を阻む紅海に向けて杖を向けるように命じたのは、神が味方してくださるとの確信（神の承認）に立って「困難に立ち向かうこと」を求めたからである。リーダーのモーセの内面に欠如していた「信念」という精神の強さは、神が味方してくださることへの確信（神の承認）であり、行く手を阻むいかなる困難にも立ち向かわせる。

神が私たちの味方であるなら、だれが私たちに敵対できるでしょう。（ローマ8・31）

イスラエルの民は窮地の中で、自分たちのために戦ってくださる神と出会った。エジプトの大軍勢がイスラエルの民の後を追いかけて海の中へと進んできた。エジプト人たちは馬や戦車に乗っていたので、イスラエルの民に今にも追いつきそうになった。しかし、神が戦車の車輪をはずしたので、前進することに困難を極めた。そしてエジプト人たちは、自分たちこそが窮地に陥っていることに気がつき、慌てふためいた。「イスラエル人の前から逃げよう。主が彼らのために、エジプトと戦っておられるのだから」（出エジプト14・26）と、追いかけるのをやめて、逃げ出そうとしたとき、神がモーセに、「あなたの手を海の上に差し伸べ、水がエジプト人と、その戦車、その騎兵の上に返るようにせよ」と命じた。モーセが杖を海の上に差し伸べると、「海がもとの状態に戻った」。パロの全軍勢は海の藻屑と消えた。この出来事は、イスラエルの民にとって、民族の救いの記憶として刻まれることになった。

第7章　ヨブの人生における神の摂理――完成された人生

ヨブの潔白さ

　ウツの地にヨブという名の人がいた。この人は潔白で正しく、神を恐れ、悪から遠ざかっていた。（ヨブ1・1）

　聖書はヨブをこう紹介している。ヨブほど「悪」から遠ざかっていた人物はいなかった。神から祝福は受けても、災いを受ける人ではなかった。もし、ヨブが神から災いを受けなければならないとしたら、すべての人の望みは断たれてしまう。しかし、神を恐れ、悪から遠ざかっていたヨブが、耐え難い苦しみに遭うことになる。

　ヨブの潔白さが言及された後、神の御座に場面が移る。神の御座の前に、サタンが神を非難するために立った。神がサタンに「おまえはどこから来たのか」と尋ねると、サタンは「地を行き巡り、そこを歩き回って来ました」と答えた。（1・7）

　身を慎み、目をさましていなさい。あなたがたの敵である悪魔が、ほえたける獅子のように、

食い尽くすべきものを捜し求めながら、歩き回っています。（Ⅰペテロ5・8）

キリスト者は「身を慎み、目をさましている」よう命じられている。悪魔が、食い尽くすべきものを捜し求めながら、歩き回っているからである。「身を慎み、目をさましている」とは、悪魔の存在を過剰に恐れることではない。悪魔が虎視眈々と狙っているのは、神への礼拝である。悪魔にとって耐え難いことは、神が栄光を人間から受けることである。

神の御前で御使いは神の麗しさを賛美している。しかし、人間には神を見ることはできない。人間は信仰によってしか神を見ることができない。神の御姿が啓示されるなら、礼拝は必然的な応答となる。使徒ヨハネは、イエスの栄光の御姿を見たとき、「その足もとに倒れて死者のようになった」（黙示録1・17）と述べている。しかし、人間は神の栄光の御姿を、御使いが目にしているようには見ることができない。その人間が神を礼拝することで、神は栄光を受ける。

神はサタンに、「おまえはわたしのしもべヨブに心を留めたか」（ヨブ1・8）と、ヨブを誇りとされた。そして神自身が、「彼のように潔白で正しく、神を恐れ、悪から遠ざかっている者はひとりも地上にはいない」と証言した。ヨブは、神がそのように自分を誇りとし、身の潔白を認めていることを知る由もない。

耐え難い試練

しかし、サタンは神に反論し、「ヨブはいたずらに神を恐れましょうか」（１・９）と、挑発的な言葉を返した。サタンは、神がヨブを祝福し、繁栄を享受しているので、彼は神を礼拝しているにすぎない。もし祝福を失うなら、「彼はきっと、あなたに向かってのろうに違いありません」（１・11）と主張した。

神はヨブの身の潔白を認めているので、サタンの挑発を退けても不思議ではなかった。荒野でサタンの誘惑に遭ったイエスは挑発をことごとく退けた。しかし、神はサタンの挑発を一蹴しなかった。ヨブは人間の代表として選ばれ、耐え難い苦しみに遭うことになる。神はヨブがサタンの要求する苦しみに耐えうると判断した。

あなたがたの会った試練はみな人の知らないものではありません。神は真実な方ですから、あなたがたを、耐えられないほどの試練に会わせることはなさいません。むしろ、耐えられるように、試練とともに脱出の道も備えてくださいます。（Iコリント10・13）

神の真実は、耐えることのできない試練には遭わせないことによって裏づけられる。すなわち、神は苦しみを遠ざけないが、耐えることのできない苦しみからは守る。人は、悲しみや苦しみの大きさに圧倒されるとき、心が折れそうになる。大きな苦しみに遭うと、最初から耐えることができるとは思えない。ヨブ自身もそうであった。神の真実が否定されそうな時も、神は「むしろ、耐えられるように、試練とともに脱出の道も備えてくださいます」と逃れの道を備えている。苦しみに耐え切れなくなり、心が絶望の淵へ追いやられるとき、神の判断には誤りがないこと、脱出の道が備えられていることを信じなければならない。神が不真実な方なら、もはや信仰は無意味となる。しかし、いかなる苦しみも神を不真実な方とすることはできない。いかなる状況下にあっても、神が真実な方であることは永遠に変わらない。

神はヨブに、自身の栄光を託すほどに全幅の信頼を寄せた。しかしヨブ自身は、神が自分に全幅の信頼を託しているとは想像だにしなかった。ヨブが経験した苦しみは、災いではなく、全人類を代表して神の栄光を現すための試練である。

ヨブの試練

突然、敬虔なヨブの身に悲劇が襲った。同じ日、彼の七人の息子と三人の娘が、略奪者に殺害されたり、突風で崩壊した家の下敷きとなったりして命を失った。ヨブは一日のうちに愛する子ども全員を失うという、耐え難い喪失を経験した。親にとってわが子を失う悲しみは、普遍化することが困難な苦しみである。

このとき、ヨブは立ち上がり、その上着を引き裂き、頭をそり、地にひれ伏して礼拝し、そして言った。

「私は裸で母の胎から出て来た。また、裸で私はかしこに帰ろう。
主は与え、主は取られる。主の御名はほむべきかな。」

ヨブはこのようになっても罪を犯さず、神に愚痴をこぼさなかった。（ヨブ１・20―22）

ヨブは、子ども全員の死の知らせを聞いたとき、上着を引き裂き、頭をそり、地にふれ伏して神を礼拝した。そして、「主は与え、主は取られる。主の御名はほむべきかな」と神の御名をたたえた。サタンの非難は退けられた。ヨブは、子ども全員と蓄財した全財産を失っても、神を呪わず、主の御名をほめたたえた。苦難の中でのヨブの応答、神への礼拝こそが最善の応答である。耐え難い喪失の苦しみの中で地にひれ伏して礼拝するヨブの姿は、礼拝の本質を示している。

感情の伴わない礼拝

最初に心に留めるべきことは、ヨブの礼拝には感情は伴っていないことである。

詩篇には、情緒豊かな礼拝者の姿が描かれている。しかしヨブは、信仰によって神の御名をほめたたえた。礼拝の本質は、いかなる時も神の御名はほめたたえられるべきであるとの信仰告白そのものである。感情の伴わない礼拝は偽善ではない。

わがたましいよ。なぜ、おまえはうなだれているのか。
私の前で思い乱れているのか。
神を待ち望め。私はなおも神をほめたたえる。御顔の救いを。（詩篇42・5）

耐え難い喪失に打ちのめされたヨブの礼拝には、喜びや感謝は伴っていない。ヨブにとって礼拝とは、「私は裸で母の胎から出て来た。また、裸で私はかしこに帰ろう」との告白にあるように、無に等しい自分をへりくだって認めることであった。バプテスマのヨハネも、イエスについて語ったとき、「私よりもさらに力のある方が、あとからおいでになります。私には、かがんでその方のくつのひもを解く値うちもありません」（マルコ1・7）とへりくだった。

そしてヨブは、「主は与え、主は取られる」と神の主権を告白した。礼拝とは、神の主権をへりくだって認めること、すなわち、与えられることだけでなく失うことにも神の善意と愛を認めることである。その意味では、礼拝は能動的な応答である。もし、ヨブが神の御名をほめたたえることを選択しなければ、否定的な感情に支配され、神を呪ったかもしれない。ヨブが神の御名をたたえたのは、神はいかなる時も礼拝を受けるにふさわしい方だからである。子どもが守られても、子どもが亡くなっても、神が礼拝を受けるのにふさわしい方であることには変わりがない。なぜなら、神への礼拝とは、神のみわざへの応答ではなく、神自身への応答であるからだ。

ヨブの敬虔さは、神を最も崇高な方として見上げる心に育まれた。敬虔さが宗教的な戒律によって育まれることはない。敬虔さは神の存在に対する畏敬の念によって育まれる。

健全な自己愛と利己的な愛

再び、サタンは神の御前に立った。そして、「皮の代わりには皮をもってします。人は自分のいのちの代わりには、すべての持ち物を与えるものです」（ヨブ２・４）と、ヨブ自身の身に苦しみが及ぶと神を呪うようになると挑発した。サタンは、ヨブの神への愛も自己愛には及ばないと断言した。ヨブは大切な子どもや財産をすべて失っても神を呪わなかった。しかし、自己愛が脅かされると神への礼拝などたちまち消え失せると神をあざ笑った。「人は自分のいのちの代わりには、すべての持ち物を与えるものです」とのサタンの言葉は、決して戯言ではない。

しかし健全な自己愛は、他者のために自分を犠牲にすることができる。

「人の子が来たのが、仕えられるためではなく、かえって仕えるためであり、また、多くの人のための、贖いの代価として、自分のいのちを与えるためであるのと同じです。」（マタイ20・28）

イエスは健全な自己愛を持っていたからこそ、自分のいのちを惜しみなく与えることができた。自己犠牲的な生き方は、自分のいのちの価値を悟っていない人には不可能となる。なぜなら、自分のいのちの価値を悟っていない人は、自分の価値を高めることだけに躍起になってしまうからである。サタンの言う自己愛とは、「肥大化した利己的な愛」である。

フロムは、混同されがちな自己愛と利己主義の違いについて記している。

> 利己主義と自己愛とは、同じどころか、まったく正反対である。利己的な人は、自分を愛しすぎるのではなく、愛さなすぎるのである。いや実際のところ、彼は自分を憎んでいるのだ。
> （『愛するということ』、九七頁）

ヨブは利己的な人物ではなく、健全な自己愛を抱いていた。サタンがヨブの自己愛を攻撃の対象としたことは偶然ではなく、自己愛が揺らぐとき、神への信仰が喪失の危機に直面する。「人は自分のいのちの代わりには、すべての持ち物を与えるものです」、このすべての持ち物に神への信仰も含まれている。

キリスト者にとって、自分を健全に愛することは、神への信仰と深く結びついてる。サタンは自己愛を攻撃対象とすることで神への信仰を断ち切ろうとした。そして、ヨブを襲うことになる苦しみによって、ヨブ自身の心の奥に隠れていた自分への憎しみが浮き彫りにされることになる。

閉ざされた心

神はサタンの挑発を一蹴せず、「では、彼をおまえの手に任せる。ただ彼のいのちには触れるな」（ヨブ２・６）と命じた。「サタンは主の前から出て行き、ヨブの足の裏から頭の頂まで、悪性の腫物で彼を打った」（２・７）。ヨブは全身の腫れ物に苦悶した。人は痛みには耐えることができても、痒《かゆ》みには耐えられない。

ヨブの妻は、腫れ物に悶《もだ》え苦しむ夫の哀れな姿に耐えかねて、神を呪って自決するようにと強く進言した。愛する夫ヨブに自決を勧めるほど、妻にとって夫の苦しみは見るにも耐え難いものであった。しかし、ヨブは「私たちは幸いを神から受けるのだから、わざわいをも受けなければならないではないか」（２・10）と妻を厳しく諭した。ヨブはその敬虔な信仰のゆえに、神を呪うことはしなかった。

ヨブが妻の進言を退けたとき、神の御前でサタンの非難も退けられた。サタンが堕落したのは、自分を礼拝対象としたからである。しかし、ヨブは自分を礼拝の対象とはしなかった。もはやサタンには口を挟む余地はない。ヨブは、サタンの誘惑には勝利した。しかし、皮膚の病は癒されることなく、神の取り扱いを受けることになる。

この時点で、ヨブの試練は、サタンの非難を退けることから、神の摂理の体現者として神の栄光を現すことへと目的が移行した。ヨブは神から受けるものを「幸い」と「わざわい」とに区別した。「わざわいをも受けなければならないではないか」というヨブの悟りは、やがて苦しみを担いきれなくさせていく。愛する子どもとの死別の悲しみは、時間の経過とともに少しずつ慰められていった。しかし、全身の腫れ物による痒みは、陶器の破片で身体をかきむしりたくなるほどとなり、出口の見えない苦しみは募る一方であった。

ヨブが病の苦しみを「わざわい」と受け止めたことで、神の慰めに対して心が閉ざされてしまった。神の慰めこそが備えられた脱出の道であったが、災いを下した神に慰めを求めることは矛盾する。人生の苦しみを神からの災いと受け止めると、神の慰めに心が閉ざされてしまう。

三人の友人

三人の友人、テマン人エリファズ、シュアハ人ビルダデ、ナアマ人ツォファルが、ヨブを慰めようとして訪ねて来た。三人は遠くからヨブの姿を見たが、あまりにも変わり果てた姿にヨブだと認識できなかった。食事もほとんど口にしなかったので痩せ衰えている上に、全身の腫れ物で、もはやヨブの面影はなかった。三人の友人たちは、あまりにも痛ましいヨブの姿を見て、大声を上げて泣き、上着を引き裂き、ちりを天に向かって投げ、自分たちの頭の上にも撒き散らした。彼らはヨブの悲しみに触れ、喪に服した。ヨブのもとへと近づいたが、言葉をかけることができず、七日七夜、ただ彼に寄り添った。

だれも一言も彼に話しかけなかった。（ヨブ2・13）

ヨブには慰めの言葉よりも、寄り添ってくれる友人たちの存在こそが慰めであった。

「わたしは父にお願いします。そうすれば、父はもうひとりの助け主をあなたがたにお与えになります。その助け主がいつまでもあなたがたと、ともにおられるためにです。」（ヨハネ14・16）

弟子たちは、復活したイエスが離れて行くことに不安を覚えた。イエスは弟子たちに「助け主」が遣わされることを約束した。この助け主とは、聖霊なる神である。助け主という言葉には、「慰め」とも訳せるギリシャ語のパラクレートスが用いられている。このパラクレートスという語には「隣に召された者」との意味がある。慰めの本質は悲しむ者の隣にいること、悲しみに寄り添うことである。悲しみは、理解され、同情されることによってではなく、寄り添われることで慰めを受ける。助け主なる神は、特別な奇跡によってではなく、寄り添うことで深い慰めを与える。キリスト者も、悲しむ人の隣の場所に召されている。悲しむ人の隣人となるように召されている。

自分を責めるヨブ

最初、ヨブにとって三人の友だちの存在は慰めとなったが、彼らはヨブの苦しみを「神の災い」とみなしたことで、慰める者から罪を責める者へと変わっていく。彼らはヨブに、隠蔽した罪を素直に認めて悔い改めることで苦しみが終わると、強く訴えるようになる。その前に、ヨブ自身が自分の生まれた日を呪うようになる。

その後、ヨブは口を開いて自分の生まれた日をのろった。（ヨブ３・１）

ヨブは三人の友人たちの慰問に感謝し、黙って悲しみに寄り添ってくれたことに深い慰めを得た。しかし、重い皮膚病による苦しみが続く中、その苦しみを「災い」とみなしたことで苦しみを担いきれなくなり、自分の生まれた日を呪うようになった。ヨブは神を呪わなかったが、自分の生まれた日を呪った。苦しみの元凶が自分自身の存在にあると、誤った結論へと至ったからである。自分のような人間が生まれてこなければ、子どもたちが命を落とすこともなかった、自分の存在が苦しみを招いたと、自分を責めた。

七日七夜、ヨブの痛みの大きさに言葉を失った友人たちが、「だれが黙っておられよう」と沈黙を破り、非難の言葉を口にしたのは、七日七夜、ヨブの苦しみに寄り添い、慰めを与えたにもかかわらず、ヨブが自分の生まれた日を呪ったからである。そのことで、自分たちが与えた慰めを拒まれただけでなく、友人である自分たちの存在も拒絶されたと感じたのではないだろうか。

ヨブが自分の生まれた日を呪ったとき、実際に彼は神も含めて、すべての人を拒絶したのである。子どもが自分の生まれた日を呪うとき、親は自分自身が拒絶された以上の拒絶感に打ちのめされるだろう。ヨブが自分の生まれた日を呪ったとき、神の心は深い拒絶感で痛んだに違いない。

父が徹夜で祈るために山に出かけた日、なぜ止めなかったのかと、祖母は母を責めた。母が父を必死になって止めていたら、父が山で死ぬことはなかったのだろうか。そうなら家族が悲しみのどん底に叩き落されることもなく、末っ子の献児が養子に出されることもなかっただろう。しかし、誰が父の死を予期できただろう。八月に三十三歳の父が心臓発作で亡くなると、誰か予期できただろうか。父が重い心臓病を患っていたなら、母は必死に止めたに違いない。

祖母や母が父の死に対して自分を責めるのをやめるのには、長い時間が必要だった。

ヨブの恐れ

ヨブは災いを恐れ、神の怒りを招かないように細心の注意を払っていた。

　こうして祝宴の日が一巡すると、ヨブは彼らを呼び寄せ、聖別することにしていた。彼は翌朝早く、彼らひとりひとりのために、それぞれの全焼のいけにえをささげた。ヨブは、「私の息子たちが、あるいは罪を犯し、心の中で神をのろったかもしれない」と思ったからである。ヨブはいつもこのようにしていた。（ヨブ１・５）

ヨブの七人の息子たちは、自分の誕生日に他の兄弟と三人の姉妹を招いて祝宴を催した。彼らは互いの存在を祝福し合った。ヨブは、七人の息子たちの誕生会が一巡すると、子どもたちを呼び寄せて聖別することを習慣とした。そして子ども一人ひとりのために全焼のいけにえをささげた。ヨブが子どもたち一人ひとりのために全焼のいけにえをささげたのは、息子たちが罪を犯したり、心の中で神を呪ったかもしれないと心配したからである。ヨブは神を義なる方、いかなる罪をも見過ごさない厳しいお方と恐れていた。ヨブが息子たちのために全焼のいけにえをささげる行為は、神の義に対する畏怖の念を超えて、刑罰への恐れからではなかっただろうか。

一般的に神へのいけにえは、神の怒りを鎮めることが主たる目的である。二十一世紀の現在でも、家を建築する際には土地の神の怒りを鎮めるために地鎮祭が執り行われることが多い。科学技術が飛躍的な発展を遂げる日本社会においても、自然災害は神の罰との原始的な考えが根強く残っている。東日本大震災が起こった時も、著名な政治家が「天罰が下った」という趣旨の発言をした。不謹慎極まりない言葉であるが、天変地異は神の怒りの現れであるとの考えは呪術的な信仰の核を形成している。世界各地において呪術的な宗教儀式が神の怒りを鎮めることに重きが置かれているのも、そのためである。

異教の地に住むヨブの信仰も、呪術的な影響を受けていたと考えられる。喪に服している間、ヨブは何が神の憤りを引き起こし、あのような悲惨な災いをもたらしたのかを思い巡らしていたに違いない。苦しみの原因を分析していたのである。息子たちが犯した罪のために全焼のいけにえをささげ忘れたからだろうか。ヨブには何が災いをもたらしたのか、思い当たる節がなかった。当然のことである。ヨブの身に起こった苦難は、神の刑罰によるものではなかった。しかし、ヨブには罪以外の理由が思い浮かばない。因果応報的な思想を突き詰めると、自分さえ生まれていなければ子どもたちが苦しみに遭うことはなかったとの結論に至る。自分自身こそが苦しみの元凶とみなし、自分の生まれた日を呪うことになる。神の摂理という受け皿で受け止めない苦しみは、やがて行き場を失って、呪いに行き着くことになる。

望まれて生まれてきた命

もしヨブが苦しみに遭うことに思い当たる節があれば、悔い改めることもできただろう。しかし、ヨブにはまったく思い当たる節がなかったので、苦しみが深まった。神が太鼓判を押されたぐらいに、彼は潔白な人物であった。しかし、その潔白さのゆえに苦悩することになる。

なぜ、私は、胎から出たとき、死ななかったのか。
なぜ、私は、生まれ出たとき、息絶えなかったのか。（３・11）

ヨブは、自分がこの世に生を受けたこと自体が間違いであったと嘆いた。彼は神の摂理を暗くした。聖書はすべての命の誕生には神の許しがあることを教えている。すべての命は神に望まれて生まれてきたと言える。

ラジオ放送で父が親から見捨てられた幼い二人の子どもの死に言及したのは、お荷物とみなされて捨てられた子どもの存在と自分自身が重なったからではないだろうか。父は自分の生い立ちを知らされたとき、「なぜ自分は生まれてきたのだろうか」と悩み苦しんだ。自分のいのちが母の胎に宿ったとき、母は自分の存在を喜んでくれなかったとの拒絶感を、父はいくら努力しても払拭することができなかった。青年時代、生きている意味を見失い、苦悩の日々を過ごしたが、神の摂理、神に望まれて生を受けたと悟ったとき、自分の誕生を祝福できるようになった。自分を産んでくれた母に、心から感謝することができるようになった。

父の目に、親から捨てられた幼い二人の子どもの姿と、神と出会うまでの自分の姿が重なったのではないだろうか。極貧生活の中で、二人の幼い子どもは、父母にとって重荷となり、捨てられた。しかし、実の父母から捨てられた幼い命も、父なる神にとっては唯一無二の命、望まれて生まれてきた命である。

ヨブは、自分の生まれた日を呪う行為が、父なる神の心を深く悲しめることをわかっていなかった。

健全な自己愛

ヨブは神を恐れ、悪から遠ざかっていたが、父なる神の愛にどれだけ近く留まっていたのだろうか。父なる神の愛は、ヨブの存在をご自身の存在と切り離すことができない。イエスは「わたしと父とは一つです」（ヨハネ10・30）と三位一体の奥義を示唆したが、キリスト者は愛において神と一体となる。神は、自身を愛するようにヨブを愛していた。それは、ヨブ自身に神と対等の価値があるからではなく、父なる神の愛がヨブの価値を引き上げたからである。

> わたしの目には、あなたは高価で尊い。わたしはあなたを愛している。（イザヤ43・4）

この聖書箇所は、誤まって受け取られやすい。自分は他の人よりも優れているとの思い上がりがある人は、自分に価値があるので神が愛してくださると解釈する傾向がある。しかし、神の御子イエスの命に見合う価値を自分の中に見いだすことはできない。人に価値があるので神が愛してくださるのではなく、父なる神の愛が人に価値を付与している。

> 神は、実に、そのひとり子をお与えになったほどに、世を愛された。それは御子を信じる者が、ひとりとして滅びることなく、永遠のいのちを持つためである。（ヨハネ3・16）

父なる神は、そのひとり子イエスが殺される代償を引き受けるほどに、世を愛した、すべての命を等しく愛した。「ひとり子をお与えになったほどに」、御子イエスの命の代価こそが、神が一人ひとりに付与した価値である。父なる神の愛の中にのみ、自分の真実の価値を見いだすことができる。

健全な自己愛は、健全な自己評価によって育まれる。キリスト者は自己評価を他者や自分の実績にではなく、神の愛の中に見いださなければならない。他者の評価や実績に基づいた自己評価によって育まれた自己愛は、高ぶりや劣等感の温床となる。キリスト者の健全な自己愛は、神の愛の中に啓示される自分の真実な姿に基づいた自己評価によって育まれる。

私たちはみな、顔のおおいを取りのけられて、鏡のように主の栄光を反映させながら、栄光から栄光へと、主と同じかたちに姿を変えられて行きます。これはまさに、御霊なる主の働きによるのです。（Ⅱコリント３・18）

歪みのない鏡

宝物の価値は、市場価値以上に所有する人の愛によって決まる。他者の目には無価値な古いペンダントも、母親の残した唯一の形見なら、所有者にとっては市場価値以上の価値がある。愛がペンダントに換金できない価値を付与している。その人は古いペンダントを誇らしげに身につけるが、決して見せびらかすためではない。虚栄心を満足させるものは本当の宝物ではない。

愛は自慢せず、高慢になりません。（Ⅰコリント13・４）

神の愛によって付与された価値は、人を決して高慢にはしない。しかし、神は私たちが古びたペンダントのようであったとしても、誇らしげに身につけ、自身の栄光の輝きとしてくださる。神の愛の中に映される真実な自分の姿を神が愛してくださるように愛することを学ばなければならない。「わたしの目には」とあるように、イエスの温かいまなざしの中に映し出される自分の真実な姿を見つめなければならない。その真実な姿は、罪や傷、挫折によって歪められた姿とは異なっている。以前は、他者の目に映る自分の姿が自己評価となっていた。親の目に映る自分の姿が歪んでいるなら、歪んだ自己評価によって自己愛が形成される。優越感も劣等感も、歪んだ鏡に映る自分の姿を自己評価とすることで、不健全な自己愛が形成される。しかし、神の愛、神のまなざしに映る自分の姿こそが、歪みのない真実の自分の姿である。

ミケランジェロのダビデの像は、ルネサンス期の傑作品として多くの人々から愛されている。ミケランジェロは大理石の中にダビデを見ていたと言われている。彼の制作は、大理石の中からダビデを掘り出した。人々の目には大理石の塊しか見えないが、彼の目にはダビデの姿がはっきりと映っていた。

霊的形成にとって、神の愛の中に映し出される自分の真実な姿を自己評価とすることが不可欠となる。大切なことは、神の愛に映し出される「高価で尊い自分」を受け入れ、神が愛するように愛することを学ぶこと。そのためにも、利己的に自分を愛することをやめなければならない。

フロムは、利己主義に陥っている人の葛藤を記している。

当然ながら彼は不幸で、人生から満足をつかみとろうと必死にもがくが、自分で自分のじゃまをしている。自分自身をあまりにも愛しすぎているかのように見えるが、実際には、真の自己を愛せず、それをなんとか埋め合わせ、ごまかそうとしているのである。（『愛するということ』、九七頁）

利己的に自分を愛することをやめるためには、自分の価値を高めるための「埋め合わせをすること」と「ごまかすこと」を放棄しなければならない。そして、神の愛によって自分の価値が引き上げられる、愛されることを経験しなければならない。神の愛以外の鏡で自分を映すことをやめなければならない。そうすれば、神の愛という歪みのない鏡に映された自分の真実な姿に目が留まるようになっていく。他者や自分自身が自分の真実な姿をいかに歪めていたのかに気づかされる。サタンがヨブの自己愛を攻撃対象としたように、健全な自己愛、神が愛するように自分を愛することこそが、神への揺るがない信仰を下支えする。

隠された苦しみの意味

愛するひとり子イエスを与えた父なる神は、「御子を信じる者が、ひとりとして滅びることなく、永遠のいのちを持つためである」（ヨハネ3・16）とあるように、一人として滅びることを望まない。神の愛は打算的な愛ではない。五人も子どもがいるなら、一人ぐらい行方がわからなくなっても平気だという親はいない。親は行方不明になった子どもが見つかるまで捜し続ける。イエスは、百匹の羊の所有者が見当たらない一匹の羊を「見つけるまで捜し歩かないでしょうか」（ルカ15・4）と、捜し続けることが至極当然のように語った。神にとって、一匹の羊と九十九匹の羊の存在はまったく等しい。もし神の愛が打算的な愛なら、九十九匹の羊の命のために、ためらいもなく一匹の羊を見捨てる。打算的な愛は、一匹の羊の価値を百分の一としか見ないからである。

ひとり子イエスを与えた父なる神は、一人ひとりを自身の存在と等しくみなしている。父なる神の愛だけが人の命を根源的に肯定する。人生にどんな問題が起こっても、どんな苦しい目に遭ったとしても、生まれながら重い障害を抱えていたとしても、神の愛だけが人の命を根源的に肯定する。ヨブがどれだけ自分の生まれた日を呪ったとしても、神はヨブの命を肯定するのである。

しかし、ヨブが自分の生まれた日を呪ったように、人生において苦しみが終わりのないものに感じられるとき、耐え忍ぶ苦しさが生きる喜びを圧倒するとき、生きる意味が失われる。しかし、苦しみを耐え忍ぶには、苦しみの意味が必要となる。いつ終わるとも知れない苦しみに耐え忍ぶためには、生きていることを肯定できるだけの意味づけがどうしても必要となる。それ以外に自分の存在が苦しみの元凶であるとの絶望の思いが払拭されることはない。しかし、ヨブに苦しみの意味が示されることはなかった。

苦しみへの応答

アウシュビッツの強制収容所での体験を綴った『夜と霧』(ヴィクトール・エミール・フランクル)には、極限状態に置かれた人間が無関心、無感動に陥る様子を、著者のフランクル自身が目の当たりにしたことが記されている。フランクルは、生きる意味を悲惨な収容所生活の中に見いだそうとした人は、最終的には希望を失い、絶望し、精神的に破綻したと述べている。

ここで必要なのは、生きる意味についての問いを百八十度方向転換することだ。わたしたちが生きることからなにを期待するかではなく、むしろひたすら、生きることがわたしたちからなにを期待しているかが問題なのだ、ということを学び、絶望している人間に伝えねばならない。(中略)もういいかげん、生きることの意味を問うのをやめ、わたしたち自身が問いの前に立っていることを思い知るべきなのだ。(一二九—一三〇頁)

生きる意味の問いを百八十度方向転換すべきなのは、人生に対する態度を受動的なものから能動的なものへ転換するためである。自分の目の前にある人生に何を期待するのかではなく、人生が自分に何を期待しているのかを問い続けなければならない。苦しみの意味を問うとは、その苦しみから何を得ることができるのかではなく、その苦しみが自分に何を期待しているのかを問うことである。

苦しみの意味を問い続け、納得することを求め過ぎてはならない。苦しみに意味を見いだすことは大切なことには違いないが、ヨブの場合、苦しみの意味は隠されていた。悪魔が神の栄光を失墜させるためにヨブを苦しめるのを願い出たこと、そして神が自身の栄光を全幅の信頼をもってヨブに託していることは知らされていない。

そして、多くの苦しみの意味は後になって明らかにされる。肉体や知的な修練の苦しみには意味を見いだせるが、意味が隠された苦しみがある。神秘に属する苦しみである。フランクルが言うように、神秘に属する苦しみは、意味を見いだそうとすれば行き詰まり、精神の破綻を招きかねない。苦しみの意味を問うても答えが出ないなら、苦しみが求めている態度、応答について問うことに切り替えることが大切となる。この切り替えができないと、苦しみが煮詰まってしまう。ヨブが自分の生まれた日を呪ったように、苦しみを呪いに変えてしまうことになる。

人には人生で起こる出来事を支配することはできないが、人生で起こる出来事に対する応答は選択できる。応答こそが人の責任であり、起こったこと以上に人生を左右する。強制収容所内で同じ劣悪な状況下に置かれた人々の明暗を分けたのは、その最悪な状況に対して反応したのか、それとも応答することを選択したのかによる。そのためにも、苦しみの意味を問うことを、「なぜ、このような苦しみに遭うのか」から、「この苦しみは何を私に求めているのか」に切り替えなければならない。

末の弟が生まれて九日目、突然の父の死は、残された家族にとっては、あまりにも早過ぎる死であった。もし父が自分の死の瞬間を意識していたなら、思い残すものがあまりにも多かったのではないだろうか。二人の母、妻、五人の幼い息子たち、教会の兄弟姉妹、日本のリバイバル……。誰の目にも、三十三歳の父は無念な死を遂げたようにしか見えなかった。何人もの人たちが、「悔しい」という言葉を口にするのを聞いた。

九歳だった私にとっても、父の死は神に見捨てられたとしか思えず、神へのつまずきを抱え込むようになる。家族を残し、全寮制の聖書学校での四年間の学びを終え、日本のリバイバルの幻を胸に抱いて伝道者として歩みだした矢先、わずか一年四か月で天に召された父。志半ばまでもいかない死によって強制終了したかのような父の人生は、いったい何だったのかと茫然自失となった。

「なぜ父を守ってくださらなかったのですか」と神を責め、納得のいく説明を求めたが、返答はなかった。沈黙する神に憤りを募らせていった。神は都合が悪いので黙っていると思えた。父は自分の生い立ちのことで深く傷つき、苦悩した青年期を過ごす中でイエスと出会い、神に生かされている人生に目が開かれた。父は自分の生涯を神にささげ、伝道者として立ち上がった。それなのになぜ、一年四か月という伝道者としてはあまりにも短い歩みで生涯を終えなければならなかったのか。神は父を必要とされなかったのか。

直接献身の召命を受けました時、妻にその事を打ち明けますと、恐らく反対されると覚悟しておりましたが、「家の事は心配せずに行くように」と励ましてくれました。家族の事を思いますと、寮生活中心の学校なので、それを気にしていました時、「若い人達が親元を離れ、厳しい寮生活を通して訓練を受けておられるのだから、あなたも家族を離れて飛び込んで下さい。そうでないなら、むしろ神学校に行くのは断念して下さい」。反対されると思っていた妻から、かえって叱咤激励され、後顧の憂いなく学びの舎に入れていただく決心を致しました。学校に出立する日、早朝に起きいで、共に祈り、三人の子供達の寝顔に別れを告げ、自宅をあとに、まだ静まり返っている町を、妻と共に古市駅へと急ぎました。やがて始発電車がホームに入ってきた時、突然妻の目から涙が溢れ出てきました。私は慰める言葉も知らず、かつて母の涙を無視されなかったお方に、全てを託し、電車に乗り込みました。（日本イエス・キリスト教団時報「永遠のいのち」、昭和四六年十一月十日号掲載）

父は母の涙を神に委ね、家族を神に託して伝道者として立ち上がった。その父の祈りを神は無視したのだろうか。いや、神は母の涙も、父の祈りも受け止めてくださった。神の摂理について理解が深まるにつれて、父の死が無念の死ではなく、彼自身の人生の終わり方だと思うようになった。

神の返答

神の摂理の中で、父の生い立ちも、死さえも受け止めることで、父の人生に対する見方に大きな変化が生じた。そのきっかけとなった出来事を紹介したい。

二十歳を過ぎたころ、父の死から十数年が経ち、テキスタイルデザイナーとして働き始めた私は、成功を収めようと無我夢中で働いていた。その頃、自分の人生に対する神の計画のことなど念頭になかった。デザイナーとしての成功だけを追い求めていた。

いつもと変わらない日曜日。礼拝には義務感から出席していた。その日、神と個人的な出会いを経験すること、人生の転機となる出来事が待ち構えていたとは、知る由もなかった。しかし、父なる神は、私と個人的に出会うために、その瞬間をずっと待っていたのである。九歳の時から押し入れの中で泣きながら祈ってきたことへの、神の返答をいただくことになった。

牧師の説教が終わり、賛美を歌い始めたとき、突然、賛美の歌詞が神の語りかけのように強く心に迫ってきた。「私はあなたに御子を与えた。あなたは私のために何をするのか」との声なき声に、心が捉えられた。その声の主が神ご自身であると悟った瞬間、全身が神の臨在に圧倒され、礼拝の最中であることを忘れてしまうほど泣きじゃくった。

父なる神が私の罪のために愛する御子イエスを与えてくださった「十字架の救いのメッセージ」は、幼いころから嫌になるほど聞かされてきた。しかし、二千年前のイエスの十字架の死が自分の罪の償いの犠牲だと言われても、実感が湧かなかった。青年時代を過ごしていた私にとって、罪意識を覚えることはあっても、神の御子が血を流すほどに自分が罪深い者とは思わなかった。しかし、「私はあなたに御子を与えた。あなたは私に何をしますか」との語りかけの声を聞いたとき、イエス・キリストの十字架の死が自分の罪の償いの犠牲であることを瞬間的に悟った。キリスト教が啓示に基づく宗教であることを納得する経験となった。事実、イエスの十字架の死が自分の罪の償いの犠牲であることは、聖霊なる神による啓示なくして悟ることはできない。

最大の罪とは、法律や戒めを破ることだけではなく、神の愛を拒むことである。父なる神の愛を拒み続けてきたことに心責められ、とっさに口から「神様。ごめんなさい」との言葉が出た。それは、罪責感からの謝罪の言葉ではなく、神の愛を拒み続けたことへの忸怩たる思いからであった。

完成した人生

父なる神が、ひとり子イエスを与えるほどに私を愛し、そして父を愛していたことを悟ったとき、父の死は決して見捨てられた哀れな結末ではないとの確信が与えられた。それまでも、何度もそのように考えようとはしたが、すぐにその思いは揺らいだ。しかし、父なる神の愛を悟った瞬間、長い間、神との間に立ち込めていた霧が晴れた。ようやく、父の死を神の摂理の中で受け止めることができるようになった。ひとり子イエスが殺される痛みを耐え忍んだ父なる神が、子どもの寝顔を見ながら、家族を託して献身した父の祈りをないがしろにするはずがない。父は家族を父なる神の配慮に委ねて、生涯の走るべき行程を走り終え、圧倒的な勝利者として神のもとへと召されたのだ。

私は勇敢に戦い、走るべき道のりを走り終え、信仰を守り通しました。（Ⅱテモテ4・7）

三十三年の生涯が父にとっての走るべき道のりであり、彼の人生は完成されて終わりを迎えた。百歳まで生きたから人生が完成するというものではない。キリスト者が肉体の死を迎え、永遠のいのちの輝きに包まれるとき、歩んできた人生を振り返るなら、遺したものへの気遣いはあっても、人生の短さを嘆くことはない。むしろ、使徒パウロが「私たちはこの幕屋にあってうめき、この天から与えられる住まいを着たいと望んでいます」（Ⅱコリント5・2）と言ったとおり、朽ちない栄光の肉体を切望するだろう。「朽ちない栄光の肉体」がキリスト者の希望である。朽ちる肉体を脱ぐのは、朽ちない栄光の肉体を着るためにすぎない。キリスト者にとって「死」は終わりではなく、栄光へ移される通過点にすぎない。

父の人生が不慮の死によって強制終了させられ、未完のままで終わったのではなく、神の摂理の中で完成を迎えたとの確信が、傷ついた私の心をどれほど慰め、癒したことだろうか。完成した人生とは、偉業を成し遂げたり、誇るべき功績を後世に残したとの意味ではない。神の摂理の中で生涯を終えた、「走るべき道のりを走り終え」たという意味で、完成された人生である。

神の作品

私たちは神の作品であって、良い行いをするためにキリスト・イエスにあって造られたので

す。神は、私たちが良い行いに歩むように、その良い行いをもあらかじめ備えてくださったのです。（エペソ２・10）

「神の作品」には未完成品はない。時間が足りなくて、未完のまま終わった人生はない。神が途中で投げ出した未完の人生もない。キリスト者の人生は、神の御手の中で形作られた「最高傑作品」となる。キリスト者の人生が神の作品であるなら、寿命の長さは作品の完成度を決定づけない。

作品の出来栄えと制作時間との間には、必ずしも相関関係は存在しない。制作時間が作品の出来栄えに反映されるとは限らない。国民的アイドルグループＳＭＡＰの初ミリオンセラーとなった「夜空ノムコウ」は、スガシカオの作詞である。スガは、作詞を依頼されていたのを締め切りの当日まですっかり忘れていた。そして、札幌へ向かう飛行機の中、約一時間半でこの詞を書き上げたとのエピソードがある。名曲と制作時間には相関関係がないことを改めて思わされた。五十年という歳月を費やしても、多くの人々の心に残る名曲が生まれるわけではない。しかし、一時間半の制作時間で歌い継がれる名曲が誕生する。作品とはそういうものである。

「神の作品」であるキリスト者の人生が完成するのにも、基本的には寿命の長さは関係ない。一年、三十三年、九十年……、寿命の長さは神の作品の完成に反映されない。キリスト者の人生が神の作品であるとは、そういう意味である。

わたしの名で呼ばれるすべての者は、わたしの栄光のために、わたしがこれを創造し、これを形造り、これを造った。(イザヤ43・7)

父の人生を無念の死によって挫折したと嘆き悲しむことは、「神の作品」に対する侮蔑行為であることに気づかされた。父の人生は神の最高傑作品であると心底思えるようになると、「あなたは私に何をしますか」との語りかけの言葉が心に迫ってきた。

交通事故

日曜日の礼拝で神の語りかけを感じてから数か月たった年末近いある夜、展示会の準備で帰宅が連日遅くなっていた。いつものように最寄の駅からバイクで自宅へ帰る途中、信号機のない交差点で一旦停止した後、ゆっくりとバイクを発進させた。急に左の方向から車のヘッドライトのまばゆい光が目に飛び込んできて、その瞬間、「ドーン」という音とともに強い衝撃を全身に受けた。一旦停止の道路標識を無視した車が、減速しないまま交差点に進入し、私のバイクの左側に衝突したのだった。私の身体は吹き飛ばされ、地面に叩きつけられた。

数分間、意識を失っていた。意識が戻ると、道路の上で仰向けになって倒れていることに気づいた。周りには人だかりができていた。意識が混濁して、自分の身に何が起こったのか把握できないでいたが、頭部と臀部に激しい痛みがあり、ようやく交通事故に遭ったことを悟った。激しい痛みのある頭部に手を触れると、血の感触がした。その瞬間、死の恐怖に襲われた。

三十三歳の父の遺体を目の当たりにした日から、死への恐れが心から離れなくなっていた。いつか自分も父のように若くして死んでしまうのではないかとの恐れが、心の片隅にあった。小学生の頃、友だちが私の手相を見て、「えー？　生命線が短い」と驚いたことに過剰反応した。そもそも手相など信じてもいなかったが、幼い心に死の恐怖が根を張っていた。

事故に遭ったとき、ずっと恐れてきたことが現実となったように思えた。「ああ、二十代前半で死んでしまうのか」、夜の暗闇と死の恐怖が心を覆い尽くした瞬間、心の中で「イエス様。イエス様。イエス様」と叫び始めた。すると、暗闇や死の恐怖の中で神の臨在を強く感じた。その途端、死の恐怖に覆われた心にまばゆい光が差し込み、恐れが消え去り、抑えきれない喜びがあふれてきた。交通事故に遭っているのに、何が嬉しいのか自分でもわからない。神の臨在が死の恐怖を消し去り、喜びで心を満たした。

倒れている私の横に、運転者が震えながら立っていることに気づいた。一旦停止の道路標識を無視して、減速せずに交差点に直進してバイクと衝突した衝撃は、運転者の心を激しく動揺させたことだろう。私の身体は交差点から数メートル先まで飛ばされ、その時の衝撃で革のベルトがちぎれた。道路交通法でヘルメット着用が義務づけられる前で、ヘルメットをかぶっていなかったので、頭を強く道路にぶつけた。その光景を目の当たりにした運転手は、ショック状態だったのだろう。震えている運転者の足に手を伸ばし、「大丈夫です」と声をかけた。後から考えると、かえって運転者を驚かせたかもしれない。

救急車で病院へ搬送されている間中も、心は喜びに満たされていた。その喜びは、イエスがともにいてくださる、神の臨在に包まれたことによるものだった。死の恐怖も神の臨在を打ち消すことはできない。

光はやみの中に輝いている。やみはこれに打ち勝たなかった。（ヨハネ1・5）

父が山で祈っている最中に召されたとき、父の心は暗闇と死の恐怖ではなく、神の臨在に包まれていたに違いない。それは、絶望の死ではなく、天への凱旋だったと自然に思えるようになった。

命のはかなさ

手術台の上で、医師の会話を他人事のように聞いていた。診断の結果、頭部を十数針縫っただけで、臀部を強打した以外は骨折もしていなかった。右の臀部が左と比較して異様なぐらいに腫れていた。おそらく、跳ね飛ばされたとき、臀部から地面に叩きつけられたのだろう。もし、頭部から叩きつけられていたらと考えるとゾッとした。

頭部の傷口を縫っただけなので、入院の必要もなく、その日のうちに自宅に帰る許可が下りた。次の日、高熱が出たが、ケガのほうは思ったよりも軽症で済んだ。すると、死の恐怖と戦ったことが大げさだったように思い始めた。命を助けていただいたから、これからの人生を神にささげると心の中で誓った言葉を撤回することを考え始めていた。九死に一生を得るような奇跡的な守りがあって生かされたなら、残りの人生を神の栄光のためにささげることは当然の応答である。しかし、軽症程度の傷で済んだ事故ぐらいで自分の一生を神にささげるのは割に合わない。「喉元過ぎれば熱さを忘れる」とはよく言ったものだ。

数日後、脳波の検査のため、病院の待合室で順番を待っていた。すると、二組の夫婦がすぐ隣で立ち話を始めた。聞き耳を立てていたわけではないが、会話の内容が聞こえた。交通事故の加害者と被害者の親同士が手術の経過について話し合っていた。被害者の夫婦が子どもの状態を説明し始めた。手術で左手と左足を切断したという悲惨な内容に耳を疑った。その報告を聞いた加害者の母親がうめき声のような声を出し、嗚咽しながら泣き崩れた。「もし、頭から地面に叩きつけられていたら、首の骨が折れていたかもしれない」と考えるのは思い過ごしではない。

病院の帰り道、事故で破損したバイクの状態を確かめることにした。バイクの左側が衝突の衝撃で押し潰されていた。衝突の強さがうかがい知れた。この事故にどのような意味があったのかは今もわからない。しかし、事故に遭ったことで目が開かれたのは、「命のはかなさ」である。

後日、運転者が酒気帯び運転であったことを聞かされた。交通ルールを無視した酒気帯び運転の犠牲となっていたかもしれない。どんなに自分の人生を思いどおりに生きようと思っても、他者の無責任な過失によって一瞬にして奪われる命のはかなさに心が揺さぶられた。

人生の苦しみの意味を探求し続け、見つけられずにいた。しかし、事故によって命のはかなさを悟ったとき、ようやく、人生で経験した苦しみが自分に何を求めているのかが少しだけわかった気がした。実は、苦しみに対する応答にこそ、苦しみの意味が隠されている。苦しみだけが引き出せる「神への応答」がある。

三十三歳で亡くなった父の死は、九歳の私に命のはかなさの現実を見せつけ、心に死への恐怖を植えつけた。交通事故に遭ったことで、再び命のはかなさを思い知らされたが、命がはかなければはかないほど、その命を神の栄光のために用いることが最も賢明であると気づかされた。命のはかなさに怯えて生きていくのか、それとも、はかない命だからこそ悔いの残らない人生を生きるか、結論はすぐに出た。はかない命を神の御手に委ねて生きていくことを決断した。もし、あの事故を通して命のはかなさを突きつけられ、命のはかなさに愕然としていなければ、そのような決断ができたかは定かではない。

事故から数か月後、牧師になる決意を固め、会社に辞表を提出した。父が亡くなった後、父の意思を継いで牧師になろうと真剣に考えたことはなかった。しかし、日曜日の礼拝の中での神の語りかけと、その後の交通事故を機に、人生の主導権を神の計画に明け渡すことを決断した。父の意思を継ぎ、命を賭けて伝えようとした神の愛を伝えることに人生をささげることが、神の語りかけへの応答であると確信したのである。神の最高傑作である父の人生への尊敬の念が芽生えていなければ、牧師になる決心はいつまでも先延ばしされたことだろう。

嘆く時、踊る時
あなたは私のために、嘆きを踊りに変えてくださいました。
あなたは私の荒布を解き、喜びを私に着せてくださいました。
私のたましいがあなたをほめ歌い、黙っていることがないために。
私の神、主よ。私はとこしえまでも、あなたに感謝します。（詩篇30・11―12）

悲しみや苦しみに直面するとき、嘆き悲しむことは非常に大切である。ダビデは、「嘆き」そのものを否定してはいない。それどころか、嘆きとしっかりと向き合うことは、嘆きが喜びの踊りへと変えられていくためにも必要である。しかし、嘆きを抱え込んでしまうと、自分だけが何か取り残されたように感じ、人生を神からの贈り物として受け取ることを拒み続けることになる。

泣くのに時があり、ほほえむのに時がある。
嘆くのに時があり、踊るのに時がある。（伝道者3・4）

ソロモンは、「嘆くのに時がある」ように、「踊るのに時がある」と語っている。
嘆き続けて、人生を神からの贈り物として受け取るのを拒み続けることを止め、今のありのままの人生を神からの贈り物として受け取ることを通して、嘆きが踊りへと変えられていく。ナウエンはこう述べている。

感謝するとは、その持つもっとも深い意味は、感謝して受け取る贈り物としてこの人生を生きるということです。そして、真の感謝の思いは、人生のすべてに向けられます。すなわち、良いことも悪いことも、喜ばしいことも苦痛なことも、聖であるものも、それほど聖でないものも――わたしたちがそうできるのは、その中にある神の命に気づき、すべての出来事のただ中に神の臨在を認めることができるからです。(『嘆きは踊りに変わる』、四二頁)

神の臨在を認める

ヨブは主に答えて言った。

あなたには、すべてができること、あなたは、どんな計画も成し遂げられることを、私は知りました。

知識もなくて、摂理をおおい隠す者は、だれか。まことに、私は、自分で悟りえないことを告げました。自分でも知りえない不思議を。

さあ聞け。わたしが語る。わたしがあなたに尋ねる。わたしに示せ。

私はあなたのうわさを耳で聞いていました。しかし、今、この目であなたを見ました。

それで私は自分をさげすみ、ちりと灰の中で悔いています。(ヨブ42・1―6)

ヨブは耐え難い苦しみの中で、自分の生まれた日を呪った。十人の子どもがいなくなり、築き上げた財産が奪われ、健康を損なったとき、もはや、彼は自分の人生を神からの贈り物として受け取ることができなくなったからである。しかし、最後に彼は自分の生まれた日を呪ったことを悔い改める。「人類史数千年の中のある日に産声を上げ、何十億の中からたった二人の男女からＤＮＡを授かり、私というひとりの人間が誕生したこと」は、神のご計画であり、神の摂理であり、神の不思議なみわざである。

ヨブが何も残っていないと思えた人生の「ただ中に神の臨在を認めること」ができたとき、彼は自分の生まれた日を呪ったことを悔い改め、自分の生まれた日を祝福した。その日、ヨブは新しく生まれ変わった。

ちりと灰の中で悔い改めたヨブが自分の生まれた日を祝福し、自分の人生を神からの賜物として受け取ったとき、彼の人生が多くの人にとっての神からの贈り物そのものとなった。

この後ヨブは百四十年生き、自分の子と、その子の子たちを四代目まで見た。こうしてヨブは老年を迎え、長寿を全うして死んだ。（ヨブ42・16―17）

十人の子どもを失ったヨブは、その後百四十年生き、彼に子どもが生まれ、その子どもたちにも子どもが生まれ、その子どもたちにも子どもたちの子どもも生まれ、「四代目まで見た」。ヨブの人生は文字どおり、「神の贈り物」そのものとなった。私たちも自分の人生を神からの贈り物として感謝して受け取るとき、私たちの存在が「神の贈り物」そのものとなる。

人生の欠かせない一部分

自分の人生の主導権を神に明け渡すことを決意すると、私の人生が神の計画に従って統合されていくことを実感するようになった。過去の出来事、父の死、弟との生き別れ、実にいろいろな出来事が、神の作品である私の人生の欠かせない一部分となって、収まるべき場所に収まっていくようだった。

> 神を愛する人々、すなわち、神のご計画に従って召された人々のためには、神がすべてのことを働かせて益としてくださることを、私たちは知っています。(ローマ8・28)

私たちの人生の完成は、私たちの思いや力が及ばないところで神が働いてくださらなければ、成し遂げられることはない。人には人生で起こるすべての出来事を益に変える力はない。積極的思考は、辛く悲しい出来事を人生にとって何か意味あるものと前向きに受け止める。否定的思考よりも積極的思考のほうが優れている。しかし、神の作品である人生の完成は、受け止め方だけでは成し遂げられない。

「神のご計画に従って召された人々のためには」、自分の人生の主導権を神のみこころ、計画に明け渡すとき、「神がすべてのことを働かせて益としてくださる」、人生で起こるすべての出来事は益に変えられる。ここで言う「益に変えられる」とは、利益や成功に結びつけられることではなく、神の最高傑作品の欠かせない一部分としてくださるとの意味である。

神は最高傑作品を通して栄光を受ける。神がヨブを通して栄光を受けることを決めたように。キリスト者一人ひとりを神自身の栄光を現す「最高傑作品」として完成させることが、神の事業である。

そして、「神の作品」は、神だけが働いて完成するのではなく、キリスト者が神とともに働くことによる。神の摂理が運命論と決定的に異なるのは、この点にある。運命論は、人生で起こる出来事とその結果が定まっていると考えるため、起こった出来事と結果を受動的に受け入れるしか選択肢がない。しかし、神の摂理は、人生で起こった出来事に対して神とともに働くことを通して人生が完成へと導かれていくので、当事者は自己の人生に対して能動的に関わっていくことが求められる。

終　章　理想化された父親像

新米父の悪戦苦闘

一九九五年、妻との間に長男が誕生した。新米父の悪戦苦闘の日々が始まった。続いて次男と三男が誕生し、三児の父となった。

私が四歳から八歳までの四年間、父は神学校で寮生活を送っていた。そして卒業後、伝道者として歩み始めて一年四か月余り、私が九歳の時に死別した。私には父と過ごした日々の記憶が断片的にしかなく、父親とはどのような存在なのかを身をもって経験するには至らなかった。そのため、父親となる準備をまったくと言っていいほどしないまま「父となること」の無謀さを十分に認識していなかった。

父親不在の母子家庭に育った私は、社会に出た時に自分の内面に「父の承認」が著しく乏しかったことに気づかされた。「根拠のない自信」、自分自身を信じ、困難に立ち向かう健全な自信が育まれていなかった。総じて、自己評価が低かった。二人のアメリカ人メンターとの出会いによって、ようやく自分自身を信じ、健全な自信、自己評価を持つようになれた。しかし、父となったとき、もう一つの課題に直面することになる。

「良い父親」という神話

父のいない寂しさには、父への強烈な憧れ、理想化された父親像という問題が潜在していた。暗闇が支配する山中で夜を徹して日本のリバイバルのために祈りをささげる最中に、三十三歳の若さで天に凱旋した父の死は「殉教死」と評され、「伝説の人」として語り継がれていく。父の死後、「豊田先生の息子さんですか。あなたのお父さんは本当に素晴らしい人でした。あなたもお父さんのように神様のために立ち上がってください」との励ましの言葉を多くいただいた。等身大の父親像は見失われ、伝説の父親像は理想化された父親像を抱くことに拍車をかけた。

父親となったとき、理想化された父親像はさまざまな形で問題行動となって顕在化した。しかし、理想化された父親像が親子関係に及ぼす負の影響を悟るには長い時間を要した。それは、「良い父親」は肯定されるものであり、否定されるべきではないとの固定概念に問題の本質が隠れてしまったからだ。「良い父親」という神話は、多くの父親を苦しめている。

「父親」とは何をもって「良し」とされるのか。存在感の大きさか。経済的に甲斐性があることか。良き理解者となることか。社会的に成功を治めていることか。人生の模範者となっていることか。妻や子どもを心から愛していることか。子どもから愛されていることか。子どもが文武両道において優れた成績を収めることか。子どもが幸せそうにしていることか。数え上げればキリがない。そのため、「良い父親像」は肥大化の一途を辿ることになる。そして、理想化された父親像は多くの父親に「父親失格」の烙印を押し、自信を奪い、挫折感を与えている。あるいは、表面的に「良い父親」を演じることに駆り立てる。父親になっても「承認」の問題はつきまとった。

高度成長期、日本経済が右肩上がりの時代、家庭における父の存在感は乏しくても、経済的に家庭を支える役割は十分に果たすことができた。家族が経済的な恩恵を受けることで、父親は面目を保った。しかし、高度成長期が終焉し、成熟期を迎えている現在の日本社会では、著しい経済的成長は望めない。中流階級が喪失し、格差社会の拡大が危惧されて久しい。高度成長期の父親のモデルは、成熟期の父親のモデルには適合しない。無理に適合させようとすると、子どもの心に拒絶反応を引き起こす。

イエスは皮袋のたとえで同じことを教えられた。

「また、人は新しいぶどう酒を古い皮袋に入れるようなことはしません。そんなことをすれば、皮袋は裂けて、ぶどう酒が流れ出てしまい、皮袋もだめになってしまいます。新しいぶどう酒を新しい皮袋に入れれば、両方とも保ちます。」（マタイ9・17）

成熟期に生きる父親には、成熟期に適合した父親のモデルが必要となる。父性は普遍的なものではあるが、父性の表出が社会的要請と適合することで、新しい皮袋としての父親のモデルが構築される。父親や母親のモデルが不適合（システム障害）を起こすと、家族が機能不全に陥る。

母親のような父親

近年、育児に熱心な父親、いわゆる「イクメン」が珍しくなくなりつつある。しかし「イクメン」の出現は、父親たちの意識変革によるのではなく、社会環境の変化による自然の流れにすぎない。

父親が育児に熱心になることで母親の負担が軽減されるのは、大いに歓迎されるべきことだ。個人的な話にはなるが、牧師という職業柄、時間の使い方は自己管理に委ねられている。時間に都合のつくとき、夕食を作ることは、子どもとのコミュニケーションの手段としてたいへん役立っている。「愛は食卓にある」との食品メーカーのコピーは真実だと思う。父親が育児や家事に積極的に関与するのは素晴らしいことだ。

しかし、父親の代理母化が指摘されていることも事実である。母親のような父親の出現である。時代が父性を要請しないと、父親の代理母化はいっそう進むかもしれない。そうなると、母親のような父親と母親とによって子どもが育てられることになる。河合隼雄氏は、「怖い父親というのは、父性原理ではなく、母性原理の体現者として怖かっただけです」と指摘している。従来、父性の表出とみなされた「怖い父親」も、実のところ「母性原理の体現者」にすぎなかった。「お父さん、叱ってください」との母親の要請に応じ、母性を補強していた。

育児に熱心な父親が父性原理の体現者なのか、代理母化した母性原理の体現者なのか、その判断は父性原理の体現者としての父親像を明確にしないかぎり、非常に困難なものとなる。父性原理の体現者としての父親像については、最後に触れたいと思う。

空転する父親

私の場合、父のいない寂しさから、父親への強烈な憧れによって理想化された父親像が、自信がなかった自分への反動によって形成されたように思う。「自信のある子どもに育てたい」、「困難に立ち向かう子どもに育てたい」は、親の共通の願いである。問題は思い入れの強さにある。思い入れの強さが子どもへの重圧となり、父親の私ひとりだけが家族内で空転することになる。しかし、思い入れの強さこそが父の愛の強さだと信じて疑わなかった。反対に、思い入れの弱さは愛情不足だとみなしていた。思い入れの強さは、時に、子どもの自信のなさに対する厳しい叱責や体罰となって表面化した。そのたび、良い父親になれないことへの失望感に完膚なきまでに打ちのめされることになる。実のところ、思い入れの強さは愛ではなく、親の不安に過ぎなかった。

自分と同じ辛い経験をさせたくないとの強い思い（不安）が愛情だと誤認され、自分が父親から受け取れなかったものを子どもには惜しみなく与えたいとの強い願望となっていた。この強い願望は愛ではない。子ども時代に満たされなかった自分の心の欠乏感を、子どもを幸せにすることで満たそうと試み、埋め合わせをしようとしていた。当然、そのような願望は子どもたちに理解されない。しかし、子どもに感謝されないと拒絶感や挫折感を覚えた。

子ども時代、経済的に困窮し、屈辱感を覚えた人は、自分の子どもには自分と同じ屈辱感を味わわせたくないと、経済的に甲斐性のある父親になることに一心不乱になる傾向がある。アルコール依存症の父を憎んで育った人は、自分の子どもには自分と同じ辛い思いをさせたくないと強く願うあまり、子どもが辛い思いをすることに対して過敏に反応してしまう。極端な場合、子どもに「辛い思いをさせないこと」が親の愛情だと信じて疑わない。

アダルト・チルドレン

先にアルコール依存症の父を持つ牧師のエピソードを紹介した（四九—五一頁）。父親である牧師の献身的な配慮に反して、妻は鬱を煩い、二人の息子たちは大学を中退し、家に引きこもっていた。彼はアルコール依存症の父親を心底憎み、自分は優しく配慮のある父親になることを固く決意していた。しかし、彼の思い入れの強さが家族を苦しめることになる。

妻や二人の息子たちは、優しい配慮の受け皿になることで、彼の心にある欠乏感を満たすよう強いられた。彼が配慮のある父親になろうとすればするほど、妻や二人の子どもたちは依存関係を強いられ、自立を妨げられた。家族が悪循環の渦に飲み込まれていく。思い入れの強さを愛だと誤認するところから、歯車がおかしくなっていく。

アルコール依存症の父を持つ子どもを「アダルト・チルドレン」と呼び始めたのは、一九七〇年代頃だと言われている。成人しても、親との関係を引きずり、生きづらさを覚える。日本にアダルト・チルドレンの概念を紹介した *It will never happen to me*（Claudia Black, 1981）は、『私は親のようにならない』との書名で翻訳出版された。このタイトルは、アダルト・チルドレンの苦悩を適切に表現している。「私は親のようにならない」との強い願望は、辛く悲しかった過去への反動であり、生涯にわたって不自然な生き方を強いることになる。自分の親への拒絶の強さが、親としての願望、衝動の強さとなる。思い入れの強さが、愛情の深さと誤認される。しかし、拒絶感の裏返しも拒絶感である。拒絶への反動も拒絶である。「なぜ、これほど愛しているのに、愛に応えないのか」と拒絶感を押しつけていることに気づかない。

子どもの成長に必要な辛さ

子どもが辛い思いをすることを望む親はいない。しかし、子どもの成長にとって必要な辛さまでも否定してしまうと、さまざまな問題が生じることになる。身体的成長に成長痛が伴うように、人格的成長にも成長痛が伴う。成長痛を拒むと、健全な成長は望めない。

聖書は「訓練と思って耐え忍びなさい。神はあなたがたを子として扱っておられるのです。父が懲らしめることをしない子がいるでしょうか」（ヘブル12・7）と、懲らしめこそが愛の実践であると教えている。しかし、自分の辛く悲しかった経験を子どもに投影している親にとって、懲らしめは虐待としか思えない（この場合の懲らしめは適切な訓練であり、体罰や虐待とは異なる）。子どもの辛く悲しそうな顔に、過去の自分の辛く悲しかった感情を重ねてしまう。子どもの辛さや悲しさに親が感情移入すると、境界線が曖昧になるどころか、消失してしまう。

境界線の基本的概念は、「感情は本人が所有し、管理すべきもの」である。しかし、実のところ、感情ほど所有者が曖昧なものはない。「あなたのせいで怒っている」という言葉をよく耳にする。他者の過失に怒りの原因を認めること自体には問題はないが、心に生じた怒りが自分自身のものであり、自分自身に管理責任があることを自覚しないと、感情が暴走する危険性は飛躍的に高まる。感情を爆発させる要因は、自分の感情に対する所有者意識、管理者意識の欠如によるところが大きい。

アダムの息子、兄のカインは自分のささげ物が神に受け入れられず、弟のアベルのささげ物が受け入れられたことに憤慨した。その時、神はカインに激昂した感情を治めるように命じた。

そこで、主は、カインに仰せられた。「なぜ、あなたは憤っているのか。なぜ、顔を伏せているのか。あなたが正しく行ったのであれば、受け入れられる。ただし、あなたが正しく行っていないのなら、罪は戸口で待ち伏せして、あなたを恋い慕っている。だが、あなたは、それを治めるべきである。」（創世4・6－7）

カインは自分の激昂した感情の責任をアベルに押しつけた。怒りを鎮めるには、弟を殺すしか方法がなかった。「怒らせた者が悪い」、自分の感情を治めない者の言いわけである。

境界線の概念との出会い子どもの感情に対して、親が境界線を正しく引くことで、「ひとりの人格」として子どもと向き合うことができるようになる。私にとって、境界線の概念との出会いが、子どもとの向き合い方に健全な影響を与えてくれた。子ども時代に経験した寂しかった感情を自分の子どもに投影していたことに気づかされた。子どもとの境界線の概念を自分と同じ悩みを持つ親に紹介したいとの願いが起こされ、版権の取得に関わり、『聖書に学ぶ子育てコーチング』（あめんどう）の翻訳出版の企画を担当することになった。

親が自分自身のつらい思いと子どもの感情を混同させ、実際以上につらい思いをさせているのではと考えてしまうこともあります。自分の問題を子どもに投影するのです。幼児がただ単に嫌がっているだけのことが母親にはトラウマに見え、ティーンが不安を感じている姿が父親にはパニックを起こしているように見えたりします。これは、親が引きずっているまだ癒されていない傷の現れである場合が多いものです。（『聖書に学ぶ子育てコーチング』、八三ー八四頁）

私は境界線の概念と出会い、子ども時代に経験した寂しさや辛い感情と子どもの否定的な感情との間に境界線を引くことを心がけるようになった。

子どもの頃、友だちが父親とキャッチボールをしている様子を遠くから羨ましそうに眺めながら、壁にボールを投げてひとりで遊んだ寂しさは忘れない。そこで、父親になったとき、息子とキャッチボールをする日を待ちわびた。ところが、ようやくその日が訪れ、いざ息子とキャッチボールを始めると、思い描いたような楽しい時間にはならなかった。取り損ねたボールが自分の顔や身体に当たった息子は、怒り出してグローブを投げ捨て、「もうやめる」と家に帰ってしまった。土手に私だけがひとり取り残された。そして、私はボールを拾い上げ、壁に投げつけた。子どもはキャッチボールではなく、ゲームがしたかったのだ。

内的秩序を築くために

境界線の概念との出会いがなければ、子どもの感情の虜になり、懲らしめを与えることに躊躇し、いつまでも「子として扱うこと」をしなかったことだろう。あるいは、自分の感情と子どもの感情を混同し、子どもの人格を無視し続けただろう。

すべての懲らしめは、そのときは喜ばしいものではなく、かえって悲しく思われるものですが、後になると、これによって訓練された人々に平安な義の実を結ばせます。（ヘブル12・11）

懲らしめは受ける側だけでなく、与える側にも悲しみが伴う。しかし、「後になると」、将来には必ず「平安な義の実」が結ばれる。義と訳されるギリシャ語のディカイオシュネには、神の義を重んじるとの意味がある。子どもが自分の誤った言動に対して適切な懲らしめを受け、訓練されるなら、神の義を尊重する思い、「神への畏怖の念」が育まれる。子どもの心に内的秩序が築かれる。訓練された子どもは、外的秩序ではなく、内的秩序（神への畏怖の念）によって物事を判断し、神の義を重んじる行動を選択するようになる。

内的秩序は、親の権威によって子どもの心に築かれることはない。あるいは、「神は恐るべきお方である」と力説しても、子どもの心に神への畏怖の念は育まれない。それは、イスラエルの歴史を振り返れば、火を見るよりも明らかである。

親が忍耐をもって子どもを訓練することによってのみ、子どもの心に内的秩序が少しずつ築かれる。近道は存在しない。ごまかしも通用しない。叱責や体罰などの外的圧力によっても内的秩序は構築されない。子どもが自分の誤った行動に対して適切な懲らしめを受け、結果責任を引き受けることによってのみ、内的秩序が築かれていく。「神への畏怖の念」が育まれる。親の首尾一貫した訓練が、やがて「平和な義の実」を結ぶことになる。

種蒔きと刈り取りの法則

思い違いをしてはいけません。神は侮られるような方ではありません。人は種を蒔けば、その刈り取りもすることになります。（ガラテヤ６・７）

親が子どもの心から取り除かなければならない愚かさとは、「神への侮り」である。すなわち、自分が蒔いたものを刈り取らなくても何も問題ないとの思い違いである。

車の窓から平気でゴミを投げ捨てる人が後を絶たない。道路脇には捨てられたゴミが山積みとなっている。最終的には、市の職員がゴミを回収する。道路にゴミを投げ捨てる人は、自分が捨てたゴミを回収することはない。投げ捨てた場所に戻って、そのゴミを回収する人は皆無だろう。

自分が捨てたゴミを他者に回収させることに咎めを感じない心は「神への侮り」を生み出す。子どもが神を健全に恐れ、秩序を重んじる人生を歩むためには、「種蒔きと刈り取りの法則」をしっかりと身につけることが不可欠となる。そして、親自身が「種蒔きと刈り取りの法則」を理解し、適切な懲らしめが真実な愛であることを確信するなら、やがて子どもは適切な懲らしめを真実な愛として受けとめるようになる。少なくとも、そうなることを心から願うべきだと思う。

子どもの心が神の義を重んじるようになることで、平和（秩序）が満ちるようになる。秩序ある生活は制約にはならず、創造的な活動エネルギーがあふれてくる。スポーツにたとえるなら、基本の型を習得することで、応用が生まれるのと同じ論理だ。

人生は、現実がもたらす結果に基づいて動きます。子育てにおいて、人間関係にかかわるような心理的な罰としての「結果」と、あらかじめ定められた原則に基づいて起こる「結果」の区別を理解することは重要です。怒鳴る、罪悪感をもたせるようなことを言う、しつこく小言を言う、無視するなどは、人間関係にかかわる心理的な罰であり、それによって人の行動を変えることはまずできません。(『聖書に学ぶ子育てコーチング』、九七頁)

私自身、自分と同じ辛さを経験させたくないとの強い願いが子どもに理解されず、受け止められないとき、「心理的な罰」によって罪責感を抱かせようとしたのは、「心理的な罰」には子どもの心を変える力があるとの思い違いを抱いていたことが原因である。心理的な罰は「世の悲しみ」でしかなく、「死をもたらし」、関係を終焉させる。心理的な罰は、やがて、親子の関係に断絶をもたらす。罪責感が愛を蝕んでいく。

「あらかじめ定められた原則」とは、蒔いたものに対して刈り取るものをあらかじめ決めておくことである。蒔いたもの以下、あるいは以上を子どもに刈り取らせることは、かえって子どもの心に混乱を招くことになる。蒔いたものを刈り取ることが大原則である。「刈り取るもの」をあらかじめ決めておくのは、親が感情的になって蒔いたもの以上を刈り取らせたり、反対に大目に見ることで蒔いたものを刈り取らせなかったりして、一貫性を失い、親自身が「神の義」を軽んじることがないためである。

懲らしめの目的

「懲らしめ」を与える目的は、子どもに痛い思いをさせて猛省を促すことではなく、結果責任を引き受けさせることで、神の義を重んじる心を育むことにある。そのためには、引き受ける罰は、「過ち」に対して軽すぎることも重すぎることもなく、「適切な罰」でなければならない。「適切な罰」は、両親が冷静に話し合い、合意形成した上で決めることが望ましい。そして、「適切な罰」は子どもに事前通告しなければならない。子どもが歓迎しなくてもかまわないが、納得していなければ効果は期待できない。

父たちよ。あなたがたも、子どもをおこらせてはいけません。かえって、主の教育と訓戒によって育てなさい。（エペソ６・４）

「子どもをおこらせない」とは、罰に対する公正性を重んじることも含まれている。

あなたは正しすぎてはならない。知恵がありすぎてはならない。なぜあなたは自分を滅ぼそうとするのか。（伝道者７・16）

子どもが自分の行いの結果責任を納得して受け入れていくことが、心に内的秩序が築かれる上で非常に重要な要素となる。蒔いたものと刈り取るものが不相応だと、子どもの心に反逆心を熟成することになる。アブシャロムの心に父ダビデへの反逆心が芽生えたように。

親が与えようとするもの父親が子どもに与えようとするものと子どもが求めているものが一致しない時にも、不適合が生じる。父親の強い願いが、子どもに苦痛、生きづらさしか与えていないのかもしれない。父親は、自分の強い願望が子どもに理解され、受けとめられないと、拒絶感や挫折感に苛《さいな》まれる。その上、母親（妻）の理解が得られないと、父親は家族の中で孤立奮闘することになる。父親の否定的な感情に裏打ちされた思い入れの強さを母親（妻）が理解することは、育った環境や感受性の違いなどの理由から、非常に困難である。夫婦が互いの思い入れの強さを否定も非難もせず、冷静に話し合うことで、互いの思い入れの強さの背後に隠れている恐れや不安が見えてくる。

子どもに与えたいと強く願っているものは、実のところ、自分が親から受け取りたかったものなのかもしれない。成人したとき、私が親から受け取りたかったと強く思ったものは、「勉強しなさい」と強制されることだった。子どもの頃、母親はあまり「勉強しなさい」と言わなかったと思い込んでいた。ずいぶん後になって母親に尋ねると、人並みには言ってきたそうだが、私自身が聞く耳を持たなかったことが判明した。しかし問題は、受け取らなかったとの思いが事実に反していても、事実認定されてしまうことにある。それが、強い思い入れとなり、子どもに「勉強しなさい」と厳しく言うことが愛だと誤認される一因ともなる。

「良い父親像」という偶像

思い入れの強さは、「良い父親」というプレッシャーによっても増幅する。なぜなら、思い入れの強さは信念に基づいているのではなく、「親の不安や恐れ」に根ざしているからである。「良い父親になりたい」という願いよりも、「良い父親に見られたい」との願いが強くなってしまうと、思い入れの強さが暴走しかねない。

私の場合、「良い父親像」が偶像になっていた。親が愛情だと信じて疑わない「思い入れの強さ」が衝動的な行動を誘発するなら、その強い思い入れの対象が偶像となっていると考えるべきだろう。少なくとも、偶像になりつつあると警戒すべきだろう。

「良い父親像」が偶像となるとき、子どもとの関係が「従属関係」に陥る。従属関係になると、「主体性」が奪われる。主体性が奪われると、人生の責任を引き受けることが蔑《ないがし》ろにされ、他者依存が強まる。良い父親になるには、子どもが良い子どもにならなければならない。良い父親になれるかは、子ども次第となる。「良い母親像」が偶像になる時も、まったく同じである。「良い父親」「良い母親」となることが子どもへの評価に懸かってくる。子どもは「良い子」という重荷を背負わされることになる。これが、子どもの生きづらさの一因である。

カウンセリングに来る親たちの話を聞いていると、親心とは、実は、「子どもが期待を裏切るのではないか」という親の不安のことではないかと思われます。親の愛情は、「期待に添え」

という支配と混同されています。（信田さよ子『夫婦の関係を見て子は育つ』、一七二頁）

子どもの問題でカウンセリングを受ける親たちの多くは、一般的に愛情深い人たちだと思われる。しかし、愛情の深さが「期待に添え」との支配と混同されているとの指摘は、まったくそのとおりだ。「良い父親像」「良い母親像」が偶像化するとき、親心は「子どもが期待を裏切るのではないか」との親の不安にすり替わる。しかし、親自身はそのことに気づかず、「期待に添え」という支配を継続することになる。

「期待に添え」という支配は、強権的なもの、巧みな操作によるものなど、さまざまな形によって行われる。そして、子どもは親の期待に応えようと健気に努力すればするほど、「自分らしさ」を失い、喪失感を抱え込むようになる。「自分らしさ」を奪い続けられることへの怒りが、気づかないうちに心に鬱積していく。

私にとって「良い父親像」が偶像となっていたことに気づかされたのは、父として子どもと向き合う自分に「主体性」が欠如していたこと、子どもへの評価が自分の評価とダイレクトに直結していたことに目が開かれたからだ。「良い父親になること」よりも、「良い父親に見られること」に心を奪われていた。「良い父親像」が偶像となることで、父親は主体性を失い、子どもとの間に共依存的な従属関係を築くことになる。父親は権威によって子どもを支配し、子どもは親の期待を裏切ることで父親を逆支配する。境界線が明確に引かれるまで、共依存的な支配関係には終わりがなく、いつまでも続くことになる。

偶像から解放されるために

「良い父親像」という偶像から解放されるためには、境界線を維持することと魂の満たしを神に求めることが欠かせない。

「わたしの民は二つの悪を行った。湧き水の泉であるわたしを捨てて、多くの水ためを、水をためることのできない、こわれた水ためを、自分たちのために掘ったのだ。」（エレミヤ２・13）

神は預言者エレミヤを通して、イスラエルの偶像礼拝を厳しく責めた。イスラエルが神の目に行った二つの悪とは、「湧き水の泉である神を捨てたこと」と、「こわれた水ためを自分たちのために掘ったこと」である。この二つの悪は表裏一体の関係にある。偶像礼拝の本質は、神を「湧き水の泉」とせず、「水をためることのできない、こわれた水ため」である偶像に魂の満たしを慕い求めることである。しかし、「こわれた水ため」である偶像には人の魂を満たすことはできない。

私自身、子どもの時に父から受け取れなかったものが「魂の欠乏感」「魂の渇き」となった。そして父親になったとき、「魂の欠乏感」が意識されるようになった。「良い父親像」と「幸せな子ども」という「水ため」から汲み上げたものによって魂の欠乏感を満たそうとしていた。

子どもが友だちと遊ばないで部屋にいると、「どうして友だちと遊ばないの」と必ず聞いた。子どもが「今日は誰とも遊びたくない」と答えると、「遊んできなさい」と家から追い出した。友だちと遊ばないで、ひとりでいる子どもがかわいそうに思えて仕方なかった。子どもが大勢の友だちに囲まれて楽しそうに笑っている姿から、親の幸せを汲み上げて、魂の欠乏感を満たそうとしていたことに気がつかなかった。

親を満たすもの

親が子どもの幸せを願うことは、至極当然のことである。しかし、親が自分自身の魂の欠乏感を、「良い父親像」「幸せな子ども」という「水ため」から汲み上げて満たそうとすることは、「湧き水の泉である神」を蔑ろにし、偶像礼拝へと陥っていくことになる。親は主体性を失い、親の幸せが子どもの幸せに懸かってくる。そうなると、子どもは親の幸せまで背負わされることになる。

暴力による強制は拒絶すれば済むし、その拒絶は間違っていない。しかし、「お前を愛しているから」という支配は、「愛情」という言葉によって抵抗不能に陥るしかない。それを拒絶すれば、自分が親の愛を裏切ったことになるのだから。また、「あなたのことは一番私がわかっているのよ」「そうすれば間違いないのよ」という常に正しいことしか言わない親の支配も抵抗不能に陥るばかりだ。（信田さよ子『依存症』、一三七頁）

イエスは、「だれでも渇いているなら、わたしのもとに来て飲みなさい。わたしを信じる者は、聖書が言っているとおりに、その人の心の奥底から、生ける水の川が流れ出るようになる」(ヨハネ7・37－38)と叫んだ。湧き水の泉である神は、魂の欠乏感(渇き)を抱いている人を招いている。「良い父親」を目指しながらも「良い父親像」が偶像とならないために、魂の欠乏感の満たしを湧き水の泉である神ご自身に求め、神を「湧き水の泉」として慕い求めなければならない。

親が神を湧き水の泉とするとき、親は子どもから幸せを汲み上げることから解放される。その結果、子どもも親の魂の欠乏感を満たす負いきれない重荷から解放される。子どもは自分が負うべき荷だけを引き受けることで、生きづらさが軽減、消滅する。共依存的な関係から相互依存的な関係へと、少しずつ変えられていく。互いから汲み取ろうとする、しのぎを削る関係から、互いに満たし合う関係へとなる。互いに支配・逆支配される関係から、互いに仕え合う関係になっていく。そのような関係にこそ、「生ける水の川」があふれ流れるのでる。

家庭を治める

父親の愛は原理と期待によって導かれるべきであり、脅したり権威を押しつけたりすることなく、忍耐づよく、寛大でなければならない。成長する子どもに、少しずつ自分の能力に気づかせ、やがて子どもがその子自身の権威となり、父親の権威を必要としなくなるように仕向けなければならない。(エーリッヒ・フロム『愛するということ』、七三頁)

フロムは、父の愛が原理原則に基づくべきと主張している。父親が自身の子ども時代に経験した寂しさや辛さを自分の子どもに投影することで、原理原則が隠れてしまう。女性を感情的だと批判する声は根強くあるが、男性も過去の傷に触れられると、突然怒りを爆発させたりする。自分の子どもに自分自身を投影してしまうと、原理原則に基づいて愛することが非常に困難になり、感情や衝動に突き動かされてしまう。子どもが親の思いに反した行動を取ると、「脅し」や「権威を振りかざす」ことに頼ってしまう。フロムは、父親がいつまでも権威を振りかざすのではなく、「子どもがその子自身の権威」となるように導かなければならないと教えている。これは、内的秩序が構築されることを意味している。

父親は「原理原則」、社会規範の体現者として、「種蒔きと刈り取りの法則」だけでなく、父親自身が威厳を身につけることによって子どもの心に内的秩序を構築することが求められている。

パウロは弟子のテモテに宛てた手紙の中で、教会の指導者の資質の一つとして、こう挙げている。

自分の家庭をよく治め、十分な威厳をもって子どもを従わせている人です。（Ｉテモテ３・４）

教会を治めるには、まず自分の家庭を治めることが前提条件となる。しかし、「模範的な家庭」も「良い父親像」と同じように偶像になってはならない。「模範的な家庭」という概念そのものは健全ではあるが、「模範的な家庭像」が肥大化した理想、偶像になるとき、監督者やその立場を願う者に「失格者」の烙印を押し、退けることになる。「家庭をよく治める」とは、父親の威厳によって家庭内の秩序が維持されていることだと言える。

聖書には「模範的な家庭」は登場しない。苦悩する家庭ばかりだ。模範的な家庭という言葉も慎重に用いるべきである。「自分の家庭をよく治める」とは、父親自身を含め、家族の成員が「権威」に対して適切な敬意を払うことで、秩序が保たれている状態を指している。父親が尊敬されているかが問われている。

このみことばに私自身は何度も心挫かれそうになり、今でも避けて通りたいと思ってしまう。しかし、父親が尊敬される必要は、父親個人の問題ではなく、家族という共同体の健全性にも深く関わってくる。そのため、心挫かれそうになっても、家族の幸せのために尊敬される父を目指すことを諦めてはならないと思う。

父親の尊厳

家父長制の時代、父親への尊敬は制度的に父親に付与されていた。父親が持つ「生殺与奪の権利」が威厳を下支えしていたので、父親が必ずしも人格者でなくても、一定の尊敬を受けていた。しかし、生殺与奪の権利が消滅した今、尊敬が制度的に付与されることはなくなった。「お父さんの言うことを聞きなさい」という母親の言葉にも説得力を欠いてしまう。子どもが「お父さんの言うことを聞かなければ、何が起こるのか」と言い返すと、母親は言葉を詰まらせることになる。

「つべこべ言わずにお父さんの言うことを聞きなさい」と叱っても、父親の威厳が生まれることはない。現代社会は父親にとって不遇の時代なのかもしれないが、本当の父性が磨かれる時でもある。

父親の威厳とは、家族が互いに尊敬し合う関係によって付与される。別の言い方をすれば、父親の威厳とは、父親が自身の権威を強固にすることによってではなく、父親自らが家族を心から尊ぶことによって、家族の成員から付与される。夫婦が互いに尊敬し合い、親が子どもの人格を尊ぶとき、子どもは親を尊敬するようになる。制度によって父親に尊厳が付与されない現代社会において、父親自身が妻や子どもの人格を尊重することによって尊厳が父親に付与される。支配することによってではなく、へりくだって仕えることで真心から敬意が払われる。

二千年前、イエスはこう教えた。

「あなたがたの間では、そうではありません。あなたがたの間で偉くなりたいと思う者は、みなに仕える者になりなさい。」(マタイ20・26)

個人的には、成熟期に限らず、普遍的な父親モデルは、このような「サーバント・リーダー的父親モデル」ではないかと考えている。

近年、サーバント・リーダーという概念が浸透しつつあるが、依然と誤解も根強くある。サーバント・リーダーに関する最大の誤解は、「仕える」ことがリーダーの主たる働きであるとの考えである。それでは、父親は子どもの御用聞きになってしまう。父親の代理母化は、「仕える」ことが主目的になった結果ではないだろうか。「仕える」のは、導くための手段であって、主目的ではない。「導く」ための手段として「仕える」とは、「模範を示す」ことに尽きる。

パウロは、「私がキリストを見ならっているように、あなたがたも私を見ならってください」（Iコリント11・1）とメッセージを書き送った。パウロは、イエスのリーダーシップの本質が「模範による影響力」であることを悟っていた。イエスは弟子たちに、「だれでもわたしについて来たいと思うなら、自分を捨て、自分の十字架を負い、そしてわたしについて来なさい」（マタイ16・24）と招いた。「行きなさい」とは言わず、「わたしについて来なさい」と招いた。

サーバント・リーダーは、自らが「模範を示すこと」によってのみ影響力を獲得できることをへりくだって認めている。しかし、権威主義的なリーダーは特権意識を抱き、自分自身を特別扱いする。すなわち、自らは従わないルールに他者が従うことを強要する。イエスは、律法学者やパリサイ派の人々について、「彼らは重い荷をくくって、人の肩に載せ、自分はそれに指一本さわろうとはしません」（マタイ23・4）と非難した。

リーダーの影響力

権威主義的なリーダーの影響力は、立場に深く依存している。立場が脅かされると、影響力も損なわれる。今、社会全体で起きていることは、権威主義的なリーダーへの反発である。成熟期においては「立場による権威」への基本的信頼は失われつつある。なぜなら、成熟期の社会は、官僚型組織からフラット型組織への移行期であるからだ。社会が成熟へ向かうとき、人は立場による権威よりも、人の影響力に自発的に従うようになる。

子どもが幼児期から思春期に向かう過程においても、同じことが言える。子どもが小さい時は権威主義的な父親でも通用するが、思春期の子どもを正しい方向へと導くための影響力を持つことは難しい。特に、成熟期においては権威主義的な父親は不適合モデルとなる。権威主義的な父親が立場に依存し続けるかぎり、影響力を失うことはあっても、増し加えることは考えられない。

サーバント・リーダー的父親は、自分の生き方以上に影響力を子どもに及ぼすことはできないと悟っている。パウロは、「私がキリストを見ならっているように」と、自分自身の生き方を模範とするようにと命じている。ジョン・マックスウェル氏は、「『わたしについて来なさい』と人々に呼びかけ、しばらく歩いた後で振り返って見て、誰もついて来ていなかったら、散歩しているに過ぎない」と影響力の本質を的確に述べている。影響力とは、「だれでもわたしについて来たいと思うなら」とのイエスの言葉にあるように、従う者の心に「ついて行きたい」との自発的な願いを起こさせるものである。自発的な願いでなければ長続きしない。そのためにも、父親自身が子どもに願う生き方を自らが生き抜かなければ、影響力は生まれない。「子どもは親の背中を見て育つ」とは普遍的な真実だ。

「傾聴」と「共感」

サーバント・リーダーの特性に「傾聴」と「共感」がある。サーバント・リーダーにとって「仕える」とは、仕える人の自尊感情を高めることを意味している。「仕える」ことの本質は「価値を高める」ことにある。

「その主人は彼に言った。『よくやった。良い忠実なしもべだ。あなたは、わずかな物に忠実だったから、私はあなたにたくさんの物を任せよう。主人の喜びをともに喜んでくれ。』」（マタイ25・21）

このイエスのたとえ話では、しもべが主人のお金を商売をして殖やしたことで「忠実なしもべ」と称賛されている。権威主義的なリーダーは自分の自尊感情を高めることに躍起になるが、サーバント・リーダーは仕える人の自尊感情を高めることに心を砕く。権威主義的なリーダーのもとにいる人はリーダーの偉大さに圧倒されるが、サーバント・リーダーのもとにいる人は自分の「可能性」に目が開かれる。

人は自分の話に真剣に耳を傾けてくれる人や共感してくれる人に敬意を払う。それは、自分の存在が尊ばれていると実感するからだ。子どももまったく同じである。サーバント・リーダー的父親は、「傾聴」を通して子どもに「共感」を与える。

しかし、父親にとって「傾聴」は非常に困難な作業となる。なぜなら、男性は「問題を解決する」ことで自尊感情が高まるからだ。共感よりも、アドバイス（解決策）を与えたがる。共感するだけでは自らの自尊感情は高まらない。「仕える」とは、自らの自尊感情よりも、他者の自尊感情を優先することを意味する。サーバント・リーダー的父親は、子どもの自尊感情を傷つけることを代償にして目的を遂行しない。父親の権威とは、「共感」そのものであるからである。

そして、父親が与える「共感」は、母親の共感とは必ずしも同じではない。導くための共感と、受け入れるための共感の違いがある。父親は、子どもに共感を与えながら「行くべき道」へと導いていく。

夫婦間の贈り物

子どもの心に内的秩序が構築されるには、両親が夫婦として互いに尊敬し合う関係を築くことも欠かせない。

もし、夫婦間の秩序、互いの人格を尊敬し合う関係が崩れているなら、子どもに対していくら権威を振りかざしても、子どもの心に内的秩序が築かれることは期待できない。内的秩序が築かれていないと、子どもは一時的に親に従順な態度を取るかもしれないが、やがて理不尽な親の要求に怒りを爆発させる瞬間が訪れることになる。その時、親は豹変した子どもの反抗的な態度に狼狽することになる。

聖書は、夫婦が互いに尊敬し合うことを教えている。そして「妻たちよ。あなたがたは、主に従うように、自分の夫に従いなさい」（エペソ5・22）と、夫に従うことを命じている。「夫に従う」との戒めは時代錯誤のようにも思え、尊敬に対する誤解を招くことがある。権威主義的な夫を思い浮かべ、違和感や嫌悪感を覚える方がいるかもしれない。この戒めに強く反発する人は少なくない。その根底には、聖書が妻に対して「従属」を求めているとの誤解がある。「夫たちよ。キリストが教会を愛し、教会のためにご自身をささげられたように、あなたがたも、自分の妻を愛しなさい」（同25節）と夫には「犠牲的な愛」を命じている。

夫の権威は制度によって担保されるのではなく、この聖句にあるように、夫が妻のために自分の命を与える愛によって担保される。この点が家父長制の時代の尊敬と聖書が教える尊敬の決定的な違いである。聖書は、夫には妻に「献身的な愛」を、妻には夫に「尊敬」を贈り物として与えることを命じている。妻は夫の献身的な愛によって安心することで愛を実感し、夫は妻から尊敬されることで愛を実感する。しかし、愛を「贈り物」と理解しても、尊敬は「獲得すべきもの」との考えが根強く、妻が夫を尊敬することの妨げとなっている。「尊敬に値しないので、尊敬することはできない」との声をよく耳にする。しかし、夫婦間において尊敬を贈り物として与え合うことは、互いに尊敬し合う関係を築く本質的な営みである。夫婦間において尊敬は「贈り物」なのだ。

母子家庭で育った私は、模範とする父親像を持たず、理想化された父親像によって挫折感を味わうことになる。父親として途方に暮れたが、夫婦の間においては尊敬し合える関係を築くことに心を傾けた。夫婦が互いに愛し合い、尊敬し合う姿に、子どもは自分への愛を感じ、受容されていることを実感する。反対に、夫婦がいがみ合い、蔑《さげす》み合うとき、子どもは拒絶感に苛《さいな》まれてしまう。子どもの時に親が離婚すると、多くの子どもは親の離婚を自分の責任だと受け止める傾向がある。

聖書が親子関係に関して多くを語らないのは、夫婦が互いに愛し合い、尊敬し合うなら、子どもが親を尊敬することは自然なことになるからだ。それは、夫婦の関係が良好であれば、子どもに問題が生じないという意味では決してない。学校でのいじめなどによって子どもが深く傷つき、不登校になることもあれば、さまざまな外因によって深刻な問題を抱えることもある。子育てに「因果応報的な考え」を持ち込むと、すべてが親の責任問題となり、断罪されることになる。

親の影響力

ヘンリーと私はためしに、人格形成における子どもの責任はどれぐらいで、親の責任はどれぐらいだと思うかを、それぞれ別の紙に書いてみました。互いの回答を見せ合うと、なんと二人の数字はまったく同じでした。二人とも、子どもが七〇パーセント、親は三〇パーセントの責任を負うと書いたのです。(『聖書に学ぶ子育てコーチング』、一二九頁)

臨床心理学博士のヘンリーとジョンは、提示した数値が絶対ではないと前置きした上で、長年の臨床現場での経験から導き出されたと述べている。三〇パーセントが多いのか少ないのか、意見の分かれるところだろう。個人的には少しホッとしたのも事実である。虐待やネグレクトのように親が責任を放棄した場合、子どもの人格形成に及ぼす親の影響力は絶大なものになる。しかし、そうした場合を除いては、親の影響力は指摘されるとおり、限定的なものとなる。

親の影響力を限定的に捉えることのメリットは、親が自身の影響力を過信しないこと、すなわち、支配することへの自制心が働くことにある。「万能感」は若者特有の問題ではなく、親が抱える問題でもある。

夫婦の関係が良好であることが必ずしも「絶対的な条件」とはならないのは、親の影響力が限定的であることからも明らかである。しかし、夫婦がいがみ合っているよりも、愛し合い、尊敬し合っているほうが、子どもの心に内的秩序を築くことの大きな助けとなることは間違いない。

愛は「礼儀に反することをせず」（Ｉコリント13・5）とあるように、真実の愛には尊敬が伴う。そして、何よりも大切な点は、愛という尊敬が成長への継続的な原動力となることにある。否定や叱責は、一事的な成長を促すことはあっても、成長への継続的な原動力とはならない。特に男性の場合、尊敬という贈り物を受け取ることで、成長への強い動機づけを受ける。反対に軽視されると動機づけを失ってしまう。厄介な存在である。

私の場合、妻が尊敬を「贈り物」として与えてくれたことで、「良い父親に見られたい」との評価への固執から少しずつ解放され、「良い父親」になりたいとの健全な願いを持つことができるようになった。それまでは、子どもの感情との間に境界線が思うように引けず、強い思い入れを愛情深さだと勘違いし、父親の影響力を過信し、「心理的罰」によって支配しようとしていた。妻は注意やアドバイスは与えてくれても、子どもの前で父親である私を軽蔑、軽視しなかった。そのことに心から感謝している。尊敬を贈り物として与え続けてくれたことで、挫折感から立ち直れたと思う。子どもたちも、ひとり空転する父を赦し、受け入れてくれた。いく度となく、子どもから赦すことの大切さを教えられた。感謝の思いが尽きない。

寛大な態度を持つために

フロムは、「父親の愛は原理と期待によって導かれるべきであり、脅したり権威を押しつけたりすることなく、忍耐づよく、寛大でなければならない」と指摘している。この忍耐は、父親自身が自らの影響力が限定的であるとへりくだって認めることで、自らの人格が練られることから生まれる。また、父親自身が自分の生き方を問われ続けることで、自然と子どもに対して寛大な態度を持つことができるようになる。

それればかりではなく、患難さえも喜んでいます。それは、患難が忍耐を生み出し、忍耐が練られた品性を生み出し、練られた品性が希望を生み出すと知っているからです。この希望は失望に終わることがありません。なぜなら、私たちに与えられた聖霊によって、神の愛が私たちの心に注がれているからです。（ローマ５・３－５）

思春期の子どもとの境界線について書かれた*Boundarie with Teen*（未翻訳）に、思春期の子どもに対して忍耐強く、寛大な態度を持つためのアドバイスが紹介されている。

多くの両親は、自分たちの子どもが自分の人生に深い関心と責任を持つようになるのか憂慮している。両親には子どもの将来が分からない。しかし、両親は思春期の自分を思い出すことはできる。そして、あなたの今の人生と数々の意思決定について理解することができる。あなたは苦しい経験を通り、多くの間違った決断をしたことを知っている。しかし、あなたの人生はゆっくりと統合、自制され、焦点が合うようになり、責任のあるものとなった。（二一三頁、私訳）

親が子どもと同じ頃の自分自身を思い出すことによって、過剰な期待や要求を避けることができる。また、自分の子どもと同じようであった自分自身が責任感のある大人になったことも励ましであり、望みとなる。そして、なによりも、キリスト者に与えられた聖霊によって神の愛が心に注がれることによって、希望が失望に終わることがない。神の愛は親の心に希望を与え続ける。

責任を引き受けることの模範

また、影響力を限定的に捉えることの二つめのメリットは、親の押しつけではなく、子どもの主体性を育むことに子育ての強調点が移ることにある。境界線の第二の原則、「責任の原則」の適用と実践が大切になる。この原則は、「成長する子どもに、少しずつ自分の能力に気づかせ、やがて子どもがその子自身の権威となり、父親の権威を必要としなくなるように仕向けなければならない」とフロムが言うところである。

そこで、子どもに対する境界線の訓練とは、何よりもまず、自分の問題に関する責任は文句を言わずに自分で負うものだ、と理解させることです。最初は親が引き受けていた重荷を、子どもが徐々に自分で負うよう学ばせるのです。（『聖書に学ぶ子育てコーチング』、一二八頁）

「最初に親が引き受けていた重荷」とは、責任のことである。親自身が責任を引き受けることの模範を示すよう求められている。父親の威厳は「責任を引き受ける度合い」によって付与されることを心に留めておきたい。

男性にとって、家庭内に問題が存在していると認めることはプライドを傷つける。尊敬を愛と受け止める男性にとって、問題の存在を認めることは、尊敬を失うとの恐れとなる。男性が自分の問題を話したがらない背後には、尊敬を失うことへの恐れがある。父親は尊敬という愛を失うと責任を遂行することが難しくなる。

しかし実際は、父親の威厳は問題の存在を認めることで失われるのではなく、むしろ問題の責任を引き受ける度合いによって付与される。問題と向き合い、悪戦苦闘するかっこ悪さが尊敬される。少なくとも、問題の存在を無視したり、逃げたりする姿よりは尊敬されるだろう。

父親が問題と真正面から向き合い、問題の責任を引き受けることによって、問題は課題となり、具体策が見えてくる。脱出の道が見えてくる（Iコリント10・13）。ダビデが長男アムノンや三男アブシャロムの問題と真正面から向き合っていたなら、解決への糸口は必ず見えてきただろう。父ダビデが問題から逃げなければ、当事者たちの心に回復への希望の光が差し込んだに違いない。問題の責任を引き受ける父親の姿を見て、子どもは自分の責任と向き合うことを模範とするようになる。

今、家族を取り巻く社会環境は困難を極めている。サーバント・リーダー的父親になると威厳が自動的に付与され、家族は互いに尊敬し合うようになるという単純なものではない。さまざまな問題に直面することになるだろう。しかし、だからこそ、サーバント・リーダーの心をもって、現実の問題と向き合い、家族に仕えていくことが求められている。

父性原理の体現者としての父親像

最後に、父性原理の体現者としての父親像について考察したい。「イサクの父」「大いなる国民の父」「信仰の父」となったアブラハムが父となる過程を考察することで、父性の本質が見えてくる。

主はアブラムに仰せられた。「あなたは、あなたの生まれ故郷、あなたの父の家を出て、わたしが示す地へ行きなさい。そうすれば、わたしはあなたを大いなる国民とし、あなたを祝福し、あなたの名を大いなるものとしよう。あなたの名は祝福となる。」(創世12・1―2)

神はアブラムを「大いなる国民の父」とするために召したとき、父となるために「父の家」を出るよう命じた。「父の家」とは、子に向けられた願いや期待の象徴でもある。聖書には結婚の前提条件として、男性に「父母から離れること」が命じられている。

それゆえ男はその父母を離れ、妻と結び合い、ふたりは一体となるのである。(創世2・24)

男女が愛の誓約を交わし、夫婦となるには、互いに自立していることが前提条件となる。神がアブラムに父の家を出るよう命じたのは、「自立への要請」である。しかし、自立とは自分の力で立つとの意味ではない。神はアブラムに父の家を出ることだけでなく、「わたしが示す地へ行きなさい」と命じられた。キリスト者にとっての自立とは、親の願い、期待から離れて、神の願い、目的に従って生きることである。

「わたしよりも父や母を愛する者は、わたしにふさわしい者ではありません。また、わたしよりも息子や娘を愛する者は、わたしにふさわしい者ではありません。自分の十字架を負って

わたしについて来ない者は、わたしにふさわしい者ではありません。」（マタイ10・37―38）

キリスト者の自立とは、親の期待（人や社会の期待）から離れて、「自分の十字架（神の目的）」を負い、神に従って生きることである。ある意味で、自立するには親を失望させなければならない。親の願いよりも、神の願い、目的を選ばなければならないからである。イエスは、父や母を愛する者が「ふさわしさ」を失うと言ったのではなく、「わたしよりも父や母を愛する者」は「ふさわしくない」と言ったのである。

父を失望させること

アブラムが父の家を出る代償には、物質的な財産を放棄するだけでなく、父の願いを継承するのを辞退すること、「父を失望させること」が含まれている。健全な意味で、父の家を出て行く「放蕩息子」になることである。アブラムの父テラは、アブラム、その妻サライ、孫のロトを連れて、ウルの地からカナンの地を目指した。しかし、カランにたどり着いたとき、その地に定住し、生涯を終えた。父テラが既に亡くなってはいても、アブラムは父の願いを受け継ぎ、父にとって「ふさわしい者」となることを追い求めていたかもしれない。父が生存しているかは問題ではなく、父に認められることが人生の目的となるとき、神にとって「ふさわしい者」となることは、いつも後回しにされる。親の願いや期待を背負うことが人生の目的となり、神の使命に生きることが蔑ろにされる。

イエスが弟子たちにご自身に従うことを求めたとき、ひとりの弟子が、「主よ。まず行って、私の父を葬ることを許してください」（マタイ8・21）と願い求めた。「父を葬ること」とは、葬儀を執り行うことではなく、父の後継者として認められることを意味している。この弟子は、「主よ。まず行って」と、父の後継者としての承認を神に従うことよりも優先しようとした。ユダヤ人社会において、父の後継者として認められることは最大の祝福であり、父の承認を求める生き方は肯定され、半ば強制された。

イエスは、「わたしが来たのは地に平和をもたらすためだと思ってはなりません。わたしは、平和をもたらすために来たのではなく、剣をもたらすために来たのです」（マタイ10・34）と、平和の君の言葉とは思えない発言をした。イエスが剣で断ち切ろうとしたのは、家族間の癒着関係（依存関係）である。この癒着関係に神を迎える余地はない。

「わたしは人をその父に、娘をその母に、嫁をそのしゅうとめに逆らわせるために来たからです。さらに、家族の者がその人の敵となります。」（同35―36節）

「家族が敵となる」とは、敵意を抱かせ、敵対関係に陥らせるとの意味ではない。神にとってふさわしい者となる代償が、家族の期待を失望させるとの意味である。癒着関係が断ち切られることで、神をお迎えすることができる。神のみこころが家族の中で成し遂げられるようになる。神がアブラハムにイサクを「全焼のいけにえ」としてささげるよう命じたのは、父と子の癒着関係を断ち切るためでもあった。問題は、癒着している状態を当事者が認識していない点にある。

自立への土台

逆説的になるが、子どもは、父の愛、承認の愛を十分に受けることで自立への土台が築かれ、父を失望させることができる。自分の人生の目的に向かって生きることができる。父にとって「ふさわしい者」から神にとって「ふさわしい者」となること、父なる神の承認の愛に生かされることが、キリスト者の自立した真の姿である。しかし、子どもが父の承認を受けられないと、父を失望させることによる父の拒絶を恐れてしまう。健全な意味で父と対立できない。父の拒絶に苦しむ者は、神に「ふさわしい者」として自己を推薦することができない。

神がモーセを召したとき、彼は「私はいったい何者なのでしょう。パロのもとに行ってイスラエル人をエジプトから連れ出さなければならないとは」（出エジプト3・11）と自己否定の言葉を口にした。モーセの自己否定感は、彼の人生で唯一、父親的な影響力を持つ存在であったエジプトの王パロの怒りを買ったこと、拒絶されたことと無関係ではないのではないか。モーセの応答は、預言者イザヤが召された時の応答とはあまりにも対照的である。

私は、「だれを遣わそう。だれが、われわれのために行くだろう」と言っておられる主の声を聞いたので、言った。「ここに、私がおります。私を遣わしてください。」（イザヤ６・８）

預言者イザヤは、神の招きに対して自らを推薦した。イザヤが神の声を聞いたとき、ためらうことなく自らを推薦したのは、高慢な思いからではなく、健全な自己評価、自信によるのではないだろうか。イザヤが父の承認を十分に受けていたことをうかがわせる。

神の約束の成就

神はアブラムに、「あなたの父の家を出て、わたしが示す地へ行きなさい」と命じ、「そうすれば」との条件をつけた上で、「わたしはあなたを大いなる国民とし、あなたを祝福し、あなたの名を大いなるものとしよう。あなたの名は祝福となる」と約束した。この約束は無条件ではない。アブラムが父の家を出て、示される地へ行かなければ、神の約束は成就しない。

フロムは、「父親の愛は条件つきの愛である。『私がおまえを愛するのは、おまえが私の期待にこたえ、自分の義務を果たし、私に似ているからだ』というのが父親の愛の原則である」と記している。私は父親の愛を「根拠のない承認」と定義した。それは、フロムが言う「条件つきの愛」とは異なり、無条件の愛のように思える。すべての愛の源泉である神の愛の本質は無条件である。「条件つき」という言葉が誤解を与えてしまう。父の愛が条件つきの愛であるとは、「条件を満たさないと愛されない」との意味ではない。この点を理解しないと、父の愛を正しく理解することはできない。

アブラムが神の祝福を受け取るかどうかは、彼自身の肩にすべて懸かっていたわけではない。神ご自身がアブラムの旅の同伴者となってくださる。「大いなる国民の父」となるアブラムの旅に同伴者として寄り添う神ご自身が、神の恵みそのものである。

ところが、神の恵みによって、私は今の私になりました。そして、私に対するこの神の恵みは、むだにはならず、私はほかのすべての使徒たちよりも多く働きました。しかし、それは私ではなく、私にある神の恵みです。（Ｉコリント15・10）

パウロは神の恵みを誇っている。しかし、同時に彼は、神の恵みと多くの働きが矛盾しないことも教えている。神の恵みに関する誤解の一つは、神の恵みは人の働き（努力）を排除する、なぜなら多くの働きは神の恵みをだいなしにするから、という主張である。しかし、パウロは神の恵みこそが多くの働きを生み出したと語っている。大切なことは、多くの働きを誇るのではなく、多くの働きを生み出した神の恵みを誇ることである。無条件の神の恵みは多くの働き（努力）を排除するどころか、多くの働きを引き出すことを悟るとき、無条件の神の恵みに対して能動的な態度を持つようになる。しかし、神の恵みに対する誤解から、神の恵みに対して受動的な態度を持つのは非常に残念なことである。神の恵みをキリスト者の弱さや足りなさを補うものと限定的に捉えるだけでなく、能動的に関わることで多くの働き（努力）を生み出す原動力となると理解する必要がある。

不確定な将来

アブラムは「あなたの父の家を出て、わたしが示す地へ行きなさい」との命を受けたとき、「どこに行くのか知らないで、出て行きました」（ヘブル11・8）とある。多くの男性にとって、不確定な将来に対して努力を傾けることは容易ではない。論理的思考は、どうしても費用対効果を考えてしまう。この時点で、努力することにブレーキがかかる。父親が子どもとの関わりに消極的な態度を持つ理由のひとつである。

また、不確定な将来は失敗への恐れを増大させる。子どもが専門性の高い不安定な職業（たとえば、芸術家、俳優、プロスポーツ選手など）を希望するとき、父親は複雑な気持ちになるかもしれない。なぜなら、総じて、そのような職業に就くための努力が報われる可能性は低いからである。親心としては、子どもには努力が報われる経験をしてほしい。報われない努力は無駄に思えてしまう。パウロは、「私に対するこの神の恵みは、むだにはならず、私はほかのすべての使徒たちよりも多く働きました」（Ｉコリント15・10）と語っている。このパウロの言葉に、彼が神の恵みに対して能動的に関わり続けた秘訣が示唆されている。パウロが失敗を恐れず、宣教の未開地へ出かけて行ったのは、「神の恵みは無駄にならない」との信念によって行動したからだ。

ですから、私の愛する兄弟たちよ。堅く立って、動かされることなく、いつも主のわざに励みなさい。あなたがたは自分たちの労苦が、主にあってむだでないことを知っているのですから。（Ｉコリント15・58）

信仰と行動

神の恵みは、信仰と行動を両輪としてキリスト者を前進させる。行き先が明確になるまで待ち続けることも、「わたしが示す地へ行きなさい」との命を受けずに自分の判断だけで出かけて行くことも、神の恵みが原動力となる営みではない。神の恵みは信仰と行動を結びつける。そのために、神の恵みは信仰に見合う行動を引き出し、信仰に行動を伴わせる。

それと同じように、信仰も、もし行いがなかったなら、それだけでは、死んだものです。さらに、こう言う人もあるでしょう。「あなたは信仰を持っているが、私は行いを持っています。行いのないあなたの信仰を、私に見せてください。私は、行いによって、私の信仰をあなたに見せてあげます。」（ヤコブ２・17―18）

神の恵みに対して能動的な態度を持ち続けるためには、信仰に行動が見合っているかを吟味しなければならない。なぜなら、「信仰も、もし行いがなかったなら、それだけでは、死んだもの」とあるからだ。信仰が死んだ状態になるとは、休眠状態になるとの意味である。信仰がキリスト者の人生において、「キリストの行い」を生み出さない状態とも言える。

キリスト者は、自らの信仰を生き生きとさせる「行動」について、理解を深めなければならない。祈りだけが信仰を活性化するのではなく、さまざまな行動が自らの信仰に神のいのちの息吹を吹き込む。他者から押しつけられた「行い」では駄目である。それぞれが、自分の信仰を生き生きとさせる行動を見極める必要がある。この場合、教会の奉仕に限る必要はない。

最後に「どこに行くのか知らない」ということは、経験知があまり役に立たない。日々、神により頼むことが求められる。一足一足、主にすがって歩んでいかなければならない。神の恵みは、へりくだった人が最大限に活用する。神に用いられる人とは、神の恵みを最大限に用いた人だと言える。パウロが、「神の恵みによって、私は今の私になりました」と告白したとおりである。

無条件の愛と承認の愛

父親は、自分の子どもが条件を満たすから愛するわけではない。フロムは、父親の愛を条件つきの愛、母親の愛を無条件の愛と区別しているが、そのような区別は誤解を招きかねない。父親の愛が条件つきであるのは、「承認の愛」のゆえである。母親の愛が条件をつけないのは、「受容の愛」のゆえである。無条件の神の愛は、父の愛と母の愛の源泉であり、包括し、超越している。神の愛は完全な愛である。父の愛は無条件の愛を源とした承認の愛であり、母の愛は無条件の愛を源とした受容の愛である。

ダビデの三男アブシャロムが謀反を起こし、部下のヨアブに殺害されたとき、ダビデはその死を嘆き、「わが子アブシャロム。わが子よ。わが子アブシャロム。ああ、私がおまえに代わって死ねばよかったのに。アブシャロム。わが子よ。わが子よ」（Ⅱサムエル18・33）と嘆き悲しんだ。父ダビデは、自分の命よりもアブシャロムを愛していた。これは、無条件の愛である。ダビデが無条件の愛を表現したのが、アブシャロムの死後であったことは悲しすぎる。

父の愛は「承認」を与えるが、この「承認」は子どもが承認される根拠を証明したことによって与えられるのではない。この「承認」には根拠は必要ない。なぜなら、この「承認」は父親が子どもを信じることによって付与されるものだからだ。愛は、「すべてを信じ、すべてを期待し、すべてを耐え忍びます」（Ⅰコリント13・7）。承認を子ども自身が獲得する必要はなく、父親が子どもを信じることによって与えるものである。

特に、父親が息子に承認の愛を与えるとき、息子の心に健全な自信が育まれていく（自己効力感）。娘の場合、自分には愛される価値があるとの自信が育まれる（自己肯定感）。一般論にはなるが、父親に愛されていると感じている娘は、男性と対等の関係を築きやすくなる。自分には愛される価値があるとの健全な自信は、「支配すること」「支配されること」から自由にしてくれる。反対に、自分に愛される価値があると思えないと、相手を支配したり、支配に屈してしまう傾向が強くなる。

母親の愛は、息子や娘を「ありのまま」受け入れる受容の愛である。子どもは「ありのまま」の自分が愛されることで安心する。この安心は、「ありのまま」受け入れられていることによって生まれる。しかし受容の愛は、安心は与えても、価値を付与するものではない。なぜなら、自分に価値があるから愛されているわけではないからである。価値があるから愛されていると思うとき、安心は脅かされることになる。父親の愛は、息子や娘を承認することで、安心以上に価値を付与する。子どもは承認されることで健全な自信を持ち、愛される価値を確信する。

わたしの目には、あなたは高価で尊い。わたしはあなたを愛している。だからわたしは人をあなたの代わりにし、国民をあなたのいのちの代わりにするのだ。（イザヤ43・4）

神の愛は、愛する者に価値を付与するものである。神の愛を「ありのまま」を受け入れられる母性的側面だけで捉えると、安心は生まれても、価値があるとの確信を持つのは困難ではないだろうか。このみことばが語られるとき、「ありのまま」という神の愛の母性的側面が強調されているように思える。神に「ありのままの自分」が愛されていることがわかっても、「あなたは高価で尊い」という言葉がなかなか実感として受け取られない一因ではないだろうか。母性原理が支配的な日本社会にある教会が、マイノリティであることを嘆かず、自らの希少価値に目が開かれ、健全な自信を持つなら、日本の宣教は変わるのではないだろうか。

先のフロムの言葉を厳密に言い換えるなら、「私がおまえを愛する（承認する）のは、おまえが私の期待にこたえ（ると信じている）、自分の義務を果たし（てくれることを信じて疑わない）、私に似ているからだ（おまえは私の喜びだ）」となる。

一方的な選び

神がアブラムを召したのは一方的な選びであり、無条件の愛による。イエスも、「あなたがたがわたしを選んだのではありません。わたしがあなたがたを選び、あなたがたを任命したのです」（ヨハネ15・16）と、無条件の愛による選びについて語った。父親が子どもに「根拠のない承認」を与えるとは、「私があなたを選んだ」との一方的な宣言でもある。

母親は、子どもを自分の胎に宿したと知った瞬間、無条件に子どもを受け入れることが必然的に要請される。その子がどのような子なのかは不問にされる。性別、能力、才能、容姿に関係なく、ありのままで受け入れる。この時点で、母親には胎内に宿った命を愛する覚悟が求められる。そして、母親は自分の命を惜しみなく分かち合うことで、胎内の子どもを生かす。母親が命を落とせば、胎内に宿った命も死に絶えることになる。その意味では、母親の代替は誰にもできない。最初、母の胎内に宿った子どもの命に対して身体は拒絶反応を起こす。「悪阻《つわり》」に苦しみながら、心と身体で子どもを受け入れていく。「酷い悪阻」で苦しんだ人は、二人目を望まないというほど、死ぬような思いを経験する。

しかし、父親は子どもが誕生するまで、基本的には何もすることがない。誕生した子どもと対面して、父親となったことを実感する。しかし、この時点で、父親は生物学的に父となっただけで、父性の発芽があるわけではない。生物学的に父親になった人に父性が発芽するには、「私があなたを選んだ」と一方的に宣言することが欠かせない。母親の愛が「ありのままの子ども」を徹底的に受け入れる受動的な愛であるのに対して、父親の愛は子どもを「一方的に選ぶ」という能動的な関わりが求められる。

子どもは親を選ぶことはできない。この事実を重く受け止めなければならない。父親が「私があなたを選んだ」と一方的に選びを宣言し続けなければ、子どもは拒絶感を抱くようになる。それは、父親の愛が能動的な愛のゆえである。「私があなたを選んだ」との宣言は、必ずしも言葉で表す必要はなく、子どもに対する心の態度の問題である。

子どもとの関わりにおける能動性

「自分を愛してくれる者を愛したからといって、何の報いが受けられるでしょう。取税人でも、同じことをしているではありませんか。」（マタイ5・46）

父親が子どもと能動的に関わることを通して、父性は育まれていく。子どもは父親の愛を受け取るようになっていく。父親が家族のために身を粉にして働いても、休日を家族サービスにささげても、子どもが父親から愛されていると必ずしも実感するわけではない。時々、給料が銀行口座に振り込まれるようになり、父親が給料袋を母親に手渡しする機会が失われたことが父親のありがたみが失われた要因だと主張する声を聞くことがある。給料袋の厚みに父親の努力や犠牲を見て取り、感謝されることはあるかもしれないが、父親の存在感が希薄になりつつある問題の本質ではない。

子どもが父親に対して感謝の念を抱いても、愛されていると実感しないのは、子どもとの関わりに能動性が欠如していることに一因がある。「自分を愛してくれる者を愛したからといって、何の報いが受けられるでしょう」とイエスが語った言葉どおり、慕ってくれる子どものために惜しみなく払われる犠牲は、愛の犠牲ではなく、愛のお返しである。受け取ったものを形を変えて返しているにすぎない。「何の報いが受けられるでしょうか」との問いかけは、そのようなやりとりを延々と続けても何も残らないとの意味である。受け取ったものを返しても、相手には何も残らない。相手は自分が与えたものを受け取ったにすぎないからだ。しかし、このようなやりとりが愛だと誤解されると、一生懸命に与えたつもりなのに、相手には何も残らないという結果に愕然となる。

働きの本質

父親が働くのは、必ずしも家族のためではなく、家族がいなくても働かなければならない。人は働かなければ生きていけない。その意味では、働きの本質は受動的な営みである。それは、罪がもたらした呪いの結果である。

また、人に仰せられた。「あなたが、妻の声に聞き従い、食べてはならないとわたしが命じておいた木から食べたので、土地は、あなたのゆえにのろわれてしまった。あなたは、一生、苦しんで食を得なければならない。土地は、あなたのために、いばらとあざみを生えさせ、あなたは、野の草を食べなければならない。あなたは、顔に汗を流して糧を得、ついに、あなたは土に帰る。あなたはそこから取られたのだから。あなたはちりだから、ちりに帰らなければならない。」（創世3・17―19）

罪の呪いとして、働きの本質が受動的な営みとなった。その結果、人生そのものが受動的な営みへと変貌してしまった。罪の呪いによって人は、「生かされている存在」から「生きていかなければならない存在」となってしまった。明日のことを心配して生きていかなければならなくなった。それが当然のことになり、明日のことを心配しないほうが不自然な生き方になってしまった。「土地は、あなたのために、いばらとあざみを生えさせ、あなたは、野の草を食べなければならない」との宣告は、現代社会の営みにおいても変わることなく、人生の厳しさ、無常さとして経験されている。

呪われた土地

父親の営みにおいても同じことが言えるのではないか。父親（母親）は家族のために命を削って働いている。しかし、犠牲的な働きを蒔いても、家族にいばらとあざみが生えてくる。犠牲的な働きを蒔いて、痛みや葛藤を刈り取ることになる。呪われた土地は、実ではなく、雑草を生えさせ、それを食として生きなければならない。被造物の贖いの日まで、人は呪われた土地を耕さなければならない。しかし、キリスト者は辛苦の糧を口にしても、人生を能動的に生きること、能動的に愛することによって、呪われた土地を耕すのである。父親は家族という土地を「能動的な愛」という鍬によって耕す。神は奴隷の地、搾取される地エジプトに囚われていたイスラエルの民に、「乳と蜜の流れる地」を約束した。

「その日、彼らをエジプトの地から連れ出し、わたしが彼らのために探り出した乳と蜜の流れる地、どの地よりも麗しい地に入れることを、彼らに誓った。」（エゼキエル20・6）

神の救いのご計画には、魂の救済だけでなく、被造物の贖いが含まれている。土地の呪いが祝福に変えられる。すなわち、労苦が徒労に終わらず、多くの実を実らせることへの約束である。

「良い地に蒔かれるとは、みことばを聞いて受け入れ、三十倍、六十倍、百倍の実を結ぶ人たちです。」（マルコ４・20）

キリスト者が、罪によって土地が呪われ、労苦が徒労に終わると悲観せず、被造物の完全な贖いの希望を胸に抱きつつ、「能動的な愛」という鍬を持って、家族という土地を耕し続けるなら、神の恵みの雨は耕された土地を潤し、必ず良い実を生じさせてくださる。

いつも主のわざに励みなさい。あなたがたは自分たちの労苦が、主にあってむだでないことを知っているのですから。（Ⅰコリント15・58）

子とされること

救い主イエスを信じることによって「子とされること」は、福音の本質である。英語では「養子にする」ことを意味するadoptionが用いられている。神がキリスト者を一方的に選んで、「子としてくださる」ことが強調されている。父なる神は七十五歳のアブラムを選び、「あなたは、あなたの生まれ故郷、あなたの父の家を出て、わたしが示す地へ行きなさい」（創世12・1）と命じた。イエスも、「あなたがたがわたしを選んだのではありません。わたしがあなたがたを選び、あなたがたを任命したのです。それは、あなたがたが行って実を結び、そのあなたがたの実が残るためであり、また、あなたがたがわたしの名によって父に求めるものは何でも、父があなたがたにお与えになるためです」（ヨハネ15・16）と、実を結ぶことの前提条件に「神の選び」と「神の任命」があると言った。イエスは弟子たちに、「実を結ぶこと」だけを命じたのではない。イエスは弟子たちを選び、任命した上で、実を結ぶことを当然のこととして期待した。

キリスト者が多くの実を結ぶためには、神によって選ばれ、任命されているとの自覚が欠かせない。その自覚こそが、イエスの御名によって父なる神に大胆に助けを求めることができる確信を生み出す。

「イエスの御名」によって父なる神に助けを大胆に求めるためには、神によって選ばれ、任命されているとの自覚、健全な自信がなくてはならない。この自覚が欠如すると、父なる神に大胆に求めることができず、遠慮がちになる。健全な自信の土台は、実績という根拠にではなく、イエスに選ばれ、任命されている自覚にある。その意味でも、父親となったとき、子どもに対して「私は神に父として選ばれ、任命された」との自覚を持つことが大切である。

アブラハムの試練

待望の子イサクが誕生したとき、アブラハムはイサクを溺愛した。アブラハムは、生物学的な意味でのイサクの父から、「大いなる国民の父」「信仰の父」となるために、大きな試練を通されることになる。

神は仰せられた。「あなたの子、あなたの愛しているひとり子イサクを連れて、モリヤの地に行きなさい。そしてわたしがあなたに示す一つの山の上で、全焼のいけにえとしてイサクを

わたしにささげなさい。」（創世22・2）

神はアブラハムに、ひとり子イサクをモリヤの山で全焼のいけにえとしてささげるよう命じた。なぜ父なる神は、約束の子イサクをささげるよう命じたのか。この試練の目的は、アブラハムが「大いなる国民の父」「信仰の父」となる、「ふさわしさ」を試すことにある。

神がアブラハムにひとり子イサクを全焼のいけにえとしてささげるよう求めたのは、彼がイサクの父から「大いなる国民の父」「信仰の父」となるためである。神はアブラハムの忠誠心を試しただけではない。ひとり子を惜しみなく与えることに、父性が深く関わっている。母性は、子どもに何があっても徹底的に受け入れることで成熟へと向かう。父性は、子どもを惜しみなく与えることで成熟へと向かう。

アブラハムは手を伸ばし、刀を取って自分の子をほふろうとした。そのとき、主の使いが天から彼を呼び、「アブラハム。アブラハム」と仰せられた。彼は答えた。「はい。ここにおります。」御使いは仰せられた。「あなたの手を、その子に下してはならない。その子に何もしてはならない。今、わたしは、あなたが神を恐れることがよくわかった。あなたは、自分の子、自分のひとり子さえ惜しまないでわたしにささげた。」（創世22・10―12）

神はアブラハムがひとり子イサクさえ惜しまずにささげ尽くした心をご覧になり、「大いなる国民の父」「信仰の父」となるのに「ふさわしい者」と承認した。実際には、アブラハムはイサクを全焼のいけにえとしてささげなかったが、彼の従順な心が認められた。アブラハムが「大いなる国民の父」となるには、先立って従順を学ばなければならなかった。主の使いは、彼に約束の成就を宣言した。

「これは主の御告げである。わたしは自分にかけて誓う。あなたが、このことをなし、あなたの子、あなたのひとり子を惜しまなかったから、わたしは確かにあなたを大いに祝福し、あなたの子孫を、空の星、海辺の砂のように数多く増し加えよう。そしてあなたの子孫は、その敵の門を勝ち取るであろう。あなたの子孫によって、地のすべての国々は祝福を受けるようになる。あなたがわたしの声に聞き従ったからである。」（創世22・15―18）

父性が母性に取り込まれないために

神は、アブラハムがひとり子イサクを惜しむことなくささげ尽くした「従順な心」を「大いなる国民の父」「信仰の父」となるための絶対条件とした。神は独裁者ではない。神がアブラハムに「従順」を求めたのは、支配するためではない。しかし、「従順」と聞くと、「支配」「従属関係」との言葉を思い浮かべてしまう。この世の指導者が従順を求めるのは、支配するためである。神が支配を強めるためにアブラハムに従順を求めたのではないなら、「ひとり子を惜しまない」ほどの従順を求めた目的とは何だろう。

父親が子どもに従順を求めるのは、支配が目的ではない。支配を目的とする場合、それは従順ではなく、従属である。従順は祝福を受け取るために不可欠である。ただし、聖書が教える「従順」を祝福を受ける唯一の条件とみなすべきではない。この点が誤解されると、「あなたが祝福されないのは、不従順だからだ」との言葉がまかり通ることになる。アブラハムは百歳の高齢になってイサクを授かったことで、十分に祝福を受け取っていた。それどころか、アブラムはイサクの父となったことで満足していた。

神がアブラハムにひとり子イサクを全焼のいけにえとしてささげるよう命じたのは、アブラハムがひとり子イサクを授かったことで満足していたからである。しかし、神のご計画は、アブラハムがひとり子イサクをささげることで、「大いなる国民の父」「信仰の父」となることにあった。そのためには、アブラハムはひとりの子の父であることの満足から脱却しなければならなかった。

父性が母性に取り込まれないためには、子どもの幸せだけを願うことから、子どもを他者の幸せのために与えることが求められる。アブラハムがひとり子イサクの幸せだけを願い続けるかぎり、彼は母性原理の体現者であり続けることになる。アブラハムが母性原理の体現者から父性原理の体現者となるには、ひとり子の幸せを願うことから踏み出して、他者の幸せのために子どもを与えなければならない。

父性原理の体現者となるために

パウロは逃亡奴隷のオネシモを「わが子」と呼び、元の主人ピレモンに対して「彼は、前にはあなたにとって役に立たない者でしたが、今は、あなたにとっても私にとっても、役に立つ者となっています。そのオネシモを、あなたのもとに送り返します。彼は私の心そのものです」（ピレモン11－12）とオネシモを「役立つ者」として承認し、再びピレモンのもとに遣わした。パウロがオネシモを自分のもとに置かず、元の主人ピレモンのもとへ送り返したのは、道義的な責任からだけではない。パウロが役立たずのオネシモを訓練し、役立つ者との承認を与えた上で、自分のもとではなく、ピレモンのもとへ送り返したことは父性原理に基づいている。父の愛は子どもを「役立つ者」としてささげることに向けられる。父の愛は、子ども自身が幸せになること以上に、子どもが他者を幸せにすることを心から願う。

> 神は、実に、そのひとり子をお与えになったほどに、世を愛された。それは御子を信じる者が、ひとりとして滅びることなく、永遠のいのちを持つためである。（ヨハネ3・16）

父なる神の愛は、ひとり子イエスを世に与えることで示された。父なる神は、ひとり子イエスが世界の救いとなることを願い、惜しみなく与えた。父なる神がアブラハムにひとり子イサクを全焼のいけにえとしてささげるよう求めたのは、「大いなる国民の父」「信仰の父」となるため、父なる神と同じように父性原理の体現者となるためには、母性原理から踏み出すことが不可欠であったからだろう。父親が父性原理の体現者となるために、内なる母性原理と対決し、子どもを神に明け渡すことが求められるのではないだろうか。パウロがオネシモを「役立つ者」としてピレモンのもとへ遣わしたように。

個人的願望という偶像

信仰によって、アブラハムは、試みられたときイサクをささげました。彼は約束を与えられていましたが、自分のただひとりの子をささげたのです。神はアブラハムに対して、「イサクから出る者があなたの子孫と呼ばれる」と言われたのですが、彼は、神には人を死者の中からよみがえらせることもできる、と考えました。それで彼は、死者の中からイサクを取り戻したのです。これは型です。（ヘブル11・17―19）

アブラハムは「死者の中からイサクを取り戻した」とある。アブラハムが「大いなる国民の父」「信仰の父」となるには、ひとり子イサクを神にささげ尽くすほどの「従順」と、「死者の中からイサクを取り戻す」信仰が求められた。アブラハムにとって、百歳で授かったひとり子イサクは、偶像のような存在になっていたのではないか。アブラハムのイサクへの愛には、個人的な願望が深く入り込みすぎていたのだろう。高齢となったアブラハムは、イサクが結婚し、世継ぎを授かることだけが望みになっていたのだろう。アブラハムは、強く握り締めているイサクを個人的な願望とともに手離し、再びイサクを神のご計画とともに取り戻す必要があった。アブラハムがイサクに手を下そうとした瞬間、神は彼を制止した。アブラハムがイサクを個人的な願望の死から取り戻した瞬間でもあった。イサクは、肥大化した個人的願望という偶像ではなくなっていた。

アブラハムが目を上げて見ると、見よ、角をやぶに引っかけている一頭の雄羊がいた。アブラハムは行って、その雄羊を取り、それを自分の子の代わりに、全焼のいけにえとしてささげた。（創世22・13）

アブラハムが目を上げると、「角をやぶに引っかけている一頭の雄羊」に目が留まった。アブラハムは、雄羊をイサクの代わりに全焼のいけにえとしてささげた。この箇所は、救い主イエスの身代わりの死を示唆している。しかし、アブラハムが従順を試す試験に合格し、身代わりのいけにえが備えられ、イサクを無事取り戻したという単純な話ではない。「死者の中からイサクを取り戻した」とは、アブラハムが抱き続けた個人的な願望が死を通されることで、ひとり子イサクを神のご計画とともに受け取ったことを示唆している。アブラハムは召された原点に立ち返らなければならなかった。「地上のすべての民族は、あなたによって祝福される」（創世12・3）との、「大いなる国民の父」「信仰の父」となる召しに立ち返るために、試練を通された。アブラハムは、ひとり子イサクの幸せだけを願い、自分の手の中に置いておきたかったひとり子を神に明け渡すことで、いま一度、全人類を祝福する「約束の子」として受け取ることになった。もはやイサクは偶像ではなく、神の祝福の約束となった。アブラハムは、イサクを溺愛するという支配、期待を裏切るのではないかとの不安という逆支配の束縛から自由にされ、神から委ねられた「約束の子」として受け取り、健全な意味でイサクを訓練することを通して神のみこころに仕える者とされた。

神の祝福の管

「私を、私の父の家、私の生まれ故郷から連れ出し、私に誓って、『あなたの子孫にこの地を与える』と約束して仰せられた天の神、主は、御使いをあなたの前に遣わされる。あなたは、あそこで私の息子のために妻を迎えなさい。もし、その女があなたについて来ようとしないなら、あなたはこの私との誓いから解かれる。ただし、私の息子をあそこへ連れ帰ってはならない。」(創世24・7—8)

高齢となったアブラハムは、自分の死期を悟り、イサクのために妻を迎えるようにと財産を管理する最年長のしもべに命じた。アブラハムは、父の故郷でイサクのために妻を迎え、決してカナン人を妻として迎えてはならないと厳しく命じた。そして、アブラハムはしもべに、イサクの伴侶として迎えたい女性と出会っても、女性がその地から離れることを拒む場合、イサクを父の故郷に留まらせてはならない、彼を連れ戻さなければならないと命じた。アブラハムはイサクの幸せな結婚以上に、イサクを通して成し遂げられる神のご計画を重んじた。

父性原理の体現者は、「また、キリストがすべての人のために死なれたのは、生きている人々が、もはや自分のためにではなく、自分のために死んでよみがえった方のために生きるためなのです」（Ⅱコリント5・15）と、子どもが自分の幸せのためにではなく、神の栄光のために生きる者となるように能動的に関わり続けなければならない。父親が子どもを「選び、信じること」によって根拠のない承認を与えて健全な自信を育み、父親としての個人的な願いに対して「失望」を進んで引き受けることによって、父にとって「ふさわしい者」から神にとって「ふさわしい者」となる、真の自立を強く後押しする。

父なる神は、子どもであるキリスト者が「神の祝福の管」となることを願っている。父親である私自身も、三人の子どもが「神の祝福の管」となることを願いつつ、自らも父なる神に従い、良き手本となることに心を砕きたい。

「あなたを祝福する者をわたしは祝福し、あなたをのろう者をわたしはのろう。地上のすべての民族は、あなたによって祝福される。」（創世12・3）

父となる旅路
── 聖書の失敗例に学ぶ子育て

2016年3月20日発行
2016年6月30日再刷
オンデマンド
2020年4月20日発行
2023年5月10日再刷

著　者　豊　田　信　行
印刷・製本　㈱デジタルパブリッシングサービス
発　行　いのちのことば社
164-0001 東京都中野区中野 2-1-5
TEL 03-5341-6920
FAX 03-5341-6921
e-mail：support@wlpm.or.jp
ホームページ http://www.wlpm.or.jp/

乱丁落丁はお取り替えします　Printed in Japan

ISBN978-4-264-03778-1